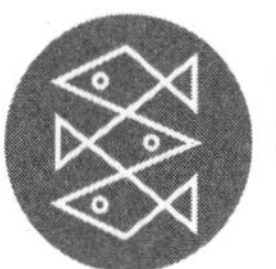

Balian Buschbaum, 1980 in Ulm geboren, errang im Stabhochsprung viele nationale und internationale Titel. Als seine zweite Olympiateilnahme bevorstand, entschied er sich zu einer Transition, um endlich der Mensch zu sein, der er schon immer gewesen ist. Heute arbeitet er als Unternehmenscoach und Speaker.

Das Buch besteht aus drei Teilen: Der erste Teil zeigt, wie Vielfalt unser Leben und unsere Arbeitswelt bereichern kann, mit besonderem Blick auf die geschlechtliche Diversität. Es folgt die aktualisierte Fassung seiner Lebensgeschichte, die er in seinem ersten Buch »Blaue Augen bleiben blau« niedergeschrieben hat. Wie es ihm heute geht und was er seither alles erlebt hat, erzählt Balian Buschbaum im abschließenden Teil des Buches.

Balian Buschbaum

WARUM DIVERSITY UNS ALLE ANGEHT

Wie ich der wurde,
der ich immer war

FISCHER Taschenbuch

Aus Verantwortung für die Umwelt hat sich der S. Fischer Verlag zu einer nachhaltigen Buchproduktion verpflichtet. Der bewusste Umgang mit unseren Ressourcen, der Schutz unseres Klimas und der Natur gehören zu unseren obersten Unternehmenszielen.

Gemeinsam mit unseren Partnern und Lieferanten setzen wir uns für eine klimaneutrale Buchproduktion ein, die den Erwerb von Klimazertifikaten zur Kompensation des CO_2-Ausstoßes einschließt.

Weitere Informationen finden Sie unter: www.klimaneutralerverlag.de

Hinweis: Die im Buch gemachten Angaben entsprechen dem derzeitigen Wissensstand. Die Gesetze, Erkenntnisse und Regularien in Politik, Medizin, Sport etc. unterliegen jedoch durch Wissenschaft und klinischen Erfahrungen einem laufenden Wandel. Autor und Verlag bitten daher um Verständnis, dass sie keine Haftung für die Richtigkeit und Vollständigkeit der Angaben übernehmen können. Es wird empfohlen, stets den persönlichen Kontakt der einzelnen Fachkräfte, Instanzen, Verbände etc. aufzusuchen und sich individuell beraten zu lassen.

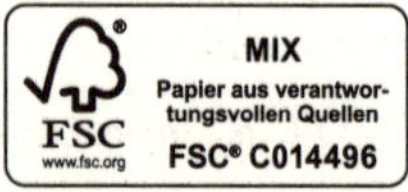

Erschienen bei FISCHER Taschenbuch
Frankfurt am Main, März 2022

Aktualisierte und erweiterte Neuausgabe
des Titels »Blaue Augen bleiben blau«

Satz: Pinkuin Satz und Datentechnik, Berlin
Druck und Bindung: GGP Media GmbH, Pößneck
Printed in Germany
ISBN 978-3-596-70718-8

INHALT

WARUM DIVERSITY UNS ALLE ANGEHT

Ich stehe im Supermarkt vor einem Regal und möchte Schokolade kaufen. Meine Schokolade. Die mit der pinkgrauen Verpackung aus Hafermilch, vegan und mit Mandelstückchen drin. Mein Onkel liebt Vollmilch-Haselnuss, meine Freundin jede Art von Schokolade, meine Mama am liebsten die mit Marzipan und Omili kaufte uns und sich immer die »Küsschen«.

Ist die gewünschte Sorte nicht im Angebot, dann ist irgendjemand zu Hause enttäuscht, und zum nächsten Schokoladenkauf würde man vielleicht in ein anderes Geschäft gehen. Oder stellen Sie sich vor, es gäbe nur zwei verschiedene Sorten Nudeln. Fussili oder Spaghetti. Beim Obst nur Äpfel oder Bananen, und die Auswahl beim Gemüse wäre auf Tomaten und Kohlrabi beschränkt. Ihr Gesicht möchte ich sehen!

Was ich mit meinem Ausflug in den Supermarkt zeigen möchte: Es ist für uns ganz selbstverständlich und ausdrücklich erwünscht, dass wir beim Einkaufen alles in Vielzahl und enormer Vielfalt vorfinden, wir erwarten eine große Diversität. Warum tun wir uns dann mit der Diversität in unserer Gesellschaft so schwer?

Ich habe in den letzten Jahren mit vielen Großunternehmen und mittelständischen Firmen zusammengearbeitet, habe zahlreiche Vorträge und Workshops zum Thema Vielfalt gehalten und immer wieder erlebt, dass Geschäftsführung und Management das Thema Diversity, wenn überhaupt, eher als schmückende Beigabe ansahen, mit der sie nun ihre Firma ausstatten müssten, um einem zeitgeistigen Trend zu entsprechen.

Wenn aber die Einstellung der Führungsebene und der Mitarbeitenden, die Unternehmenswerte und der tägliche Umgang veraltet bleiben und nicht diversitykonform gehen, brauchen sich Unternehmen nicht wundern, wenn es sie in ein paar Jahren nicht mehr geben wird. Diversität ist eben mehr als das Hissen einer Regenbogenflagge oder ein Auftritt beim Christopher Street Day (CSD).

Diversity bedeutet Vielfalt und spielt im erweiterten Kontext auf die Anerkennung der Individualität jedes einzelnen Menschen und den bewussten Umgang mit seinen Verhaltensweisen und Fähigkeiten an. Im beruflichen Zusammenhang geht es darum, die Mitarbeitenden mit ihren unterschiedlichen Hintergründen und Voraussetzungen so einzubinden, dass eine offene, gesunde und produktive Arbeitsatmosphäre entsteht. Denn vielfältige Teams sind nachweislich produktiver, lösungsorientierter und kommen zu schnelleren Ergebnissen. Im Prinzip ist ein intelligentes Diversity-Management einfach, doch dazu gehört eine bewusste Rezeptur aus Wissen, Schulung und Umsetzungswillen. Jedes Unternehmen verfügt über einen diversen Kundenstamm, wenn sich dieser in den Mitarbeitenden widerspiegelt und die Kundenbedürfnisse verstanden und ernstgenommen werden, führt genau das zum Erfolg.

Das Thema Diversity beschäftigt mich sehr, weit über meine Arbeit als Unternehmenscoach hinaus. Natürlich auch aufgrund meiner eigenen Lebensgeschichte. Vor über zehn Jahren, als ich »Blaue Augen bleiben blau« schrieb, war das Thema Diversity noch mit vielen Fragezeichen versehen. Auch von gesetzlicher Seite gab es damals erst Ansätze, Minderheiten zu stärken und Gleichberechtigung herzustellen, die noch nicht per Gesetz in Vollendung und Zufriedenheit beschlossen wurden. Wenn ich zudem sehe, wie viel Energie und Zeit Menschen auch heute noch darauf verschwenden, andere auszugrenzen und zu diskriminieren, dann aktivieren diese Verhaltensweisen sofort meinen Gerechtigkeitssinn. Denn Diversity ist Respekt, gelebte Intelligenz und Horizonterweiterung. Wenn Menschen wiederholt Diskriminierung erleben, verhindert das, dass sie ihre Potenziale voll entfalten und sich aktiv in die Gestaltung der Gesellschaft einbringen können. Wenn Sie sich also fragen, was geht mich persönlich Diversität an, dann möchte ich Ihnen sagen:

VIEL!

Wenn wir als Gesellschaft vorankommen möchten und die großen zukünftigen Herausforderungen kreativ und nachhaltig lösen wollen, können wir das nur gemeinsam. Dabei können wir von unseren Unterschieden und Besonderheiten gegenseitig lernen und daran wachsen. Es geht darum, unseren Geist und unser Herz zu öffnen und uns darüber bewusst zu werden, dass wir alle in einem Boot, auf einer Erde sitzen und jeder von uns die Berechtigung für sein einzigartiges Sein hat. Gelebte Diversität sichert auch unsere eigenen individuellen Entfaltungsmöglichkeiten. Sie sehen bestimmt anders aus als Ihre Nachbarin, haben vielleicht ein ausgefallenes Hobby, tragen Kleidung, die nicht jede*r trägt, und wollen, dass Ihr ganz persönlicher Lebenstil akzeptiert wird.

Abgesehen davon sichert Vielfalt unser aller Überleben, wie Sie im Kapitel tierische Vielfalt genauer nachlesen können. Ohne Diversität gäbe es keine Menschen! Die Natur macht es uns seit Abermillionen Jahren vor und kreiert immer wieder neue Variationen von Lebewesen, die sich an ihre Umwelt und den Wandel anpassen. Wir als Menschen dürfen uns aus diesem Entwicklungsprozess nicht hinausnehmen und schon gar nicht dagegen und gegen uns kämpfen.

Aber leider müssen Menschen, die in den Augen der gesellschaftlichen Mehrheit anders sind, für vieles kämpfen, was für den Großteil der Menschheit selbstverständlich ist. Sie müssen dafür kämpfen, so angenommen zu werden, wie sie sind. Ein Kampf, der irgendwie überflüssig erscheint, weil Diversität doch selbstverständlich sein sollte.

DIE SIEBEN DIVERSITY-DIMENSIONEN

In welchen Bereichen Vielfalt sich ausdrückt, zeigen die sieben sogenannten Diversity-Dimensionen. Sie verdeutlichen individuelle, soziale und strukturelle Unterschiede und Gemeinsamkeiten von Menschen und Gruppen und hinterfragen mögliche Diskriminierungsansätze.

1. Herkunft

In Deutschland leben immer mehr Menschen unterschiedlicher ethnischer Herkunft und Nationalität zusammen, und sie verstehen sich als Teil unserer Gesellschaft. Verständlich, dass Fragen nach der Herkunft Menschen irritieren, die hier geboren wurden und aufgewachsen sind. Wenn man immer wieder gefragt wird, wo man »nun eigentlich« herkommt, nur weil man Harun oder Farah heißt und Wanne-Eickel oder Ingolstadt einfach nicht als Antwort akzeptiert werden, kann das sehr verletzend sein, selbst wenn keine böse Absicht dahintersteckt. Denn solche Fragen implizieren: Du bist nicht von hier, du gehörst nicht dazu.

Eine Freundin erzählte mir unlängst von einem Erlebnis im Bürgeramt ihrer Stadt. Vor ihr stand ein junger Schwarzer mit einer etwas älteren weißen Frau. Die Sachbearbeiterin ging wie selbstverständlich davon aus, dass es sich bei der Frau um die Betreuerin oder um eine Dolmetscherin handelte und sprach nur sie an. Bis sich herausstellte, dass die Situation genau umgekehrt war. Sie hatte den jungen Mann als Begleitung mitgebracht, da sie nur wenig Deutsch verstand und er ihr bei der Erledigung des Behördengangs helfen sollte.

2. Religion/Weltanschauung

Wie die eigene Weltanschauung und/oder Religion geprägt und verankert ist, hängt häufig mit der Herkunft und Kultur eines Menschen zusammen. Die freie Ausübung der Religion ist zwar per Gesetz festgeschrieben, allerdings schützt diese Tatsache nicht vor Vorurteilen und Diskriminierung.

Das Tragen eines Kopftuches in der Öffentlichkeit beispielsweise wird eher als Unterdrückung oder Bevormundung angesehen und nicht als selbstbestimmter Ausdruck von Religionsausübung.

Ich war einmal auf einem Seminar, bei dem ein Mann mit Glatze und Buddha-Kette um den Hals mit den Worten angesprochen wurde: »Ach wie schön, du bist auch Buddhist! Wie lange denn schon?« Der Mann fühlte sich aufgrund dieser selbstverständlichen Zuordnung etwas vor den Kopf gestoßen und sagte: »Ich bin Christ, und die Buddha-Kette finde ich einfach nur schön!«

3. Physische oder psychische Fähigkeiten

Körperliche, geistige oder psychische Einschränkungen können den privaten oder beruflichen Alltag sehr bestimmen. Die eigentliche »Behinderung« erfahren viele aber vor allem im Umgang mit »nichtbehinderten« Menschen. Eine Rollstuhlfahrerin, die ich bei einem Fotoshooting kennengelernt habe, erzählte mir, wie sehr ihr die verstohlenen, mitleidigen Blicke der »Geher« auf die Nerven fallen. Dabei sei sie nach ihrem Unfall ein viel glücklicherer und zufriedener Mensch geworden und käme prima mit ihrem Leben zurecht. Sie nehme auch gerne Hilfe in Anspruch, möchte aber vorher gefragt werden. »Einfach so über die Straße geschoben zu werden oder dauernd auf die Schulter geklopft zu bekommen, das geht gar nicht«, sagte sie.

4. Geschlecht

Die Diversity-Dimension Geschlecht geht weit über das binäre System Mann/Frau hinaus. Es werden alle Geschlechter angesprochen, die potenziell diskriminiert werden können und dazu zählen Frauen, Männer, nichtbinäre, cis, trans*, inter* und alle anderen Menschen.

Typisch Frau, typisch Mann – Klischees rund um Geschlechterrollen halten sich hartnäckig, und manche haben wir unbewusst verinnerlicht. So erzählte die CEO eines international tätigen Unternehmes in einem Vortrag über die Gleichstellung von Mann und Frau, dass sie selbst einem Vorurteil auf dem Leim gegangen sei. Auf dem Hinflug zu dieser Tagung habe sie die Stimme der Pilotin wahrgenommen und sponatn gedacht: »O nein, eine Frau«.

In Bezug auf geschlechtliche Vielfalt sind wir erst am Anfang. Durch die starre Einteilung in Mann und Frau werden viele Menschen in Rollen gezwängt, die sie nicht ausfüllen können oder die sie an den Rand der Gesellschaft treiben. Es gibt mehr als zwei Geschlechter, und das war schon immer so. Es gibt Menschen mit Brüsten, die männlich sind, Frauen mit einem Penis oder einem Bart und Menschen, die sich geschlechtlich überhaupt nicht festlegen wollen oder können.

5. Lebensalter

Nicht nur alte Menschen werden diskriminiert, sondern auch junge Menschen erleben aufgrund ihres Alters und angeblich fehlender Erfahrung Einschränkungen.

Bei einem Unternehmen, in dem ich für das Auszubildenden-Programm verantwortlich war, sagten mir im Vorfeld viele Azubis, dass sie meist »niedere« Arbeit verrichten müssten und dabei kaum etwas lernten. Die jungen Menschen waren sehr engagiert, aber ihre Vorschläge und Ideen wurden in der Regel mit einem Das-haben-wir-schon-immer-so-gemacht abgetan.

In anderen Fällen habe ich aber auch erlebt, dass Wissen und Erfahrung älterer Mitarbeitenden nicht wertgeschätzt und im Unternehmen eingesetzt wurden.

6. Sexuelle Orientierung/geschlechtliche Identität

Welches Geschlecht ein Mensch liebt oder welche geschlechtliche Identität ein Mensch hat, spielt häufig unbewusst in unserem Alltag eine große Rolle. Laut Dalia Studie (2016) identifizieren sich fast acht Prozent aller Deutschen als LGBTQI-Personen, und viele von ihnen erfahren tägliche Diskriminierungen.

Offen homosexuell zu leben mag in Großstädten inzwischen mit weniger Diskriminierung verbunden sein, aber auch hier kommt es zu offenen Hass-Attacken, die Menschen verletzen oder gar in den Tod treiben. Doch auch subtilere Vorurteile sind diskriminierend. So sind nicht alle homosexuellen Männer besonders feinfühlig oder modebewusst. Nicht jede Frau mit einem Kurzhaarschnitt ist lesbisch, und eine lesbische Frau kann sehr weiblich sein.

Einem Transmenschen zu sagen, dass er niemals ganz

Mann oder ganz Frau sein wird, weil er/sie nicht groß, klein, schlank, behaart oder enthaart genug ist, ist ebenso menschenverachtend.

7. Soziale Herkunft

Unsere soziale Herkunft hängt natürlich mit unserer Herkunft zusammen, ist aber eine separate Dimension. Hier geht es um Selbstbestimmung und Ressourcen bezüglich Ausbildung, Arbeit, Aufstiegsmöglichkeiten etc., die nicht allen Menschen gleich gegeben sind.

In Großstädten bestimmt nicht selten die Wohnadresse, ob Kinder später studieren werden oder schon früh den gesellschaftlichen Stempel »Assi« oder »Loser« aufgedrückt bekommen. Während der Pandemie war oft die digitale Ausstattung des Elternhauses maßgeblich für den schulischen Erfolg ihrer Kinder.

Neben den sieben Diversity-Dimensionen gibt es noch viele weitere Untergruppen. Was ich mit diesem kurzen Abriss und einigen Beispielen anregen möchte ist, dass wir uns gegenüber möglichen Diskriminierungsfallen sensibilisieren. Das Bewusstwerden fängt schon bei der Sprache an. Sprüche wie: »Was ist das wieder für eine schwule Flanke?«, »Ein Mann als Erzieher? Dem fehlt doch das Muttergen«, »Die mit dem Kopftuch versteht mich doch sowieso nicht«, »Das ist doch voll behindert«, sind auch Ausdruck eines unreflektierten diskriminierden Umgangs.

Es gibt unzählige Sätze und Denkmuster, die wir hinterfragen und verändern können, um Menschen nicht zu verletzen. Der nächste Schritt wäre, unser Anderssein als Bereicherung, nicht als Bedrohung anzusehen und den Fokus auf das zu legen, was uns verbindet, und nicht auf das, was uns trennt.

Unternehmen, sofern sie sich aktiv für Diversity entscheiden, haben das Potenzial von Vielfalt erkannt. Häufig beginnen sie mit dem Mann-Frau-Aspekt, und fragen sich: Wie bekommen wir mehr Frauen ins Unternehmen, in Führungspositionen, in den Vorstand und in die Aufsichtsräte? Das Bundeskabinett hat im Januar 2021 den Gesetzentwurf zur Ergänzung und Änderung der Regelungen für die gleichberechtigte Teilhabe von Frauen an Führungspositionen in der Privatwirtschaft und im öffentlichen Dienst beschlossen. Traurig, dass wir für das Erreichen einer Frauenquote rechtliche Vorschriften brauchen.

Sofern eine Firma clever und wirtschaftlich-menschlich agiert, erweitert sie ihr Programm gleich auf alle Diversity-Dimensionen und nutzt die besonderen Fähigkeiten all ihrer Mitarbeiter*innen. Für mich ist Diversity-Management dabei kein Weichspüler, der Softthemen für Minderheiten reinwäscht und gesellschaftlich gut duftend aufbereiten soll, sondern ein »radikaler« Kalkentferner, der veraltete Denk-, Verhaltens-, und ineffiziente Arbeitsstrukturen aufbricht und alles in optimalen Fluss bringt.

Ein großer Automobilkonzern, für den ich des Öfteren gearbeitet habe, entwickelte zum Beispiel ein sogenanntes Space-Cowboys/girls-Programm, bei dem das Diversity-Thema »Alter« im Mittelpunkt stand. Zahlreiche Angestellte sollten in den nächsten Jahren in den Ruhestand gehen, und der Konzern befürchtete, dass mit einem solchen Generationswechsel auch viel wertvolle Erfahrung verlorengehen würde. Erfahrung, die ein Mensch, der dreißig, vierzig Jahre im Betrieb ist, doch an Jüngere weitergeben könnte. Und so bildeten immer ein*e erfahrene*r ältere*r Mitarbeitende und ein*e Auszubildende*r ein Tandem, um gegenseitig voneinander zu lernen.

Als ich einen Vortrag im Hauptwerk hielt, lief mir ein solcher Doppelpack über den Weg: Eckard, 63, und Deniz, 19 Jahre alt, konnten unterschiedlicher nicht sein. Eckard im grauen Dreiteiler und Deniz im sportlichen Casual-Outfit. Als ich sie fragte, was sie von dem Programm halten, antwortete Deniz lachend: »Ecki hat jetzt seinen eigenen Instagram-Account, und ich habe viel über Verhandlungsführung gelernt.«

Ein anderes großes Unternehmen, in dem ich immer wieder mal bin, feiert jedes Jahr den IWD, den Internationalen Frauentag, und legt Ziele fest, die die Gleichstellung in der Firma weiter vorantreiben sollen. In einem schwäbischen Kleinunternehmen erzählte mir die Chefin, dass sie 2015 einige syrische Geflüchtete eingestellt hätte, die inzwischen allesamt zu geschätzten Mitarbeiter*innen geworden sind. Als sie anfangs mitbekam, dass sie die Toilettenräume nutzten, um ihren Gebetsteppich auszubreiten und dort regelmäßig zu beten, ergriff sie sofort die Initiative und richtete einen Ruhe- und Gebetsraum ein, in dem alle Mitarbeiter*innen ihre Religion ausüben dürfen. Neben dem Koran finden sich auch die Bibel, jüdische Gebetsbücher und auch nichtkonfessionelle Literatur, die dazu anregen soll, dass sich die Mitarbeitenden untereinander austauschen.

Diversity und Inklusion sollten stets Hand in Hand gehen, denn niemandem nützt das größte Diversity-Wissen, wenn es nicht auch sinnvoll angewendet wird. Was das genau bedeutet, möchte ich an einem Beispiel zeigen. Ein Mensch, der aufgrund seiner körperlichen Einschränkung nicht barrierefrei zu seinem Arbeitsplatz kommen kann, wird vom Kern der Belegschaft ausgeschlossen. Integration ist das Wahrnehmen der speziellen Bedürfnisse, wobei die Lösungen nicht vollständige Teilhabe garantieren. Zum Beispiel wenn der Arbeitsplatz des Rollstuhlfahrenden zwar leicht zugänglich ist, aber getrennt von den Arbeitsräumen der Kolleg*innen liegt. Ein Mitwirken an Gesprächen, Verhandlungen, Entscheidungen und am alltäglichen (Arbeits-)Leben ist für ihn weiterhin schwer. Inklusion hingegen ist die Königsdisziplin des Diversity-Managements. Allen Menschen wird dabei ermöglicht, nicht nur innerhalb einer Gesellschaft integriert zu sein, sondern sich auch vollständig darin einbringen zu können. Hier tauscht sich, um ein Bild aufzumachen, der Rollstuhlfahrende mit der muslimischen Übersetzerin, dem homosexuellen CEO, der erfahrenen Fast-Ruheständlerin und all den anderen aus. Alle zusammen ergeben ein divers zusammengestelltes Team, das an effektiven und schnellen Lösungen arbeitet. Um überhaupt zu einem solch vielfältigen Team zu kommen, müssen schon früh Weichen gestellt werden. So habe ich die Bewerbungsverfahren einzelner Unternehmen genauer unter die Lupe genommen und teilweise verändert. Beispielsweise haben wir herausgefunden, dass, wenn Bewerbungen nicht nur über die üblichen Unterlagen laufen, sondern den Bewerbenden anonym Aufgaben gestellt oder gar Einstellungsworkshops angeboten werden, viel mehr Frauen und Menschen aus anderen Kulturkreisen zu weiteren Bewerbungsgesprächen eingeladen werden. Denn die üblichen Bewerbungsverfahren zeigen häufig *unconcious bias* (unbewusste Voreingenommenheiten) auf, die wir alle in uns tragen und die der Diversität im Weg stehen.

In diesem Zusammenhang kann auch kurz der Begriff Intersektionalität erklärt werden, der die Überschneidung und Gleichzeitigkeit verschiedener Diskriminierungskategorien gegenüber einer Person beschreibt.

Eine Schwarze Frau mit Down Syndrom kann beispielsweise innerhalb mehrerer Diversity-Dimensionen (Frau = Geschlecht, Down Syndrom = physische und psychische Fähigkeiten und Hautfarbe = Herkunft) mehrfache und sich überschneidende Diskriminierungen erleben.

Was passieren kann, wenn man sich im Unternehmen nicht auf Diversität einstellt, erfuhr ich, als ich in einem Hamburger Unternehmen an einer Verhandlung teilnehmen sollte, bei der es um ein profitables Geschäft ging. Die Präsentation des Produktes, das das Unternehmen verkaufen wollte, war perfekt vorbereitet, doch der lukrative Kunde erschien nicht. Es lag allerdings nicht am Produkt, wie sich später herausstellte, sondern einzig und alleine daran, dass das Gebäude nicht behindertengerecht ausgebaut war. Der Käufer, der aufgrund eines Unfalls im Rollstuhl saß, musste schon am Eingang feststellen, dass ein Zugang für Menschen wie ihn nicht ohne großen Aufwand möglich war. Das verärgerte ihn sosehr, dass er auf der Stelle umdrehte und der Firma auf für sie schmerzliche Weise klarmachte, dass er mit einer nicht diversitätkonformen Firma keine Geschäfte macht.

In einem anderen Fall sollte ich als Berater zwischen einem potenziellen Mitarbeiter und einem Unternehmen vermitteln, das ihn eigentlich hatte einstellen wollen. Der Vertrag kam aber vonseiten des Unternehmens nicht zustande. Durch einen Zufall erfuhr der Bewerber, dass die Absage aufgrund seiner Homosexualität erfolgt war. Eine Einigung war nicht möglich. Ich versuchte zu schlichten und wollte den

Bewerber in eine andere Abteilung integrieren, was aber voraussehbar scheiterte. Stattdessen bekam der Arbeitnehmer, der noch nicht einmal angestellt gewesen war, eine Abfindung, sofern er nicht Anklage erhebt. Unter uns: Wer möchte für eine Firma arbeiten, in der die Führung nicht offen gegenüber einer anderen sexuellen Orientierung ist?

SEX CHECK – FRAU / MANN / DIVERS*

Wissen Sie, welches Geschlecht Sie haben? Und die weitaus wichtigere Frage: Woher wissen Sie, welches Geschlecht Sie haben? Ich gehe jetzt einfach mal davon aus, dass Sie zur Beantwortung dieser Frage nicht lange nachdenken oder an sich herunter schauen müssen. Sie wissen es einfach!

Es ist Ihr Selbstverständnis über sich und den eigenen Körper. Angenommen, Sie sind ein Mann und durch einen Unfall verlieren Sie einen Hoden oder noch schlimmer Ihren Penis, sind Sie dann trotzdem noch ein Mann?

Wenn eine Frau vielleicht durch eine Brustkrebserkrankung ihre Brüste verliert, ist sie dann immer noch eine Frau? Aber klar doch!, denken Sie jetzt, denn das Geschlecht wird nicht aufgrund der äußerlichen Geschlechtsmerkmale entschieden, sondern weil wir selbst wissen, was wir sind. Doch was ist mit Menschen, die sich weder eindeutig als Frau noch als Mann identifizieren?

Niemandem steht es zu, die Geschlechtsidentität eines Menschen anzuzweifeln. »Geschlechtsidentität ist ein Menschenrecht«. So steht es im Grundgesetz. Papier ist jedoch geduldig, und in betonierte Köpfe dringt nicht immer der modernste Fortschritt. Ende 2018 wurde zwar ein neues Gesetz erlassen, das intergeschlechtlichen Menschen ermöglicht, zwischen »weiblich«, »männlich« auch »divers« als dritte Geschlechtsoption im Geburtsregister und Pass eintragen zu lassen. Allerdings muss dieser Rohdiamant noch geschliffen werden, denn die Änderung des Geschlechtseintrages steht bisher nur einem eng begrenzten Personenkreis offen und ist an medizinische Bescheinigungen gebunden. Die menschenrechtliche Forderung nach Selbstbestimmung über den Geschlechtseintrag ist durch diese Bedingungen meines Erachtens noch nicht erfüllt worden und muss weiter diskutiert werden.

Andere Bereiche sind da schon weiter, auch ohne Gesetz. So lesen wir immer häufiger in Stellenausschreibungen zum Beispiel »Abteilungsleiter*in (m-w-d) oder (m-w-x).« Mit d und x sind Inter*menschen oder Menschen, die sich selbst weder als männlich oder weiblich einstufen, gemeint. Eine solche Form der Stellenausschreibung kann auch ein Hinweis für potenzielle Bewerbende sein, wie offen ein Unternehmen im Bezug auf Diversity ist. Dabei geht es nicht nur um Geschlechter- und Identitätsfragen, sondern auch um eine generelle Offenheit gegenüber gelebter Vielfalt.

FREE YOUR MIND – ÜBER GESCHLECHTLICHE IDENTITÄT UND SEXUELLE ORIENTIERUNG

Was geschieht meist als Erstes, wenn ein Baby auf die Welt kommt? Das Krankenhauspersonal beglückwünscht die frischgebackenen Eltern zu ihrem Sohn oder ihrer Tochter, richtig? Doch wie wird das entschieden? In den meisten Fällen ist das Geschlecht, das zwischen den Beinen des Babys sich abbildet, das tatsächliche und auch später empfundene Geschlecht. Es gibt aber auch Neugeborene, die mit uneindeutigen Geschlechtsmerkmalen, zum Beispiel mit einer Vulva und einem verkümmerten Hoden oder Penis auf die Welt kommen. Ebenso existieren unterschiedliche Geschlechtsmerkmale, die sichtbar oder auch unsichtbar sind, sprich, die sich innerhalb des Körpers als Hoden, Eierstöcke oder Gebärmutter zeigen. Eine Zuordnung kann dann nicht klar getroffen werden. Früher war man der Ansicht, dass durch eine schnelle geschlechtliche Zuordnung dem Kind geholfen wird, sich im Leben besser zurechtzufinden. Auch heute noch finden weltweit Operationen statt, die den frisch geborenen Säugling zum Jungen oder zum Mädchen machen sollen, sofern das Geschlecht nicht eindeutig identifiziert werden kann. Meist ist es dann unproblematischer »ein Loch zu graben, als einen Pfahl zu erstellen«, wie es mir ein Chirurg einmal beschrieb, und so wurden der Einfachheit halber Neugeborene eher zu Mädchen operiert. Welche katastrophalen Auswirkungen das auf das gesamte Leben hatte, sofern die Einschätzungen nicht stimmten, ist kaum vorstellbar.

In Deutschland wurde 2021 ein Gesetz erlassen, das Eltern und Ärzten künftig verbietet, an intersexuellen Kindern geschlechtsangleichende Operationen vornehmen zu lassen oder durchzuführen. Allerdings finden sich auch in diesem Beschluss Lücken, denn es werden nur Kinder geschützt, die »Varianten der Geschlechtsentwicklung« aufzeigen. Und das eröffnet einen Auslegungsspielraum für das häufig auf diesem Gebiet unerfahrene Personal der Entbindungsstationen. Mit der Beschreibung »weder dem männlichen noch dem weiblichen Geschlecht zugeordnet werden kann« hält das Gesetz zudem an einer wissenschaftlich widerlegten Binarität der Geschlechter fest, was nur noch mehr Stigmatisierung hervorruft.

Menschen, deren sexuelle Identität, aufgrund ihrer Genitalien, und/oder Hormonproduktion und/oder Chromosomen nicht der medizinischen Norm von eindeutig männlichen oder weiblichen Körpern entsprechen, bezeichnet man in Fachkreisen als intersexuell. Wobei der Begriff irreführend ist, denn diese Variante hat nichts mit der Sexualität zu tun und wurde aus dem englischen *sex* (Geschlecht) abgeleitet.

Neben Inter* Menschen existieren noch viele weitere Normvarianten, wie zum Beispiel transidente Menschen, die ich als trans* normal bezeichnen möchte, bei denen die Geschlechtsmerkmale nicht mit ihrem wahren Geschlecht bzw. mit ihrer Geschlechtsidentität übereinstimmen.

Ich verwende statt der gängigen (Fach-)begriffe wie transident, transsexuell, lieber den von mir selbst geprägten Begriff trans*normal, da ich davon überzeugt bin, dass die anderen

Begrifflichkeiten negativ belegt sind und falsch interpretiert werden und ein Umdenken stattfinden sollte. Der Begriff trans*normal kann für Menschen solange angewendet werden, solange sie sich in ihrer Transition, ihrer Geschlechtsangleichung, befinden. Ist die Angleichung, in welchen Stufen auch immer vollzogen, kann man das »trans« streichen, denn diese Menschen leben ein ganz »normales« Leben und können sich jetzt selbst als mann-frau-divers, whatever-you-want-to-be-Mensch bezeichnen.

Wenngleich wir viel mehr als noch vor zehn Jahren über geschlechtliche Identität und sexuelle Orientierung hören und lesen, ist vielen der Unterschied nicht bewusst. Die sexuelle Orientierung beschreibt das Geschlecht bzw. den Menschen, wonach wir Ausschau halten, von wem wir uns angezogen fühlen. Manche Menschen legen allerdings auf das Geschlecht selbst nicht so viel wert, sie verlieben sich tatsächlich in den Menschen selbst, in seinen Charakter und bezeichnen sich selbst als pansexuell oder omnisexuell.

Die geschlechtliche Identität ist hingegen unser Selbstverständnis. Was bin ich? Frau-Mann-Divers-gender fluid? Sofern wir in das Gender Glossar einen Blick werfen, haben wir mittlerweile über siebzig Begrifflichkeiten, die einen Menschen in seiner Orientierung und Identität beschreiben.

Wenn ich in Schulen Aufklärungs- bzw. in Firmen Diversity-Vorträge halte, habe ich die Erfahrung gemacht, dass es fürs Erste sinnvoll ist, sich auf die gängigsten Begrifflichkeiten der sexuellen Orientierung und geschlechtlichen Identität zu beschränken und sie kurz aufzuführen.

Kleines Gender-Glossar

Transidentität, Transgender, Transsexuell, Transgeschlechtlich, Trans* normal *Kategorisierung: geschlechtliche Identität*	Menschen, deren Geschlechtsidentität mit dem bei ihrer Geburt zugeordneten Geschlecht nicht übereinstimmt. Menschen, die mit den »falschen« Geschlechtsmerkmalen geboren werden, sprich als Mann mit weiblichen Geschlechtsmerkmalen oder als Frau mit männlichen Geschlechtsmerkmalen. Die Bezeichnung Transsexualität wird von vielen Betroffenen wegen der sprachlichen Nähe zur Sexualität als diskriminierend angesehen.
Intersexualität, Hermaphrodismus, Intersexsyndrom *Kategorisierung: geschlechtliche Identität*	Menschen, die genetisch (aufgrund ihrer Geschlechtschromosomen) und / oder anatomisch (aufgrund der Gechlechtsorgane) und / oder hormonell (aufgrund des Mengenverhältnisses der Geschlechtshormone) nicht eindeutig dem weiblichen oder dem männlichen Geschlecht zugeordnet werden können.
Bisexualität *Kategorisierung: sexuelle Orientierung*	Mann liebt Frau und / oder Mann, Frau liebt Mann und / oder Frau
Asexualität *Kategorisierung: sexuelle Orientierung*	Bezeichnet die Abwesenheit sexueller Anziehung zu anderen oder Mangel an Interesse bzw. Verlangen nach Sex
Pansexualität *Kategorisierung: sexuelle Orientierung*	Auch Omnisexualität genannt, ist eine sexuelle Orientierung, die keine Vorwahl nach Geschlecht oder Geschlechtsidentität trifft. »Ich verliebe mich in den Menschen, nicht in sein Geschlecht!«

Travestie	Travestie ist nicht an eine bestimmte sexuelle Orientierung gebunden und ist auch keine geschlechtliche Identität. Daher gehört der Begriff nicht in diese Rubriken, wird aber häufig mit Transidentität verwechselt. Die künstlerische Travestie (franz. Travesti = verkleidet) bezeichnet die Darstellung einer Bühnenrolle durch einen Menschen des anderen Geschlechts. Travestie ist Show, Spaß und für manche ein Beruf. Trans*normalität ist häufig mit Schmerz, und jahrelangem Leid verbunden und sollte daher nicht verwechselt werden.
cis-Frauen, cis-Männer	Menschen, deren Geschlechtsidentität mit dem bei ihrer Geburt zugeordnetem Geschlecht übereinstimmt.
Genderfluid	Menschen, die ihre Geschlechtsidentität anhaltend veränderbar halten (fluid = »fließend«), statt sich auf ein Geschlecht festzulegen. Dabei können sie sich zwischen verschiedenen Geschlechtern bewegen oder mehrere Geschlechter gleichzeitig zum Ausdruck bringen.
Nichtbinär, genderqueer	Nichtbinär oder genderqueer werden oft mit derselben Bedeutung verwendet, nämlich: ein Geschlecht, das weder ganz / immer weiblich ist, noch ganz / immer männlich. Es bedeutet auch, Geschlecht als Kategorie zu hinterfragen und / oder sich weder (bzw. nicht immer ganz) weiblich noch (bzw. nicht immer ganz) männlich zu fühlen.
LGBTQI+	LGBTQI steht für Lesbian / lesbisch, Gay / schwul, Bi / bisexuell, Trans, Queer und Intersex / intersexuell. Dazu zählen Menschen mit unterschiedlichen geschlechtlichen Identitäten oder sexuellen Orientierungen.

Das Wichtigste beim Jonglieren all der Begrifflichkeiten ist, dass wir die Revolution dahinter verstehen lernen und akzeptieren, dass es tatsächlich so viel und noch mehr Vielfalt geben kann. Eine Revolution laut Wikipedia ist »ein grundlegender und nachhaltiger struktureller Wandel eines oder mehrerer Systeme, der meist abrupt oder in relativ kurzer Zeit erfolgt«. Da wir als Gesellschaft den letzteren Abschnitt: »meist abrupt« häufig nicht realisieren können, denn bürokratische Mühlen mahlen langsam und das Umdenken erfordet Zeit, sollten wir uns meiner Meinung nach in der Transformationsphase auf »rEVOLution« in dem das Wort LOVE in Spiegelschrift vorkommt, konzentrieren. Es geht meiner Ansicht nach nicht darum zu erkennen, wer wie anders ist, wer wie wen liebt. Es geht vielmehr darum, unseren eingefahrenen Geist zu befreien und um die Quintessenz Liebe allgemein. Denn der Mensch, den Sie vielleicht als »anders« ansehen, sieht Sie vielleicht auch als nicht normkonform an, weil Sie eine Brille, rote Haare oder auffällige Locken tragen. Es ist also normal, »anders« zu sein, und somit hebt sich die Gleichung wieder auf.

Wobei, so verschieden sind wir am Anfang gar nicht.

ADAM, EVA UND DIE SCHLANGE MIT DEN ZWEI PENISSEN

Welchem Geschlecht ein Mensch angehören wird, ist ganz zu Beginn nicht eindeutig festzulegen. Aus bisheriger medizinisch-biologischer Sicht wird nach drei Geschlechtsbestimmungen unterschieden, die einander nicht unbedingt entsprechen müssen. Das genetische Geschlecht, das gonadale Geschlecht, das somatische Geschlecht.

Das *somatische Geschlecht* bezeichnet die Summe der körperlichen Merkmale mit männlicher bzw. weiblicher Ausprägung und wird vom Fehlen oder Vorhandensein einer Hodenanlage bestimmt, die in der Lage ist, Testosteron zu produzieren. Erst unter dem Einfluss von Testosteron bilden sich männliche innere und äußere Geschlechtsorgane aus. Fehlt es, so führt die Entwicklung automatisch zur Ausbildung weiblicher innerer und äußerer Geschlechtsorgane.

Das *genetische Geschlecht* wird über die Geschlechtschromosomen bestimmt, die das 23. Chromosomen-Paar bilden. Jede Eizelle trägt ein X-Chromosom. Das genetische Geschlecht hängt davon ab, ob durch das befruchtete Spermium ein X- oder ein Y-Chromosom dazu kombiniert wird. Die meisten Menschen haben 23 Chromosomenpaare, also 46 Chromosomen. Frauen haben in der Regel zwei XX-Chromosomen und Männer ein X- und ein Y-Chromosom. Bei ca. einem von fünfhundert Männern kommt es aber zum Beispiel vor, dass sie ein zusätzliches X-Chromosom besitzen. Das nennt sich Klinefelter Syndrom, das zu einem eher weiblichen Körperbau, wenig Bartwuchs, kleinen Hoden etc. führen kann. In den meisten Fällen fällt diese Normvariante erst dann auf, wenn Paare den Ursachen des nicht gelingenden Kinderwunsches auf den Grund gehen. Denn häufig sind diese Männer unfruchtbar. Im Gegenzug gibt es die sogenannten X-Frauen, die in der Fachsprache das Turner Syndrom haben. Äußerlich wirken manche X-Frauen eher männlich, bei anderen wirkt sich diese Variante nicht großartig äußerlich aus.

Das *gonadale Geschlecht* bezieht sich auf die Ausprägung der Keimdrüsen- und Genitalanlagen, die sich bis zur ca. sechsten Schwangerschaftswoche zwischen den Geschlechtern nicht unterscheiden. Erst danach beginnt beim Embryo die Differenzierung von weiblichen bis zu männlichen Keimdrüsen und Genitalorganen. Bei den meisten weiblichen Entwicklungen wächst ca. ab der sechsten Schwangerschaftswoche die Wölbung zwischen den Beinen von Woche zu Woche zu den äußeren Geschlechtsmerkmalen wie Klitoris, den kleinen und großen Schamlippen heran. Aus derselben Wölbung entstehen bei männlichen Embryos Hoden und Penis. Im Körper des weiblichen Embryos wächst weiter Gewebe heran, das sich zu Gebärmutter, Eileiter und Vagina verwandelt. Was der Körper von dem zwittrigen Gewebe nicht benötigt, baut er einfach wieder ab. Bei den meisten männlichen Embryos bilden sich Nebenhoden, Samenleiter und Samenblase, und überflüssiges Gewebe bildet sich auch hier zurück. Um die Geschlechtsentwicklung zu vollenden, müssen sich noch die Keimdrüsen bilden. Die Keimdrüse, auch Geschlechtsdrüse oder Gonade genannt, ist ein Organ, in dem sich die Keimzellen, also Hoden oder Eierstock, entwickeln.

Zeitgleich nimmt auf einem kurzen Arm der Y-Chromosomen ein bestimmter Bereich seine Arbeit auf. Es ist das SRY-Gen, das Kürzel steht für *sex-determining region*: Das Gen ist die Bauanleitung für ein Eiweiß, das im Embryo weitere Gene aktiviert und das Startsignal für die Bildung der Hoden gibt. Beeinflusst wird diese Entwicklung von vielen Faktoren, unter anderem auch durch die Sexualhormone (Östrogen und Testosteron), die das Geschlecht ausbilden. Gesteuert wird dieser Prozess hauptsächlich in der Hirnanhangsdrüse (Hypophyse), die entsprechend die Signale im Körper weiterleitet.

Grundsätzlich ist die Ausbildung männlicher Keimdrüsen vom Vorhandensein eines Y-Chromosoms abhängig. Doch selbst wenn diese Voraussetzung gegeben ist, können genetische Variablen die Ausbildung männlicher Gonaden und damit jede weitere Entwicklung männlicher Geschlechtsorgane beeinflussen. Fehlt das Y-Chromosom, oder sind bestimmte Funktionen blockiert, so bleibt die Gonadenanlage zunächst im indifferenten Stadium und entwickelt sich dann selbständig zu einem Eierstock.

Jedes Embryo würde als Mädchen zur Welt kommen, wenn der SRY-Genschalter nicht betätigt wird. Nur wenn dieser Genschalter in der frühen Phase der Schwangerschaft aktiviert wird, kann der bis dahin weibliche Fötus männliche Geschlechtsmerkmale entwickeln: mittels einer Kette von biochemischen Reaktionen entstehen aus ursprünglich weiblichen Organanlagen spezifisch männliche. Aus den vorgesehenen Eierstöcken werden Hoden.

Gängige Thesen behaupten, dass, sofern der SRY-Gen-Schalter nicht betätigt wird und vereinfacht ausgedrückt Testosteronschübe, die für die Ausbildung von Penis und Hoden zuständig sind, nicht erfolgen, der ursprüngliche Bauplan durcheinander gerät. Der Embryo folgt dann der Geschlechtsgrundeinstellung der Natur und bleibt anatomisch weiblich, obwohl die Identität männlich ist. Es wird ein Mann mit weiblichen Geschlechtsmerkmalen geboren. Umgekehrt verhält es sich ähnlich. Damit aus einem Embryo ein »vollständiges« Mädchen wird, entfallen die zuständigen Testosteronschübe, die für die Geschlechtsidentität wichtig sind. Wird aber der SRY-Genschalter aktiv und die zuständigen Testosteronschübe werden fälschlicherweise ausgeschüttet, entwickeln sich Penis und Hoden. Der Embryo bildet sich geschlechtlich-anatomisch männlich aus, obwohl die Identität weiblich ist. Es wird eine Frau mit männlichen Geschlechtsmerkmalen geboren. Es ist also biologisch möglich, dass eine Frau einen Penis und ein Mann eine Vagina hat.

Wir sehen: Geschlechter verfügen über ein enormes Zwitterpotenzial, dies beweist eine identische Vorstufe sowie das Zusammenspiel derselben Hormone und Gene, die für die Geschlechtsentwicklung eine Rolle spielen. Für jeden Embryo bedeutet es, aus einer zwitterhaften und uneindeutigen Ausgangslage in eine weibliche bis männliche Richtung zu lenken.

Wie ähnlich unsere Geschlechter sind, zeigt beim erwachsenen Mann die leicht gerötete Naht an der Unterseite des Penis. Dieses Gewebe bleibt bei einem Mädchen offen. Entsprechend werden aus der Haut des Hodensacks bei einer Frau die großen Schamlippen. Unsere embryonale Veranlagung ist mitunter auch ein Grund, warum Männer zum Beispiel.

Brustwarzen haben, obwohl sie sie nicht benötigen. Unsere Geschlechter sind sich daher ähnlicher, als wir glauben.

Innerhalb des embryonalen Entwicklungsprozesses kommt es häufig zu Normvarianten, die geschlechtlich nicht eindeutig zuzuordnen sind.

Die Chromosomen, die Geschlechtsorgane und das Mengenverhältnis der Hormone im Blut können darüber entscheiden, ob ein Mensch von weiblich bis männlich und alles dazwischen ist. Dennoch spielen das Gehirn und vielmehr die tiefen Strukturen unserer DNA eine größere Rolle als alle biologischen Faktoren zusammen. Denn unser Oberstübchen und vor allem das innere Wissen über unser Sein sind sozusagen die Schaltzentrale und lachen über den Chromosomen-Geschlechtsorgane-Hormonsalat.

Zahlreiche Wissenschaftler sind sich inzwischen einig über die bedeutende Rolle der mehrdimensionalen Aspekte zur Geschlechtsentwicklung, dazu gehören die Genetik, die Anatomie, hormonelle Aspekte, die Umwelt, psychologische Faktoren, die durch gemeinsame Existenz und/oder Interaktion Einfluss auf unsere sexuelle Orientierung, Identität und das Geschlecht selbst haben. Das bedeutet laut der amerikanischen Biologin Julia Serano, dass jedes Individuum mit einem eigenen Geschlecht geboren wird und im Laufe seines Lebens dieses Geschlecht erkennen und leben darf.

In unserer binären Kultur sprechen wir meist nur von Mann und Frau und haben zumindest in unserem Alltag nur diese beiden Geschlechter auf dem Schirm. Wenn wir von Penis und Hoden sprechen, dann denken wir automatisch an Männer und im Gegenzug, wenn es um Brüste und Vagina geht, sehen wir eine Frau.

Dabei: Es gibt wissenschaftliche Untersuchungen, die besagen, dass weltweit immer mehr Menschen geboren werden, bei denen eine eindeutige Geschlechtszuweisung nicht möglich ist. Gründe dafür, so wird vermutet, können auch Umwelteinflüsse, Ablagerungen von Hormonen im Trinkwasser, Impfschäden und Auswirkungen der Überbevölkerung und viele weitere sein.

Für Deutschland geht man davon aus, dass sich von ca. 5000 Geburten eine Geburt durch das Merkmal Trans* oder Inter* auszeichnet. Laut Deutscher Gesellschaft für Transidentität und Intersexualität sind 0,25 Prozent aller geborenen Kinder weltweit transident.

Wie wir sehen, gibt es eine Fülle komplexer theoretischer Gedankenkonstrukte, Studien, Thesen und Gegenthesen, die alle ihre Berechtigung haben. Trans*normalität geht aber in Häufigkeit mit einer Form körperlicher Transition einher, die ihre Ursache in der Biologie des Seins bzw. des Körpers hat. Trans*normalität und alle anderen Normvarianten sind damit kein »Fehler« der Natur, sondern sie sind von der Biologie vorgesehen.

Einen ganz anderen Aspekt bringen die Professor*innen Michaela Bauks und Stefan Schorch ins Spiel. Die Bibelwissenschaftler*innen stellen sogar in Frage, ob Adam und Eva zwingend Mann und Frau waren. War das erste von Gott geschaffene Lebewesen vielleicht sogar androgyn, hat also weibliche und männliche Merkmale in sich vereinigt? »Adam« soll androgyn gewesen sein und der Name bedeutet, nach Aussage von Michaela Bauks, Mann, Mensch, Menschheit oder Jemand. Stefan Schorch sagt dazu: »In der hebräischen Bibel finden sich sehr verschiedene kulturelle

Entwürfe von Sexualität, Partnerschaft und Familie.« Da die Schlange durch ihre Verführung, den Apfel zu essen, angeblich der Grund war, warum Adam und Eva aus dem Paradies vertrieben wurden, sollten wir die Verführende genauer unter die Lupe nehmen. Auch bei der Schlange ist nämlich eine Abweichung der uns bekannten Fortpflanzungs-Norm zu finden. Die männliche Schlange verfügt über zwei Kopulationsorgane, sogenannte Hemipenes, und weibliche Exemplare besitzen zwei Hemiclitoris.

Die Welt kennt keine Grenzen in ihrer Vielfalt, daher ist es wichtig, dass wir allen Menschen die entsprechende Unterstützung geben, die sie auf ihrem Weg benötigen und uns vielleicht nicht so sehr auf die Frage stürzen, wie Geschlechter zu sein oder auszusehen haben. Alle Lebewesen sind geschlechtlich einzigartig und Vielfalt ist die Norm. Ein Support beginnt in erster Linie mit Aufklärung und Verständnis. Ich als einzelner Mensch und Sie als Individuum – WIR haben jederzeit und jeder für sich die Möglichkeit, eine Entscheidung zu treffen, ob wir Menschen unterstützen oder durch Unverständnis im Weg stehen wollen. Lassen Sie uns gemeinsam den weiten Raum der Potenziale und Entwicklungsmöglichkeiten entdecken!

EINS, ZWEI ODER DREI – VIELFÄLTIGE KULTUREN

Wenn wir unseren Horizont öffnen, dann finden wir geschlechtliche Vielfalt in allen Religionen, Kulturen und auf allen Erdteilen. Es gibt Völker, die noch nie nach einem binären System gelebt haben. In einigen Kulturen werden zum Beispiel Trans* und/oder Inter-Menschen als Angehörige des »dritten Geschlechts« gesehen, wie zum Beispiel die Two-Spirits bei der indigenen Bevölkerung Nordamerikas, die indischen Hijras, die Khanith des Omans oder die thailändischen Katoys. Das Volk der Bugi auf der indonesischen Insel Sulawesi unterscheidet nicht nur drei Geschlechter, sondern es ist für sie ganz natürlich, dass fünf Geschlechter existieren. Neben Frauen und Männern gibt es die Calalai, anatomische Frauen mit typisch männlichen Vorlieben, und die Calabai, anatomisch Männer mit typisch weiblichen Vorlieben. Das fünfte Geschlecht nennen sie Bissu – es sind heiliggesprochene Menschen, die ein hohes Ansehen haben. Diese Menschen sind weder eindeutig Mann noch Frau, sondern eine Kombination von beidem. Sie haben ihre eigene Kleidung, können anatomisch weiblich, männlich, inter oder trans sein und gelten als Vermittler zwischen den Menschen und den Göttern. Auch im Buddhismus und Hinduismus finden sich inter* Götter, und bei den Inkas nahmen solche Menschen eine besondere Rolle ein. Ihnen wurde nachgesagt, über besondere Gaben zu verfügen, wie übernatürliche Wahrnehmungen, die Fähigkeit Menschen zu heilen und auf besonderen Wegen zu begleiten, die über das menschliche Denken hinausgehen, weil sie die Geschlechter in sich vereinigen und somit eine direktere Verbindung zum geschlechtslosen Göttlichen aufzeigen.

TIERISCHE VIELFALT – MENSCH, BIST DU LANGWEILIG

Wer kennt sie nicht, die Geschichte des orange-schwarzweiß gestreiften Fisches Namens Nemo. Sofern Sie sich nicht mehr erinnern, was in diesem Kinderfilm passiert ist, schildere ich es Ihnen kurz. Nemo kam mit einer »Behinderung«, einer kleinen verkümmerten Flosse, auf die Welt. Seine Mutter starb, und sein Vater zog ihn alleine auf. Hätte Walt Disney aber die biologische Wahrheit verfilmt, wäre der Film anders verlaufen. Clownfische, zu denen auch Nemo gehört, haben besondere Wandlungsfähigkeiten, was ihr Geschlecht anbetrifft. Die Jungtiere besitzen zunächst kein Geschlecht und leben in Gruppen zusammen. Irgendwann bilden der größte und der kleinste Fisch aus einer Gruppe ein Paar, wobei der größere Fisch zum Weibchen wird und der kleinere den männlichen Part übernimmt. Doch so muss es nicht ein ganzes Fischleben lang bleiben. Sofern die Muttertiere, wie bei Nemo, sterben, wandeln die Clownfisch-Väter ihr Geschlecht um, werden zum Weibchen und suchen sich ein neues Männchen.

Der Papa von Nemo hätte sich im Film biologisch korrekt eigentlich in eine Mama umwandeln müssen. Na, wer wäre da wohl schreiend aus dem Kino gerannt? Die Eltern oder die Kinder? Ich vermute, Sie raten richtig. Es wären doch wohl eher die Eltern gewesen, die sich daran gestört hätten. Kinder würden sich nichts weiter dabei denken.

In der Tierwelt existiert so viel geschlechtliche Vielfalt, dass unser Menschsein dagegen fast langweilig wirkt. Bei den Seepferdchen beispielsweise produziert das Weibchen die Eier und legt diese beim Geschlechtsakt dem Männchen in seine Bauchtasche, wo sie befruchtet werden. Nach zehn bis zwölf Tagen gebärt dann das Männchen die Jungfische. Bei den Breitfußschnecken herrscht reinstes Geschlechterchaos. Sie sind Zwitter und besitzen männliche und weibliche Geschlechtsmerkmale zugleich. Damit diese Tiere keinen Würfel werfen müssen, wer Männchen und wer Weibchen ist, bilden die in Kolonien lebenden Schnecken bei der Befruchtung eine lange Reihe, und alle dürfen alles sein und jeder darf mal ran, um das Ziel Spezieserhaltung zu gewährleisten. So sind zwar Schnecken in unserem Sinne eher langsam in ihrem Vorankommen, aber äußerst flexibel, was das Geschlecht betrifft.

Warum pflanzen sich eigentlich nahezu alle Organismen sexuell fort? Wer hat's erfunden? Ginge es nur um Zahlen, Daten, Fakten, wäre Sex schon längst überholt oder im Verlauf der Evolution gar nicht erst aufgekommen, denn am Reproduktionserfolg kann es nicht liegen. Wie man auch ohne Sex überlebt, zeigen uns viele Beispiele aus der Natur. Sie kennen Sie auch, die nervigen Blattläuse, die sich so schnell vermehren, dass man kaum hinterherkommt, sie wieder aus der Wohnung auszuladen. Was viele nicht wissen: Ihre Vermehrung erfolgt gewöhnlich durch sogenannte Jungfernzeugung (Parthenogenese), also ohne Befruchtung der Eier. Ebenso leben Kleinkrebse, Quallen und Schnecken den wiederkehrenden Wechsel von geschlechtlicher und ungeschlechtlicher Fortpflanzung. Sogar vor manchen Haiarten, der Blumentopfschlange, dem Jungfern-Gecko und der Weißbauch-Felseneidechse macht die Jungfernzeugung nicht Halt.

Ein Highlight an tierischer Vielfalt präsentiert für mich der Plattwurm. Er ist ein proterandrischer Zwitter/Hermaphrodit. Das bedeutet, er besitzt beide Geschlechter, und seine männlichen und weiblichen Geschlechtsorgane haben unterschiedliche Reifezeitpunkte. Wenn Plattwürmer sich paaren wollen, muss zunächst entschieden werden, welcher von beiden welche Geschlechtsrolle übernimmt. Diese Entscheidung wird mit dem sogenannten Peniskampf getroffen. Hierzu treten die Plattwürmer gegeneinander an. Der Gewinner, der den anderen mit seinem Penis »sticht«, bleibt männlich! Der »neue« weibliche Plattwurm wird sodann mit Sperma gefüllt und zum Träger der Nachkommen! Ist die Natur nicht herrlich vielfältig?

Das wohl eindrücklichste Beispiel, warum Vielfalt überlebenswichtig ist, zeigen uns die Wasserflöhe. Sie sind zunächst alle weiblich und teilweise asexuell und verfügen über die Möglichkeit, sich selbst zu klonen. Bei dieser Spezies spielt die Populationsrate und Geschlechterverteilung eine große Rolle. Bei einer Übersättigung in einem Teich an weiblichen Flöhen, beginnen männliche Flöhe zu schlüpfen. Diese Männchen paaren sich dann mit ihrem weiblichen Pendant. Die so produzierten Eier schlüpfen allerdings erst dann aus, wenn das Problem der Überbevölkerung behoben ist. Die asexuelle Fortpflanzung hat in der Evolution aber einen erheblichen Nachteil, und das ist auch der Grund, warum sich Wasserflöhe nicht nur asexuell fortpflanzen, sondern sich auch mal paaren: Die asexuelle Fortpflanzung erzeugt normalerweise zu wenig genetische Variabilität. Die Nachkommen sind im Prinzip genetische Klone des ausgetragenen Lebewesens/Einzeller. Für das langfristige Überleben ist es aber notwendig, dass Organismen sich ständig neu an die Umwelt anpassen. Es ist also evolutionsbedingt wichtig, dass vielfältiges Erbgut zusammenkommt und dieses bei den Nachkommen kombiniert wird. So werden positive Mutationen zusammengeführt und negative überdeckt, um das Überleben der Spezies zu sichern.

DAS DRITTE GESCHLECHT MACHT SPORT! – NUR WIE?

Ein Bereich, der mir besonders am Herzen liegt, weil er viel mit meiner Biographie zu tun hat, ist der Sport.

Dass es im (Spitzen-)Sport wegen der Chancengleichheit eine klare Geschlechtertrennung geben muss, ist für viele Sporttreibende klar. Aufgrund der Tatsache, dass Männer durch ihr Hormonverhältnis mehr Testosteron produzieren und dadurch über mehr Kraft verfügen, sind sie im Vorteil gegenüber Frauen. Doch schon seit längerer Zeit wird nicht nur im Sport beobachtet, dass es aus hormoneller Sicht immer mehr zu einer Angleichung der Geschlechter kommt. Und das wirft die Frage nach der Grenze zwischen natürlicher Gabe und unfairem Vorteil auf.

Ein Beispiel aus der Spitzensportwelt ist Caster Semenya, die 800-Meter-Siegerin bei der Leichtathletik-Weltmeisterschaft in Berlin. Aufgrund von Protesten über ihren deutlichen Sieg, bei dem sie die Konkurrenz weit hinter sich ließ, veranlasste die IAAF eine wissenschaftliche Untersuchung zur Bestimmung des Geschlechts der Athletin. Herauskam, dass Semenya mehr körpereigenes Testosteron produziert als die Durchschnittsfrau und entsprechend der Kategorisierung ein intergeschlechtlicher Mensch ist. Das Diktat des Sportverbandes, sich einer Operation oder einer

Hormontherapie zur Limitierung des Testosterons zu unterwerfen, um startberechtigt zu sein, hob das oberste Sport-Schiedsgericht wieder auf. Eine richtige Entscheidung, wie ich finde. Denn Usain Bold, Michael Phelps und andere zahlreiche Ausnahmeathleten, haben auch jahrelang ihre Konkurrenz in den Schatten gestellt. Hätte man jemals von Bold verlangt, sich die Beine kürzen zu lassen, damit er seinen natürlichen Vorteil nicht mehr ausspielen kann? Hätte man Phelps gesagt, es ist unfair, dass du so lange Arme hast, und ab sofort musst du dagegen ein Mittel einnehmen? Sicher nicht, doch bei Semenya hatten einige keine Probleme solch entwürdigende Forderungen zu stellen.

Semenyas Konkurrentinnen aber sahen in ihr eine unschlagbare Gegnerin. Andere argumentierten, dass es diskriminierend sei, sie auszuschließen. Semenya selbst sagte: »Ich bin so geboren und möchte nichts an mir ändern. Es ist eine Gabe.«

Laut Untersuchungen nehmen mehr als ein Dutzend Sportlerinnen mit natürlich erhöhten Testosteronwerten an Leichtathletik-Wettbewerben teil und wahrscheinlich werden es in Zukunft immer mehr werden. Nachdem das Bundesverfassungsgericht das dritte Geschlecht anerkannt hat, stehen die Politik und der Sport im Zugzwang, die sich daraus ergebenden Konsequenzen umzusetzen. Funktionär*innen und die Sportorganisationen müssen sich Möglichkeiten überlegen, wie eine generelle Wettkampfteilnahme von betroffenen Athleten bzw. primär Athletinnen gestaltet werden kann. Soll man sie in die bestehenden Geschlechter integrieren, um sich nicht dem Vorwurf der Diskriminierung ausgesetzt zu fühlen. Wobei sich da gleich die nächste Frage anschließt: Wenn Integration, in welcher Kategorie dürfen

Inter* Menschen dann starten? Bei den Frauen oder bei den Männern? Und wer legt das im Einzelfall fest? Vielleicht sollte es auch eine eigene Rubrik für das dritte Geschlecht geben? Aus meiner Sicht wird aber auch eine Anerkennung über das dritte Geschlecht nicht genügen. Es gibt über intergeschlechtliche Menschen hinaus noch viele weitere Geschlechtsoptionen. Das Geschlecht X sollte eingeführt werden, das alle Menschen miteinbeziehen würde.

Das oberste Sportgericht entscheidet, wie man mit den natürlichen Variationen des Menschen verfährt, und wie offen Sportangebote für Menschen sind, die weder Mann noch Frau sein können. Bei der Beantwortung sind meiner Meinung nach zwei Aspekte zu berücksichtigen. Zum einen muss der EU-Grundrechte-Charta, die den Anspruch Intergeschlechtlicher auf Gleichbehandlung festschreibt, entsprochen, und zum anderen der Anspruch des Sports auf fairen Leistungsvergleich umgesetzt werden.

Neue Regularien sind in Arbeit, und der Sport wird sich wohl darauf einigen, dass der Testosteronwert entscheidend darüber sein wird, ob ein Mensch bei den Frauen oder den Männern starten muss. Vielleicht wird es in ein paar Jahren auch drei Olympioniken im 100-Meter-Sprintfinale geben. Eine Frau, ein Mann und ein X-Mensch.

WIE ELTERN UNTERSTÜTZEN KÖNNEN

Neben den Briefen, E-Mails von Betroffenen erreichen mich auch immer wieder Briefe von Müttern und Vätern.

Lieber Herr Buschbaum,
mein Name ist Laura, und ich bin Mutter einer Tochter. Sie heißt Marlene, und nächste Woche wird sie drei Jahre alt. Da ich in einem ziemlich engstirnigen Umfeld lebe, und mein Mann mich, bzw. das, was ich Ihnen gleich schreiben werde, nicht ernst nimmt, wende ich mich an Sie. Seit Marlene zwei Jahre alt ist, kommen von ihr verschiedene Äußerungen bezüglich ihres Geschlechts.
Sie konnte noch nicht ihren Namen richtig aussprechen, da sagte sie bereits: »Marle Junge«.
Mein Mann intervenierte und sagte ihr, dass sie ein Mädchen sei. Ich selbst ging dazu über, ihr zu sagen, dass sie sein dürfe, was immer sie wolle (was mein Mann aber – mit Verlaub – richtig scheiße fand). Mit etwa zweieinhalb hatte Marlene erste Wein- und Trotzanfälle, bei denen sie »Ich will auch einen Penis!« schrie. Gestern Abend sagte sie mir: »Ich will ein Junge sein.« Auf meine Frage hin, warum, sagte sie, dass der Fynn (ein jüngeres Kind in ihrer KiTa) ja auch schon ein Junge sei.

Sie vergleicht sich immer wieder mit anderen Jungs, wie zum Beispiel mit ihrem Cousin, und spielt in der KiTa am liebsten mit anderen Jungen. Ihre Äußerungen sind nicht dahingehend, dass sie das Mädchensein ablehnt, oder zumindest hat sie bisher nichts dergleichen geäußert. Aber für sie scheint das Leben als Junge zumindest erstrebenswert(er) zu sein. Mein Mann macht sich diesbezüglich wenig Gedanken und ist der Meinung, dass sich das »auswachsen« wird. Ich selbst bin verunsichert und habe ein wenig zu dem Thema Transidentität recherchiert. Marlene ist ein wildes Kind (so wie ich und mein Mann es auch waren) und hatte bereits sehr früh ihren eigenen Kopf und einen extrem starken Willen und Charakter. Selbst in der KiTa waren die ErzieherInnen über ihre frühen Wutausbrüche und ihre Charakterfestigkeit und Beharrlichkeit erstaunt. Ihre verbalen Fähigkeiten sind bereits stark ausgeprägt. Meine Frage an Sie ist nun: Glauben Sie, dass man in einem so frühen Alter schon wirklich davon ausgehen kann, dass sie als Junge leben möchte? Und wie kann ich ihr helfen und beistehen, den richtigen Weg für sich zu finden (die Frage aller Fragen sozusagen). Ich liebe meine Tochter, ganz egal, wie sie ist und was sie sein möchte. Ich möchte nur eines: dass sie glücklich ist und wird.
Viele herzliche Grüße
Laura H.

Nicht nur Eltern von trans*normalen Kindern spüren meist schon sehr früh, dass ihr Kind anders ist, sondern Eltern haben generell ein Gefühl für ihre Kinder. Dabei gibt es kein eindeutiges Verhalten, das auf eine Trans*normalität hinweist. Manche Kinder sind introvertiert, beobachten ihre Welt und versuchen ihre innere Zerrissenheit mit sich selbst auszumachen. Andere sind extrovertiert und preschen mit ihrem Sein voran. Häufig äußert sich die empfundene Diskrepanz zwischen Innen- und Außenwahrnehmung durch Unkonzentriertheit, Wutausbrüche und Trauer über das eigene Unverständnis und das Nichtverständnis des Umfeldes.

Trans* normalität kann in jeder Familie vorkommen und resultiert nicht aus einer »falschen« Erziehung. Transkinder merken bereits oft selbst sehr früh, dass sie anders als die anderen Kinder sind. Sie fühlen sich im Spiel häufig dem Geschlecht zugehörig, das sie im Inneren sind. »Jungen« ziehen gerne Kleider an, lieben es sich zu schminken, selbst wenn es sonst niemand in ihrem Umfeld tut. »Mädchen« raufen sich gerne, messen sich mit anderen Jungs, tragen oft die Haare kurz und interessieren sich für typisch »männliche« Spiele und Spielsachen. Sie ahmen dabei nicht nach, sondern folgen ihrem Gefühl, ihrem Sein. Sie wirken »weiblich« bzw. »männlich«, und dieses Verhalten resultiert aus ihrem Selbstverständnis, dass sie eben weiblich bzw. männlich sind.

Manche Kinder artikulieren schon sobald sie sprechen können, dass sie ein Junge sind, obwohl ihr Umfeld sie als »Mädchen« sieht. Und umgekehrt. Häufig wird dieses Sein als eine Art Empfindung beschrieben, so wie Marlene es mit zweieinhalb Jahren ausdrückte. Wenig später wird es dann konkreter: »Ich will auch einen Penis«, fordert das »Mädchen«, und ein als »Junge« angesehenes Kind erklärt den Eltern dagegen, dass der Penis nicht zu ihm gehört und er sich wünscht, ihn abschneiden zu können.

Eltern sind mit solchen direkten Aussagen oft überfordert

oder tun das Verhalten ihrer Kinder als eine Phase ab, die sich »auswachsen« wird. Gerade Vätern fehlt da häufig Empathie und Akzeptanz. Mit Sätzen wie »Leo, du bist kein Mädchen! Du bist ein Junge!« versuchen sie zu intervenieren und zu beeinflussen und wundern sich dann, wenn sie vor Wut den Bauklotz an den Kopf geworfen bekommen. Doch wenn das Kind wirklich trans*normal ist, wird »es« sich nicht auswachsen, und die Eltern werden so lange den kindlichen Unmut zu spüren bekommen, bis sie ihr Kind ernst nehmen.

Vor einiger Zeit war eine Familie mit ihrer 16-jährigen Tochter bei mir zur Beratung. Sie hatten viele Fragen, auf die sie Antworten suchten. Dabei spürte ich deutlich, dass vor allem die Mutter große Angst hatte, eine falsche Entscheidung zu treffen, die erhebliche Auswirkungen auf die Zukunft ihres Kindes haben würde.

Die Familie musste bereits vor ein paar Jahren schon eine Entscheidung bezüglich der Pubertätsblocker treffen, die ihrem Kind Zeit verschaffte, über sich selbst und seine geschlechtliche Identität klarzuwerden, denn wäre es in die männliche Pubertät gekommen, wäre zum Beispiel die tiefe Stimme nahezu unumkehrbar gewesen. Ebenso hätte es sich vielleicht mit der vermehrten Körperbehaarung und dem Bartwuchs verhalten.

Der Vater selbst war zuerst gegen den Einsatz der Pubertätsblocker gewesen und brauchte auch lange, bis er verstand, dass er sein Kind verlieren würde, sofern er es nicht unterstützt.

Der Teenager war bei unserem Termin sehr reflektiert, sprachlich auf Zack und machte ganz klar: Ich weiß wer ich bin, und ich möchte über mich selbst entscheiden und bestimmen. Ich bin eine junge Frau und möchte als das angesehen werden, was ich bin. So war es bei dem Gespräch meine Aufgabe, den Eltern die Ängste zu nehmen und das Vertauen in die klare Entscheidung ihres Kindes zu stärken.

Zehn Dinge, die (allen) Kindern guttun

1. Nimm dein Kind an, so wie es ist.
2. Steh ihm bei, auch gegenüber anderen.
3. Spreche ihm Mut zu, so zu sein, wie es sein möchte.
4. Vertraue deinem Kind, es weiß selbst, was gut für es ist.
5. Schenke ihm deine Aufmerksamkeit.
6. Sage ihm, dass du da bist, was auch immer geschieht.
7. Hab Geduld, auch wenn es manchmal schwerfällt.
8. Sage deinem Kind, dass es (fast) alles erreichen kann, wovon es träumt.
9. Lass dein Kind los, wenn es bereit zu fliegen ist.
10. Sei da, wenn es stürzt und ermutige es erneut.

Die Pubertät ist für einen trans* normalen Jugendlichen ein wahrer Horrortrip. Es fühlt sich für sie total falsch an, wenn die Brüste wachsen, wo keine sein sollten, oder der Bart sprießt und der Stimmbruch kommt. Viele Jugendliche beginnen, massiv an sich selbst zu zweifeln, manche werden depressiv, einige bekommen Suizidgedanken. Es besteht in diesem Alter die Möglichkeit einer hormonellen Pubertätsblockade. Die Behandlung ist umkehrbar und nicht definitiv. Dadurch wird etwas Zeit gewonnen, die/der Jugendliche, kann sich mit der eigenen Identität auseinandersetzen, ohne ständig mit der körperlichen Veränderung konfrontiert zu werden.

Frauen, die mit männlichen Geschlechtsmerkmalen geboren wurden, haben es dabei oft schwerer als Männer, die mit weiblichen Geschlechtsmerkmalen geboren wurden. Durch die Anpassung an ihr wahres Geschlecht fallen sie in der Öffentlichkeit eher auf und erleben zu ihrer eigenen inneren Zerrissenheit oft noch Diskriminierungen und Mobbing.

Das beginnt manchmal schon in der KiTa, da ihr Anderssein bereits früh auch von anderen Kindern bemerkt wird. Und es setzt sich fort in der Schule und später am Arbeitsplatz. Manche Diskriminierungen werden bewusst zugefügt, viele Diskriminierungen finden aber aus Unachtsamkeit heraus statt oder aus Unverständnis. Was Menschen nicht verstehen, davor haben sie unterschwellig Angst und reagieren entsprechend abwehrend und abwertend. Hinzu kommt, dass Trans* normale durch solche Äußerungen und Signale immer wieder erfahren: »Du bist nicht normal«, und sich dann oft selbst an den Rand der Gesellschaft treiben lassen.

Um diesen Teufelskreislauf zu durchbrechen, brauchen diese Kinder von Anfang an unterstützenden Beistand. Von Eltern, Erzieher* innen, Lehrer* innen, Arbeitgeber* innen. »Um ein Kind aufzuziehen, braucht es ein ganzes Dorf« – bei trans* normalen Kindern trifft das doppelt zu!

Meine Eltern haben mich zum Glück auf meinem Weg bedingungslos unterstützt, wofür ich ihnen für immer dankbar sein werde. Sie wussten insgeheim auch, dass ich anders bin, konnten aber dieses Anderssein nicht in eine Form oder in Worte fassen. Wichtig war für sie immer, dass ich glücklich bin, und deshalb standen sie hinter meinen Entscheidungen, was auch immer das bedeutete.

LET'S GET LOUD & OUT – OUTING IM PRIVATEN UMFELD

Für viele Trans* normale ist das Outing eine große psychische Belastung. Wie sage ich es nur meinen Eltern? Wie werden meine Familie, mein Freundeskreis auf meine Veränderung reagieren?

Besonders für junge Trans* normale ist es vielleicht einfacher, den Eltern zuerst einen Brief zu schreiben, um die direkte Konfrontation vorerst zu vermeiden und um den Eltern Zeit zu geben, sich mit dem Gedanken vertraut zu machen. Für junge Menschen habe ich das mal zusammengefasst, wie ein solcher Brief aussehen könnte.

Wie sag ich's nur?

Wenn dich ein direktes Gespräch zuerst abschreckt, dann kannst du vorab einen Brief schreiben, indem du deine Emotionen, so ehrlich du es nur kannst, beschreibst. Meistens haben deine Eltern und dein Umfeld sowieso schon eine Vorahnung, und die Nachricht trifft sie nicht wie ein Schlag ins Gesicht. Am Ende des Briefes kannst du ja schreiben, dass du dir, wenn sie dazu bereit sind, ein persönliches Gespräch wünschst.

Von anderen Trans* normalen weiß ich, dass sie noch ein Buch

zum Thema dem Brief beilegten, damit die Eltern sich einlesen und sich selbst ein Bild machen können, denn auch Eltern machen sich viele Gedanken.
Bei einem persönlichen Gespräch erklärst du dich am besten noch mal und äußerst, was deine zukünftigen Wege und Wünsche sind, wie z. B. »Ich würde mir wünschen, dass ihr mich ab sofort mit neuem Namen (Namen nennen) ansprecht. Es würde mich auch freuen, sofern ihr über mich sprecht, dass ihr ab sofort das richtige Personalpronomen verwendet.«
Denke daran, dass gerade deine Eltern, die dir deinen Geburtsnamen gegeben haben, etwas Zeit benötigen, um sich umzustellen, was spätestens nach äußerlicher Veränderung (Bartwuchs, tiefere Stimme oder Verweiblichung, Brustwachstum etc.) noch leichter fallen wird.
Erwähne aber auch, dass du sie korrigieren wirst, sofern ab und an noch mal der alte Name durchkommt.
Je offener und aufklärender du selbst mit dem Thema umgehst, desto besser nimmt es auch dein Umfeld auf, das jedenfalls ist meine Erfahrung. Wichtig ist auch, dass du deine Eltern ermutigst, Fragen zu stellen, auch solche, die vielleicht peinlich sind. Und mach ihnen klar, dass sie an nichts »schuld« sind, weil an dir nichts »falsch« ist.

Im Freundes- und Bekanntenkreis ist ein ähnlicher Ablauf denkbar. Für manche Trans* normalen kann es sehr hilfreich sein, wenn sie das Outing-Gespräch mit ihrem Psychologen oder einem Coach vorab durchspielen, um auf alle eventuellen Reaktionen vorbereitet zu sein. Dies gibt die nötige Sicherheit, um selbstbewusst in solche Gespräche zu gehen. Ich kenne auch Trans* normale, die ein richtiges Fest aus ihrer persönlichen Veränderung machen. Sie laden ihre Liebsten ein und verkünden die frohe Botschaft bei lockerer Atmosphäre.

Wie auch immer sich das Outing gestaltet, der größte Wunsch von trans* normalen Kindern, Jugendlichen und Erwachsenen ist es, akzeptiert und wertgeschätzt zu werden. Und dass ihr Sein ernst genommen wird. Denn Menschen kommen nicht einfach auf die Idee, ihr Geschlecht anzugleichen. Kein Mensch, der es nicht selbst erlebt hat, für das kämpfen zu müssen, was ein Großteil der Menschheit in die Wiege gelegt bekommen hat, kann es sich vorstellen, welche Herausforderungen eine Geschlechtsangleichung bedeutet. Es hört sich von außen häufig so an, als hätten Trans* normale eine Wahl. Für Trans* normalität entscheidet man sich nicht. Man wird so geboren! Es gibt keine Wahl, und würde es diese Wahl tatsächlich geben, dann würde sich kein Mensch freiwillig für diesen Weg entscheiden. Dieses Sein ist Folter in jedem einzelnen Augenblick, an dem Trans* normale erkennen, dass sie Gefangene ihrer körperlichen Hüllen sind.

Ganz gleich, ob der Trans* normale »nur« eine Namens- und Personenstandsänderung vollzieht oder ob er den Weg zur körperlichen Angleichung inklusive Hormontherapie und geschlechtsangleichenden Operationen vollziehen möchte, es ist nie ein leichter Weg. Das fängt schon damit an, dass Betroffene oftmals nicht wissen, wo und wie sie auf ihrem Weg beginnen. Sie verirren sich im Antragsdschungel der Behörden, Krankenkassen und Ämter. Gerade zu Beginn kommt zu alledem noch die eigene Unsicherheit. Es stellen sich Fragen über Fragen zu den ersten Schritten, der Wirkungsweise der Hormone, dem richtigen Psychologen, der optimalen Klinik etc. Leider kursieren im Internet viele Falschaussagen und veraltete Informationen, die Trans* normale häufig entmutigen und sie unnötigerweise von ihrem Vorhaben abhalten. War es zum Beispiel bis 2009 noch Bedingung für die Personenstandsänderung, die Operation zur Zeugungsunfähigkeit vorzuweisen, ist diese Voraussetzung heute nicht mehr zu erfüllen. Dennoch ist diese überholte Information immer noch im Umlauf und hindert Trans* normale daran, ihr wahres Geschlecht zu leben.

Das Ziel, in seinem wahren Geschlecht zu leben, verlangt mit Sicherheit einiges an Aufwand, aber der Weg muss nicht mühselig oder unnötig langwierig sein, sofern man die richtigen Informationen gekonnt einsetzt und sich an die richtigen Fachkräfte wendet.

Auf meiner Website können Betroffene und Angehörige einen ausführlichen Leitfaden herunterladen als Anleitung und Hilfestellungen für die verschiedenen Etappen dieses Weges (siehe auch Seite 377).

TRANS@WORK

Sofern sich in einem Unternehmen Trans* normale outen wollen, wissen viele Personalberater* innen oder Vertrauenspersonen nicht, wie sie sich verhalten sollen, geschweige denn, was sie tun können, um zu unterstützen. Meist wird aus Unwissenheit falsch reagiert, und es werden Hürden in den Weg gestellt, wo keine sein müssten. Dabei reicht als Erstes ein einfaches Signal wie: »Wir unterstützen Sie« oder »wir schaffen das gemeinsam!«, und damit ist der erste Schritt zu einem positiven Verlauf getan. Den Zeitpunkt des Outings bestimmt der Trans* normale natürlich selbst, es sollte jedoch zu einem Zeitpunkt stattfinden, in dem noch keine sichtbaren Veränderungen (Bartwuchs, Operationen etc.) stattgefunden haben, sprich vor Einnahme der Hormone.

Sofern ein Outing vor den Mitarbeitenden, dem Team oder der ganzen Belegschaft etc. ansteht, können Vertrauensperson und der/die betroffene Mitarbeiter* in, sich gemeinsam den Ablauf überlegen und vielleicht sogar mit einem Coach proben, um auf alle Reaktionen vorbereitet zu sein und humorvoll und schlagkräftig reagieren zu können. In vielen Großfirmen gibt es einen Leitfaden, der die genauen Vorgänge beschreibt und Anweisungen gibt, wie und wann einzelne Schritte abzulaufen haben.

Für jeden Trans* normalen ist der Schritt, in die Öffentlichkeit zu gehen, kein leichter, denn Ängste abgelehnt, diskriminiert und gemobbt zu werden, spielen eine große Rolle. Vertrauenspersonen sollten sich der Lage bewusst sein und die Vorbereitung nicht auf die leichte Schulter nehmen: Welche Vorbehalte könnte es innerhalb der Belegschaft geben, gibt es vielleicht Mitarbeiter* innen, von denen eine abwehrende oder auch deplatzierte Reaktion kommen könnte? Wie weit sollte man ins Thema einsteigen? Sollte man sich einen Experten oder eine Fachfrau dazu holen? Welche Veränderungen im Arbeitsablauf müssen geklärt werden, wie zum Beispiel die Namensänderungen oder die Toilettenbenutzung. Sofern der Betrieb keine Unisextoiletten hat, ist diese Ansprache sehr wichtig. Ein Selbstverständnis für den Toilettengang ist unumgänglich.

Aus meiner Erfahrung kann ich sagen, dass ein Gespräch mit den Kolleg* innen oder mit dem Team in entspannter Atmosphäre am effektivsten ist. Es gibt für solch ein Gespräch zwar keinen Leitfaden, aber das Wichtigste ist sowieso, dass man sich und seine Emotionen erklärt, als wären sie das Normalste der Welt, was sie ja auch sind. Trans* normale sollten ihre Wünsche äußern, wie zum Beispiel: »Ich würde mir wünschen, dass ihr mich ab sofort mit neuem Namen (Namen nennen) ansprecht. Es würde mich auch freuen, sofern ihr über mich redet, dass ihr das richtige Personalpronomen (er/sie) verwendet.« In vielen Fällen haben Kolleg* innen schon eine Ahnung gehabt, und das Outing kommt nicht allzu überraschend. Dennoch ist es wichtig, den Kolleg* innen Raum zu geben, um die Veränderung anzuerkennen. Sofern der alte Name aus Routine rausrutscht, ist eine sofortige charmante Korrektur empfehlenswert. Kolleg*innen unter sich dürfen natürlich auch andere Kolleg*innen darauf hinweisen.

Ich war in den letzten Jahren in vielen Betrieben und manchmal standen auch mir die Tränen in den Augen. An eine Situation erinnere ich mich noch genau. Es war in einer Großfirma und 240 Gäste waren geladen. Angefangen vom Betriebsleiter über die Managementebene bis zu den Produktionsangestellten. Es ging um ein Outing einer Person der hohen Betriebsebene. Ich wurde eingeladen, um einen Vortrag zum Thema Diversity zu halten und in meinem Vortrag sollte ich quasi das Outing vorbereiten.

Ich erinnere mich noch genau an Stefanie. In einem Businesskostüm, mit kurzer Pagenkopf-Frisur, dezent lackierten Fingernägeln, leicht geschminkt stand sie mir gegenüber und rieb sich die Hände, um etwas von ihrer Nervosität abschütteln zu können. Ich hatte gerade meinen Vortrag beendet und kündigte sie mit den Worten an: »Heißen Sie nun alle herzlich Ihre Mitarbeiterin und Kollegin Stefanie willkommen, die gerne ein paar Worte an Sie richten möchte.« Ein erwartungsvoller Applaus erfüllte den Raum, und die Neugierde stand allen ins Gesicht geschrieben. Mit leicht unsicheren Schritten stellte sich Stefanie neben mich. Mit ihren 1,88 überragte sie mich bestimmt um anderthalb Köpfe.

»Ich bin Stefanie und bin und war schon immer eine Frau! Vielleicht werden jetzt einige von euch mein bisheriges Verhalten hier in der Firma besser verstehen. Ich bin glücklich und dankbar, dass es jetzt ausgesprochen ist. Kein Mensch, der es nicht selbst erlebt hat, mit den falschen Geschlechtsmerkmalen geboren worden zu sein, kann nachempfinden, welche Schmerzen und Qualen man erleidet. Ich habe dieses

Versteckspiel so satt. Seit Jahren bin ich morgens als Frau aus dem Haus gegangen, habe mich in der Firmengarage wieder umgezogen und zwängte mich widerwillig in Anzug und Krawatte. Nach der Arbeit konnte ich es kaum erwarten, aus meinen Klamotten rauszukommen. Manchmal schaffte ich es psychisch nicht bis nach Hause, hielt an einem Parkplatz an der Autobahn an und zog mich um.« Stefanies Stimme war im Laufe der Rede fester und lauter geworden. Im Saal war es mucksmäuschenstill, als sie weitersprach. »Ich war an einem Punkt angekommen, an dem ich nicht mehr so weiterleben konnte, und hier stehe ich jetzt als Stefanie und freue mich des Lebens, dass ich endlich so sein kann, wie ich bin.« Stefanie stand mit stolzem Blick und erhobenem Kopf auf der Bühne. Einer nach dem anderen stand auf und klatschte voller Bewunderung in die Hände. Es dauerte keine drei Sekunden, und der Saal bebte. Stefanie weinte Tränen voller Erleichterung und Rührung, und ich musste mich sehr zusammenreißen, um die nächsten Worte zu finden, da das Mikrophon wieder bei mir landete.

Solche Situationen sind das Highlight bei meiner Arbeit. Auch weil ich die wahnsinnige Erleichterung, endlich der Mensch sein zu können, der man immer schon gewesen ist, so gut nachvollziehen kann. Es erinnert mich so sehr an meinen eigenen Lebensweg und wie ich der wurde, der ich immer war.

Blaue Augen bleiben blau

PROLOG

Ein Grashalm wächst zwischen den Steinritzen hervor. Sein Samen war lange unter der Erde versteckt. Doch nur die unterirdischen Bewohner nahmen Kenntnis von ihm, weil er der dunklen Erde entgegenstrahlte und seine Wärme vorerst nur nach innen leuchtete. Auf verschlungenen Pfaden irrte er durch die Unterwelt, auf der Suche nach Licht. So ist es mit dem Menschen: zu Beginn ein Samen, der sich seinen Weg an die Oberfläche sucht, um aus der Tiefe emporsteigend sein Glück zu finden. Kommt er von seinem Weg ab – schafft er es nicht hinauf ans Licht, in die Freiheit –, so wird er seine Lebenszeit unter den Steinen verbringen. Fortwährend auf der Suche nach Erlösung. Ist es nicht das, was wir jeden Tag erbitten? Erlösung, Glück und Befreiung!

Jeder einzelne Tropfen Wasser im Meer, jedes einzelne Sandkorn am Strand, jeder noch so kleine, zarte grüne Grashalm – alles Greifbare, alles Nichtgreifbare, alle Wünsche, alle Hoffnungen, alle Betrachtung, alle Träume und alles Unerreichbare sind nicht frei, wenn wir es nicht in uns sind.

Ich suchte das Unberührte, das Besondere, das Einzigartige. Ich suchte die Sonne hinter der Sonne und den speziellen unberührten Mond hinter dem eigentlichen Mond. Ich suchte den Mittelpunkt der Erde, um meinen Mittelpunkt zu finden.

Der Wille findet seinen Weg. Es erscheint grotesk, ich war in einem Vakuum zwischen Unverständnis und Hass, aber ich suchte, ich fragte und antwortete für die Liebe. Sie hat jede Besonderheit verdient. Sie ist unsere stärkste Kraft. Ich war nie so stark und gleichzeitig so frei wie in den Momenten der Verliebtheit oder des Verlassenseins.

DIE UNSTERBLICHKEIT DER MAIKÄFER

Alles verstehen, heißt alles verzeihen.
MADAME DE STAËL

Der Lichtschein eines vorbeifahrenden Autos gleitet über die Wände und die Decke des Zimmers, aber die Frau im Bett hat die Augen fest geschlossen. Sie schläft, die grau-weiß gestreifte Bettdecke akkurat über die flache Brust gespannt, die Arme rechts und links eng am Körper ausgestreckt.

»Oma geht es sehr schlecht«, der Anruf meiner Mutter hat mich in den frühen Morgenstunden erreicht. Ein paar Stunden später verbringe ich die Nacht bei ihr. Meine Oma leidet seit Jahren an Osteoporose und ist demenzkrank, ihr Gesundheitszustand hatte sich in den letzten Wochen verschlechtert, vor ein paar Tagen erlitt sie einen Schlaganfall.

Trotz der Sorge um sie tut mir die Zeit hier im Krankenhaus gut. Ich bin meist nachts da; wenn sie aufwacht, halte ich ihre Hand, streichele ihr über den Kopf, lächele ihr zu. Wenn sie schläft, schalte ich meinen Laptop ein. Die Ruhe hier hilft mir beim Schreiben, beim Gedankenordnen und Begreifen, was im letzten Jahr alles passiert ist. Mein neues Leben, mein altes Leben. Ich genieße dabei ihre Nähe, so wie ich sie immer genossen habe. Sie hat jederzeit gewusst, was ich gerade brauche, oft schon bevor es mir klarwurde, ohne dass ich es einfordern musste, hat sie es gegeben. Auch jetzt.

Zerbrechlich liegt ihre Hand in meiner. Selbst im mattgelben Licht der Nachtbeleuchtung kann ich noch die hellblauen Adern erkennen, die durch ihre pergamentdünne Haut schimmern.

»Omili, wo sind deine Lebensgeister hin?«, frage ich, als sie kraftlos ihre Augen öffnet.

Mit einer leichten Kopfbewegung blickt sie nach oben. »Da oben«, will sie mir sagen, doch ihre Stimme versagt. Ich verstehe sie auch ohne Worte. Wie sie das früher auch getan hat bei mir, dem stillen in sich gekehrten Kind. Wenn ich in Gedanken versunken vor mich hinträumte, flüsterte mir meine Oma zu: »Du denkst wohl gerade über die Unsterblichkeit der Maikäfer nach.«

Ich war ein pflegeleichtes Kind, sprach wenig und dachte viel. Ich hatte eine schöne Kindheit, bis auf einen gravierenden Punkt: Ich wurde mit den falschen Geschlechtsmerkmalen geboren. Natürlich konnte ich mein Sein nicht in Worte fassen, geschweige denn einen passenden Namen dafür finden. Bereits mit sieben Jahren wusste ich, dass ich nicht auf die Mädchentoilette gehöre. Ich stand die halbe Zeit meines jungen Lebens vor den Toilettentüren und beobachtete, wer hineinging und wer wieder hinauskam. War die Männertoilette wenig besucht oder gar leer, huschte ich schnell hinein und erleichtert wieder hinaus. Ein Kind muss in diesem Alter wissen, auf welche Toilette es gehen soll. Ich wusste es, war aber damit nicht einverstanden.

Die Schablone des biologischen Geschlechts scheint mächtiger zu sein als die des sozialen Geschlechts. So war mir nicht nur bewusst, dass ich nicht auf die Mädchentoilette gehörte, sondern auch, dass sich Puppenspiel und rosa Schleifchen dahinter verbargen. Ich aber erfüllte ganz das

Klischee eines Jungen: von der jugendlichen Fußballbegeisterung über das Desinteresse für Puppen zu den Vorlieben für schnelle Autos, Motorräder und alles, was mit Technik zu tun hat. So beschloss ich schon sehr früh, nicht so sein zu wollen wie all die für mich gleich aussehenden und gleichdenkenden Menschen.

Es war eine einsame Entscheidung, denn ich hatte viele Jahre das Gefühl, dass mich keine einzige Seele auf dieser Welt in meiner Ganzheit versteht. Aber nie hätte ich mich verbiegen wollen, nur um einer Rolle gerecht zu werden. Ich wählte meine Einsamkeit selbst und empfand sie auch nicht als besonders schmerzlich, denn ich war eingebettet in einen Kokon aus Zuneigung, Geborgenheit und Humor, den meine Mutter und vor allem meine Oma um mich herum spannen. Ich habe viel Liebe erfahren, vielleicht auch aufgrund der Tatsache, dass ich mich selbst nicht genug liebte.

Mein leiblicher Vater verließ meine Mutter, als ich ein Jahr alt war, oder umgekehrt. Als Kind weiß man von erwachsenen Dingen ja wenig. Ihr späterer Lebenspartner wurde meine wichtigste männliche Bezugsperson während meiner Kindheit; in ihm sehe ich jenen Menschen, der für mich die Vaterrolle übernommen hatte. Da meine Eltern geschäftlich viel unterwegs waren, hatten sie für mich und meine sieben Jahre jüngere Schwester wenig Zeit. Nahezu zwei Jahre, von der zweiten bis zu vierten Klasse, lebte ich bei meiner Oma. Ich habe irgendwo gelesen, dass schon eine sichere Bindung zu einem einzigen Menschen genügt, damit ein Kind eine ausreichend stabile Seele entwickelt, der auch schwierige Lebenssituationen keinen größeren Schaden zufügen können. Ich hatte diesen Menschen in meiner Oma gefunden. Zwar war die Beziehung zu meiner Mutter auch sehr herzlich und liebevoll, doch blieb sie mehr an der Oberfläche. Zu meiner Mutter gehe ich auch heute noch gerne, um unser heiß geliebtes veganes »Avocado-Sushi« zu essen und über Gott und die Welt und das Wetter zu reden. Bei meiner Oma dagegen fand ich Geborgenheit und tiefes, wortloses Verständnis. Fotos von damals zeigen mich und meine Oma, eine lebenslustige, humorvolle Frau mit großem Herzen und bunten Kleidern. Daneben erkennt man einen etwas schüchternen, blonden Fratz. Meine Oma rief mich nie bei meinem Geburtsnamen, sie sagte »mein Engelchen« oder »meine Wonne« zu mir. Sehr zu meinem Wohlgefallen, denn ich hatte schon früh eine Abneigung gegenüber meinem Mädchennamen entwickelt und kleidete mich wie ein Junge. Einen Rock anziehen zu müssen, wäre für mich die größte Strafe gewesen.

Ich machte es meiner Mutter aber auch nicht leicht, eine tiefere Beziehung zu mir aufzubauen, denn ich hatte mich schon sehr früh zurückgezogen, alles mit mir selbst abgemacht. Später hat meine Mutter einmal gesagt, dass sie mich sehr gerne viele Dinge gefragt hätte, sich aber damals einfach nicht getraut habe, weil ich schon so entschlossen auf meinem eigenen Weg gewesen sei. Sie und meine Oma nahmen wahr, dass ich anders war als die anderen Kinder, aber sie konnten mein Anderssein nicht einordnen. Sie hielten es auch nicht für besonders schlimm. Ich war so, wie ich war, und das war gut so. Sie haben nie versucht, mich irgendwie zu verändern. Vielleicht auch, weil sie meinen kleinen Dickkopf fürchteten und wussten, dass ich ein unersättlicher Draufgänger war.

Nach jedem Stillen soll ich schweißgebadet und aufgebracht gewesen sein, wenn ich die mütterliche Brust nicht leeren oder meinen Hunger nach mehr nicht stillen konnte. Ich verschlang die Muttermilch, als könne ich alles Wissen und all die Liebe in mich aufsaugen. Ein Foto und seine Geschichte, die mir später immer wieder erzählt wurde, knüpfen an meine frühesten Kindheitserinnerungen an.

Ich hatte gerade laufen gelernt, trug noch Windeln und spielte mit einem Würfel, der verschiedene Öffnungen hatte, für die es jeweils eine entsprechende Form gab, die hineinpasste. Ich versuchte immer wieder, das runde Förmchen in die dreieckige Öffnung zu stecken und konnte auch nicht davon abgebracht werden, als ich die passende Öffnung dafür gefunden hatte und das runde Förmchen mit einem leisen Klack in den Würfel fiel. Ich holte es wieder heraus und versuchte es erneut mit der dreieckigen Öffnung. Ich dachte um die Ecken. Einiges fiel mir leicht, wo andere sich schwertaten. Andere Dinge erschienen mir äußerst kompliziert, wo die Lösung doch so nahe lag. Alles sollte ineinanderfließen, ich akzeptierte keine vorgegebenen Gesetze und Grenzen.

Auch nicht bei der Belastbarkeit meiner Schuhe, die ich paarweise ruinierte, weil ich sie als Bremsklötze einsetzte, wenn ich mich mit meinem Bobby Car den Hang hinunterstürzte. Geduldig hörte ich den Ratschlägen und Ermahnungen der Erwachsenen zu, aber selten verließ ich mich auf die Erfahrungen anderer; ich wollte allen Dingen selbst auf den Grund gehen, egal, wie viel Ärger und Schmerzen es mich kostete.

Einige Jahre später ersetzte ich das Rutschauto durch einen echten Gabelstapler. Meine Eltern hatten mich zu einem Geschäftstermin in eine große Lagerhalle mitgenommen, worin sich auch ein solches Gefährt befand, das sofort meine Aufmerksamkeit fesselte. In einem unbeobachteten Moment bestieg ich den Gabelstapler und drehte den Schlüssel im Zündschloss. Augenblicklich fühlte ich mich wie ein Rennfahrer. Eine Fläche so groß wie ein halbes Fußballfeld ohne Hindernisse, ohne Kurven breitete sich vor mir aus. Die Wände waren meine Gegner. Ich wollte ihnen mit meinen langen Gabeln Angst einjagen, indem ich, so schnell es der Motor hergab und so riskant wie ich es mir zutraute, auf sie losraste. Sie wichen natürlich nicht aus, und so kratzte ich oftmals erst im letzten Augenblick die Kurve. Eine ganze Weile ging alles gut und machte höllisch Spaß. Mein Mut und meine Risikobereitschaft stiegen. Das große Ladetor sollte mein nächster Herausforderer sein. Ich steuerte von links außen auf das Tor zu, lenkte kurz vor einem Zusammenprall rechts ein, übersah jedoch eine Regenwasserpfütze und schlitterte mit voller Wucht in das Tor hinein. Die ganze Angelegenheit wurde für meine Eltern sehr unangenehm und teuer, bestraft wurde ich allerdings nicht. Eine Strafe hätte mir aber auch weitaus weniger ausgemacht als die Scham, die ich darüber empfand, etwas Kampfentscheidendes übersehen zu haben.

Damit meine Vorliebe für schnelle Autos in gelenkten Bahnen verlief, bekam ich zu meinem elften Geburtstag ein Gokart geschenkt. Jeden Sonntagmorgen, wenn alle noch schliefen, denn offiziell durfte ich mit diesem Gokart nur auf Kartbahnen fahren, schlich ich mich früh in unsere Garage, zog an der Schnur meines motorisierten Lieblingsspielzeugs und weckte damit meine Eltern und die ganze Nachbarschaft auf. Dann rauschte ich auf asphaltierten Straßen durch die angrenzenden Felder und Wälder. Eine Nachbarin, die am Feldrand wohnte, hatte mich dabei immer fest im Blick, weil sie in mir eine Bedrohung für ihren gepflegten Vorgarten sah. Sie war Rentnerin, lebte allein, und ich dachte mir, dass sie insgeheim froh war über das bisschen Aufregung, die ich ihr bot. Eines Sonntags, als ich weit genug hinausgefahren war, gab ich richtig Gas, um meine Kurventechnik zu trainieren. Ich freute mich über die gute Bodenhaftung und drehte immer weiter auf. Plötzlich brach das Heck meines Gokarts in einer Linkskurve aus. Ich drehte mich orientierungslos um 360 Grad und landete durchgeschüttelt im Graben. Zuerst war ich verdutzt, dachte aber im Traum nicht daran, mein Training zu beenden. Im Gegenteil: Ich stellte mir die Aufgabe, mich kontrolliert um die gesamte Achse drehen zu können. Nach einer Stunde, mit Blasen an den Händen und Muskelkater in Nacken- und Bauchbereich, hatte ich begriffen, wie ich mein Fahrzeug auch in brenzligen Situationen unter Kontrolle halten konnte. Ich fuhr wieder langsam in das Dorf hinein und sah schon von weitem die Nachbarin mit einem Tuch am Fenster winken. Sie war meine Ziellinie. Ich hielt an, setzte den Helm ab und wollte freudig ihr Lob entgegennehmen. »Mein Gott, war das vorhin knapp, wie kannst du so was machen? Ich war kurz davor, deine Eltern zu holen.« Ich war irritiert. »Aber haben Sie denn nicht gesehen, dass ich danach versuchte zu verstehen, warum mir das passiert ist?« Doch die Frau interessierten meine Fortschritte nicht, sie redete weiter auf mich ein, und irgendwann interessierte mich ihre wenig risikobereite Einstellung auch nicht mehr. Kurventechnisch gestärkt und um eine Lebenserfahrung reicher fuhr ich zurück in die Garage und frühstückte mit meiner Oma.

Dass ich mich wie ein Junge benahm und auch so aussah, hat die anderen Kinder nicht gestört. Nie wurde ich gehänselt oder ungerecht behandelt. Im Gegenteil, mein starkes Auftreten brachte mir Respekt ein. In den Augen der anderen Jungs war ich ihresgleichen. Ich kann mich an viele Situationen in meinem Leben erinnern, in denen mich die Menschen so gesehen haben, wie ich auch gesehen werden wollte. Es sind Signale, die ich bereits als Kind ausgesendet habe. Es sind Frequenzen aus den Tiefen meiner Seele, die ich nicht beeinflussen konnte, weil sie real waren. Ich muss ungefähr fünf Jahre alt gewesen sein, als wir in einem Autohaus auf der Suche nach einem neuen Wagen für meine Oma waren. Gemeinsam mit meiner Mutter und meinem Onkel ließ sich meine Oma von einem Verkäufer über die einzelnen Modelle informieren, während ich den Verkaufsraum inspizierte. Die Malstifte in der Spielecke interessierten mich wenig, Malen war mir zu eindimensional. Ich versteckte mich lieber in einem Krabbelschlauch. Sanftes Licht vom Ende des Tunnels drang zu mir durch. Ich hielt mir die Hand ein paar Zentimeter vor die Augen, kniff diese zusammen und spielte mit dem faszinierenden Licht, das durch meine Finger streute. Ich fühlte mich wohl, versank in meiner Gedankenwelt und blieb so liegen, bis ich in der Ferne eine bekannte Stimme hörte und sie ein paar Sekunden später meiner Mutter zuordnete, die meinen Namen rief. Sie machte sich Sorgen, dass ich zwischen all diesen blinkenden Luxus-Karosserien etwas anstellen könnte. Das Rufen hatte auch eine Putzfrau gehört, die gerade im hinteren Teil des Ladens wischte. Sie konnte den Mädchennamen aber nicht diesem wilden Bengel zuordnen, der sie fast umgerannt hatte, und verstand einen ähnlich klingenden Jungennamen. »Ihr Kind heißt Egon?«, fragte sie verdutzt meine Mutter. »Ich finde der Name passt nicht zu Ihrem Sohn!« Die Frau sah mich eindeutig als Jungen an und fühlte sich durch meine Körpersprache und mein Aussehen darin bestätigt. Meine Mutter aber klärte – sehr zu meinem Leidwesen – die Situation sofort auf. Ich war empört. Zum einen wegen der Tatsache, dass ich Egon heißen sollte. Egon war für mich ein Name für einen Weberknecht oder für ein altes zerrupftes Stofftier, das in früheren Jahren mal ein Braunbär gewesen war. Zum anderen wollte ich, dass meine Mutter die Tatsache, dass die Menschen mich für einen Jungen hielten, einfach so stehenlässt und sich nicht mit dem Satz rechtfertigt: »An ihr ist ein Junge verloren gegangen.«

Ich wollte, dass die Menschen mich als Jungen sehen und nicht als Mädchen, das sich wie ein Junge benimmt. Ich konnte dieses Verlangen als Kind aber weder formulieren noch umsetzen, und so vergrub ich mich in meiner Seele, baute mir meine eigene Welt auf und perfektionierte sie. Ich fühlte eine Dunkelheit, konnte sie aber nicht fassen, geschweige denn Worte dafür finden. Ich hatte nur meine Augen und mein Herz, die mir nach und nach den Weg aufzeigten.

Ein kleiner Mensch, der keine ausgeprägte Phantasie in sich trägt oder diese aufgrund seiner Lebenssituation nicht aufbauen kann, würde an der Tatsache, mit den falschen Geschlechtsmerkmalen geboren worden zu sein, zugrunde gehen. Wenn mich die Dunkelheit einholte, konnte ich abtauchen in meine eigene Welt. Und das auch in ganz wörtlichem Sinne. Wir waren in Frankreich am Strand. Ich war ein kleiner Möchtegern-Surfer mit Hawaiihose und braungebrannter Haut. Meine Ärmchen waren sehr dünn, das Haar wild und meine Lieblingshose hatte ich einen Tick zu weit nach oben gezogen. Ich schaute aufs Meer hinaus, sah, wie die Menschen Spaß im Wasser hatten, und entschied, dass es Zeit war, schwimmen zu lernen. Wenn ich tauchen und schwimmen konnte, dachte ich mir, könnte ich jederzeit entscheiden, wo ich mich aufhalten will: in der lauten, bekannten Welt ober- oder der stillen, anderen Welt unterhalb des Wasserspiegels. In den folgenden Stunden ging ich unzählige Male unter, schluckte Unmengen Salzwasser und beschimpfte die Wellen und ihren Sog. Aber ich kämpfte weiter, und am Abend dieses Strandtages präsentierte ich stolz meinen Eltern meine Schwimmkünste. Ab diesem Tag verbrachte ich viel Zeit in der »Unterwelt«, ich fühlte mich dort wohl, weil ich dann ganz bei mir sein konnte. Ich war jener Steppenwolf, der sein Fell reinigte und erkannte, dass alles, was ist, auch in ihm ist.

Der dunkle Makel in mir machte mich aufmerksam, schulte meine Sensibilität, brachte mir Zurückhaltung bei, versetzte mich jahrelang in die Position des genauen Beobachters und ließ mich alles bemerken, was für das Überleben wichtig war. Menschen und deren Verhalten zu beobachten wurde zu meiner Passion. Ich lernte auch eine Menge durch genaues Hinhören, schnappte Weisheiten und Erkenntnisse auf, die mir für meine Zukunft hilfreich waren. Auch aus den Fehlern der anderen konnte ich viel für mich ziehen und bin ihnen bis heute dankbar für diese Lektionen. Im Laufe meiner Kindheit und Jugend beobachtete ich einige Verhaltensweisen an Erwachsenen, die mich so sehr faszinierten, dass ich sie sofort verinnerlichte.

Als Kind mit meinen Eltern essen zu gehen war immer eine Qual für mich. Die Themen, über die sie sich unterhielten und denen ich am Tisch ruhig sitzend zuhören musste, langweilten mich. Ich streifte umher und war dankbar für jede unsinnige Ablenkung und jede sinnbringende Einleuchtung. War ein Flipper oder ein Glücksspielautomat im Lokal, gehörten sie nach dem halben Teller Nudeln mir. Eines Abends in einem etwas besseren Restaurant fesselte ein Pärchen am Nebentisch meine ganze Aufmerksamkeit. Der feine, etwas ältere Herr sprach sehr bedacht und mit ruhiger Stimme zu seiner jüngeren, schönen Begleitung. Seine Augen funkelten, und die junge Frau verzauberte auch mich durch ihre Körperhaltung, ihre Ausstrahlung und ihr Lachen. Ich hörte, wie sie etwas von Kindern und den Werten sprach, die sie ihnen mit auf den Lebensweg geben wolle. »Eine Serviette zerknüllt man nicht«, konnte ich einen Gesprächsfetzen des Mannes aufschnappen. Nachdem sie ihr Essen beendet und die Rechnung beglichen hatten, half er ihr in den Mantel, nahm sie ohne Hast, weder zu forsch noch zu sanft, an der Taille, öffnete ihr die Tür und verschwand aus meinem Leben. Seine ruhige und selbstverständliche Art aber blieb mir bis heute in Erinnerung. So bemüht ich allerdings im Folgenden auch war, mir gute Tischmanieren anzueignen, so schwer fiel es mir, diesem selbst gesetzten Ziel gerecht zu werden. Ich war lange Zeit immer noch zu ungeduldig. Mein Brot schmierte ich grundsätzlich nicht ganz zu Ende, bevor ich den ersten Bissen nahm. Während ich noch kaute, belegte ich schon das restliche Brot mit etwas anderem. Ich habe lange das Gefühl gehabt, nicht schnell genug voranzukommen.

Meine Lehrer*innen konnten mich mit ihrem Unterricht auch nur phasenweise fesseln. Da ich aber zu den Besseren gehören wollte, zog ich immer dann die Notbremse, und wurde zum saisonalen Arbeitstier, wenn meine schulischen Leistungen drohten, ganz in den Keller abzurutschen. In einem Fach allerdings kannte mein Ehrgeiz keine Grenzen: In Sport hätte ich nichts anderes akzeptiert als eine Eins, die sich auch regelmäßig auf meinen Zeugnissen als beste Note wiederfand. In der Klasse selbst gehörte ich zu den Jungen. Ich spielte Fußball und buhlte um die Zuneigung der Mädchen. Und das zeigte Wirkung.

Die Liebe hat sich in mir ausgebreitet wie ein Virus in der Hitze der Nacht. Schon sehr früh fühlte ich mich zum weiblichen Geschlecht hingezogen. Frauen und Mädchen faszinierten mich. Ihr Duft, ihre Bewegungen, ihr zierlicher Körper, ihre ganze Ausstrahlung zogen mich in Bann. Dabei wollte ich nie ihresgleichen sein oder sie als Frau lieben. Ich wollte von ihnen immer als stark wahrgenommen werden und der Beschützer für sie sein. Als ich acht Jahre alt war, musste ich unserem reizenden Kindermädchen unbedingt zeigen, wie viele Liegestütze ich hintereinander schaffte. Erschöpft brach ich nach dem zehnten zusammen. Das Kindermädchen zeigte sich wenig beeindruckt und wischte erst einmal das »Bäuerchen« meiner Schwester, das während meines Kraftaktes auf ihrer Schulter gelandet war, weg. Doch ich wollte imponieren, wollte an Fasching entweder Cowboy oder Ritter sein. Prinzessinnen zu beschützen, das war meine Bestimmung.

In der dritten Klasse warf mir unsere Klassensprecherin sehnsüchtige Blicke zu: »Wenn du doch ein Junge wärst«, flüsterte sie mir verstohlen zu. Ich war vollkommen überfordert. Was hätte ich ihr denn sagen sollen: »Mensch Mädel, mach die Augen zu und spüre, was ich tatsächlich bin.« Die anderen Kinder verstanden wohl intuitiv, dass ich mich in einer Grauzone bewegte und weder den Mädchen noch den Jungen zuzuordnen war, und nannten mich »MacGyver-Baby«. Dieser Held der damals sehr beliebten Serie machte aus jeder noch so hoffnungslosen Situation das Beste. Er war ein Tüftler und half anderen aus schwierigen Lagen und Problemen heraus. Der Name gefiel mir. Auch ich musste aus meiner Situation das Beste herausholen, um keinen inneren Schaden davonzutragen oder gar an meiner Lage zu verzweifeln.

Immer wieder musste ich mir beweisen, dass ich dieser Figur und den damit verbundenen Erwartungen gerecht wurde. Eines Morgens kam ein Neuer in unsere Klasse. Er war flink, gut aussehend und ziemlich schlau. Hätte er nicht diesen merkwürdigen Topfhaarschnitt besessen, wären ihm alle Mädels augenblicklich verfallen. In mir dagegen stieg sofort heißer Ehrgeiz auf, mich an ihm zu messen. In der nächsten Sportstunde bot sich mir die Gelegenheit dazu. Wir spielten ein Reaktionsstartspiel. Alle legten sich auf den Boden, mal mit dem Gesicht zur Wand, mal im Schneidersitz und einen Elefantenrüssel zeigend, und warteten auf den Pfiff des Sportlehrers, um zu ihm zu sprinten. Der Letzte, der ins Ziel kam, flog raus. Nach und nach wurde es um uns herum immer lichter. Irgendwann waren nur noch der Neue und ich im Rennen. Wir lagen mit dem Kopf zur Wand, unsere Hände mussten wir unter unseren Körpern in einer Art Liegestütz platzieren. Ein Pfiff ging durch die Halle. Wir stürmten Kopf an Kopf los. Die Menge brüllte: »MacGyver-Baby, MacGyver-Baby.« Ich rannte, was das Zeug hielt, und trug ganz knapp den Sieg und die Bewunderung der Mädchen davon. Doch ich kostete meinen Triumph nicht aus. Den Wettkampf wollte ich gewinnen, aber sobald ich das erreicht hatte, verspürte ich keine Genugtuung gegenüber meinem Gegner. Der Neue hatte sich gut geschlagen, und wir waren fortan ein unschlagbares Team und buhlten gemeinsam um die Herzen der Mädchen.

Ein paar Jahre später hatte ich ein Erlebnis, das meine Auffassung von sportlichen Wettkämpfen nachhaltig prägen sollte. Ich war damals Mitglied in einem Karateverein, und wir absolvierten das übliche Programm: Aufwärmen, ein paar Trittübungen und zwei Durchgänge der Schlagtechniken, die ich bei der nächsten Prüfung zeigen musste. Danach hieß es »auf Punkte kämpfen«. Für Erwachsene mag dieser Trainingspart ein kontrolliertes Spiel sein, für uns Kinder war es bitterer Ernst. Mir wurde ein zwei Jahre älterer Junge zugeteilt, der ein paar Gurte Vorsprung hatte und einen ganzen Kopf größer als ich war. Seine blonden Haare, seine blauen Augen umrahmt von hellblonden Brauen und Wimpern verliehen ihm etwas Albinomäßiges, das mir Angst einflößte. Ich spürte, wie er sich seiner Überlegenheit sicher war und mich schon am Boden liegen sah, das wandelte meine Angst in bedachte Wut. Als er mir spürbar abwertend zulächelte, stieg Siegeswillen in mir auf. In den ersten Sekunden, als wir uns gegenüberstanden, wartete ich ab, beobachtete jede einzelne Zuckung von ihm. Trotz seiner Größe war er sehr schnell und wendig, seine Bewegungen aber waren nicht sanft und fließend, sondern leicht unkontrolliert und nicht präzise genug. Immer wieder versuchte er mich zu fassen und am Gürtel zu packen. Doch ich wich ihm geschickt aus. Als sein Plan, mich sofort auf den Boden zu werfen, nicht gleich aufging, war er deutlich irritiert, und seine Bewegungen verlangsamten sich. Er lauerte, schaute mir aggressiv in die Augen und änderte seine Angriffsmethode, indem er mit seiner Masse einfach gegen mich laufen und mich so zu Boden bekommen wollte. Gedanklich ging ich die Filme meines Kung-Fu-Helden Bruce Lee durch. Er war ein wohlbedachter Kämpfer, der immer den richtigen Zeitpunkt abwartete. Also ließ ich noch ein paar Angriffe an mir vorbeigehen, wehrte einen Fußtritt mit meinem Unterarm ab und wich seinem Faustschlag aus. »Float like a butterfly, sting like a bee« (Schwebe wie ein Schmetterling, stich wie eine Biene). Der Kampfspruch des größten Boxers aller Zeiten, Mohamed Ali, über den ich zu dieser Zeit schon viel gelesen hatte, kam mir in dem Moment in den Sinn, als ich einen Anflug von Müdigkeit in den Augen meines Gegners entdeckte. Ich ergriff die Chance. Ohne zu zwinkern ging ich auf den Jungen zu, teilte den ersten Schlag in seine Magengegend aus und verpasste seinem Brustkorb einen kurzen schnellen Hieb mit meinem Unterarm. Der Junge ging zu Boden. Ich kniete mich blitzschnell neben ihn und schloss ihn unentrinnbar im Schwitzkasten ein.

Er verlor den Kampf, und für alle anderen, die uns beobachtet hatten, war ich der Champ. Doch als ich sah, wie der Junge weinte, schämte ich mich für diesen Sieg. Ich hatte jemandem, den ich nicht kannte, der mir nichts getan hatte, aus Wut Schmerzen zugefügt. Meine Hände zitterten, und bis tief in die Nacht hinein blieb ich wach und machte mir Vorwürfe. Am nächsten Morgen war der Reiz dieser Sportart verflogen, und ich sagte meinen Eltern, dass ich aus dem Verein austreten wolle, weil ich diese Art der Selbstverteidigung nicht mehr benötige. Ab diesem Zeitpunkt habe ich mir geschworen, meine zukünftigen Auseinandersetzungen nur noch verbal auszutragen. Für mich war es ein erniedrigendes Gefühl, aus einer grundlosen persönlichen Abneigung heraus jemandem Schmerzen zugefügt zu haben. Ich kehrte dem Kampfsport den Rücken und lernte, mich auf andere Weise zu messen und zu verteidigen. Auch bei meinen späteren Wettkämpfen und Siegen war für mich allein meine persönliche Leistung entscheidend, mit mir trug ich meine Kämpfe aus, ich trieb mich voran, verzweifelte an mir, fühlte mich groß oder vernichtend geschlagen; nie zog ich aus den Niederlagen der anderen Genugtuung oder gar Freude.

Ein anderes Erlebnis während meiner ersten Schuljahre sollte auch sehr lehrreich für mein weiteres Leben sein. Nach dem Unterricht zog ich ab und an mit meinen Fußballkumpels durch die Straßen auf der Suche nach reizvoller Ablenkung. Eine leere weggeworfene Dose Schnupftabak diente uns einmal als Kickobjekt. Nachdem wir sie uns eine Weile hin und her gespielt hatten, verließ ich meine Spielgefährten. Der Schnupftabak hatte mein Interesse geweckt, und ich wollte wissen, was es mit diesem merkwürdigen Kraut, das sich die Erwachsenen auf seltsame Weise durch die Nasenlöcher zogen, auf sich hat. Also kaufte ich mir eine Dose davon und zog es neugierig meine kleinen Nasenlöcher hoch. Augenblicklich wurde mir speiübel, alles drehte sich, ich hatte fürchterliche Kopfschmerzen, und mein ganzer Körper wurde von einem kalten Kribbeln durchzogen. Voller Angst, die Wirkung des Krautes unterschätzt zu haben, rannte ich zu meiner Oma. Ich war ihr Heiligtum und versprach mir Linderung meiner Qualen von ihr. Als meine Oma mich in ihre Arme nahm, hatte sich meine Gesichtsfarbe schon ihrer grünen Schürze angepasst. Nur die Blümchen auf meinen fahlen Wangen fehlten. Innerlich aber drehten sie sich in meinem Kopf. Omili erkannte meinen Zustand als bedrohlich und alarmierte sofort den Notarzt. Mit Blaulicht und quietschenden Reifen wurde ich ins benachbarte Krankenhaus gefahren. Auf der Fahrt wünschte ich mir insgeheim ein noch rasanteres Tempo – dafür hätte ich sogar eine noch höhere Dosis Schnupftabak in mich aufgezogen. In der Notaufnahme angekommen, war mein Blutdruck im Keller, und die Ärzte wollten mir den Magen auspumpen. Das hörte sich für mich schlimmer an als alles Kribbeln und tanzende Blümchen, und ich versicherte mit all der mir noch zur Verfügung stehenden Überzeugungskraft, dass es mir schon wieder besser gehe. In Wirklichkeit aber war mein Zustand so elendig, dass er mir nachhaltig in Erinnerung blieb und ich daraus meine Konsequenzen zog: Eine Dosis Schnupftabak wurde meine erste, einzige und letzte Erfahrung mit Drogen. Als meine Lehrer von dem Zwischenfall hörten, ließen sie mich ein spontanes Referat über: »Keine Macht den Drogen« halten. Ich war sehr überzeugend.

Obwohl ich mich gegen den Kampfsport entschieden hatte, bewunderte ich nach wie vor diese Kämpfer*innen auf leisen Sohlen, wie sie ihre Körper beherrschen und mit höchster Konzentration auf jede unvorhergesehene Situation blitzschnell reagieren können. Doch nicht nur die Kämpfer*innen faszinierten mich, sondern auch ihre Waffen, und so legte ich mir nach und nach eine ansehnliche Sammlung zu. Aus heutiger Sicht würde man meinen Eltern wohl großen Leichtsinn vorwerfen, dass sie mein Hobby duldeten, aber damals gab es noch keine Amokläufe an Schulen mit der entsprechenden Medienberichterstattung, außerdem war ich auch nicht auffällig aggressiv oder von irgendwelchen Verschwörungsgedanken getrieben. Mir ging es bei meiner Waffenliebe vor allem um Beherrschung und Kunst. Bruce Lee war darin für mich nach wie vor ein großes Vorbild. Ich lernte über die Jahre mit Tschakos – zwei Holzstücke, die mit einer Kette verbunden sind – umzugehen. Um mich jederzeit mit dieser Waffe verteidigen zu können, musste ich sie so schnell wie möglich um meinen Körper wirbeln können. Ein nicht ganz ungefährliches Unterfangen. Jeder Fehler, jede unkontrollierte Bewegung brachte die angeketteten Holzstücke dazu, mir schmerzvolle Schläge zu versetzen und mich selbst für diese Unachtsamkeit zu bestrafen. Ich besaß Ninjasterne, Pfeil und Bogen, ein Butterfly-Messer und ein Blasrohr mit provisorisch gebastelten Pfeilen. Unser Keller diente mir als Übungsraum und Kampfarena, hier probte ich den Umgang mit den Wurfklingen und versuchte die Pfeile und Messer in die hohe Punktzahl meiner Dartscheibe zu platzieren. Damit keine Störenfriede, die hier Wäsche waschen wollten, in die Schusslinie kamen, sicherte ich mein Refugium mit Warnschildern ab, auf denen wie bei Bodensprengarbeiten auf einer Baustelle »Danger« stand. Hatte ich aber meinen Kampfanzug, bestehend aus einer schwarzen Jogginghose und einem schwarzen T-Shirt, an, bekam mich niemand zu Gesicht. Meine Aufgabe bestand darin, mich unsichtbar zu machen, meine Schritte waren lautlos, mein Atem war nicht zu hören, mein Puls und Herzschlag ruhig. Ein besonders gutes Objekt für meine Undercover-Aktionen war meine Oma. Wenn sie in den Keller kam, schlich ich mich ganz nah an sie heran, so nah, dass sie mich jederzeit hätte berühren können. Ich folgte lautlos ihren Schritten, beobachtete sie aus unterschiedlichen Verstecken und ließ sie auch meist wieder aus dem Keller, ohne dass ich mich zu erkennen gab. Mein größtes Ziel war es, die Kontrolle über die Situation zu behalten und nicht bemerkt zu werden. Bei Gelegenheit machte ich mir aber einen Spaß daraus und sprang, kurz bevor sie die Kellertür erreicht hatte, aus meinem Beobachtungsversteck. Der Großmut meiner Oma kannte wirklich keine Grenzen.

Zwar erschrak sie sehr, nahm mich aber gleich drauf wieder lachend und verzeihend in die Arme.

Ein Samurai-Schwert hatte eine besondere Bedeutung für mich. Ich hatte es in der Auslage eines Waffengeschäfts entdeckt, als ich mit meiner Oma einmal sonntags durch die Stadt schlenderte. Ich war augenblicklich elektrisiert und drängte meine Oma, mir dieses schöne Schwert doch zu kaufen. »Nein, ich finde nicht, dass so etwas in Kinderhände gehört, außerdem könnte ich mir davon zirka siebzehn Schürzen kaufen«, war die klare und verantwortungsbewusste Antwort von Omili. Ich dachte empört, dass ich, was die Waffenkunst betraf, kein Kind mehr war, und sah darüber hinaus auch keinen Zusammenhang zwischen Schürzen und Schwertern. Schon einige Zeit war ich davon überzeugt, an einem Punkt angekommen zu sein, an dem ich neue Herausforderungen benötigte. Da mir Oma ihre Unterstützung aber auch weiterhin versagte, beschloss ich, die Sache selbst in die Hand zu nehmen. Knapp zwei Jahre lang sparte ich all mein Taschengeld, verzichtete auf Kinobesuche und Videospiele, bis ich das Geld zusammenhatte. »Komm, wir haben etwas zu besorgen«, sagte ich eines Tages zu meiner Oma. In der Zwischenzeit war ich immer wieder zu dem Laden gegangen, um mich zu überzeugen, dass das Schwert noch da war. Die Dekoration hatte sich verändert, doch das Samurai-Schwert blieb in seiner Ecke, so als würde es nur auf mich warten.

»Willst du dieses viele Geld wirklich für solch einen Unsinn ausgeben?«, war der schwache Versuch meiner Oma, mich noch von meinem Vorhaben abzubringen. Wenig später betrat ich kleiner Pimpf hopsend mit meiner Oma an der Hand den Laden. Ein unscheinbarer alter Mann mit gekrümmtem

Rücken und einer auf mich als Kind geheimnisvoll wirkenden Aura bediente uns. Seine Augen funkelten, als ich auf mein Schwert zeigte. Ein Rocker, der neben uns an der Theke stand und sich über eine Pistole informierte, verstummte, als der alte Mann das Schwert aus seiner Schutzhülle zog und es mir überreichte. Eine Szene wie in einem dieser Samurai-Filme: Den Kopf tief, die Augen ehrfürchtig geschlossen, mit einer leichten Verbeugung bekam ich das Schwert auf die dem Himmel zugewandten geöffneten Handflächen gelegt. Es war ein ganz besonderer Augenblick. Danach rollten Unmengen an Kleingeld auf den Tresen, und ich zog erhobenen Hauptes Richtung Heimat.

Das Samurai-Schwert ist die einzige Waffe, die ich heute noch besitze. Es erinnert mich an eine Zeit des geduldigen Wartens und der Vorfreude und daran, dass jedes Ziel erreichbar ist, solange man es nicht aus den Augen verliert und dafür auch Entbehrung in Kauf nimmt. Wenn ein Traum dann in Erfüllung geht, ist das ein magischer Moment.

DIE FALSCHE PUBERTÄT

Wahrlich, keiner ist weise, der nicht das Dunkle kennt.
HERMANN HESSE

Nachdenklich lese ich, was ich über meine Kindheit geschrieben habe. Einzelne nette Anekdoten, die sich zu einem Stück Leben verknüpfen. Von außen eine ganz normale Kindheit scheinbar, an manchen Stellen ein wenig stürmisch, aber nichts Besonderes, nichts Auffälliges, Dramatisches. Mein Laptop bildet außer der Notbeleuchtung die einzige Lichtquelle im Raum. Die Nachtwache hat mir einen Tee gebracht. Das Pflegepersonal finden es rührend, wie der Enkel am Bett seiner Oma wacht.

Ja, es war eine glückliche Kindheit. Ob das normal ist, weiß ich nicht. Doch die Schatten waren da und wurden größer, und mein Anderssein, das zu meinen frühesten Empfindungen zählt, schuf sich Raum. Meine Oma markierte stolz mein Wachstum am Türrahmen, in gleichem Maße aber wuchs die Mauer zwischen der äußeren und meiner inneren Welt. Der Spagat wurde für mich immer schwieriger, je älter ich wurde, und drohte mich zu zerreißen, wäre da nicht das lebensrettende Ventil gewesen: der Sport.

Den Grundstein meiner Leichtathletik-Karriere bildete ein Basketballkorb, den mein Onkel am Balkon meiner Oma angebracht hatte. Mein Ziel war nicht nur zu treffen, sondern anzulaufen, hoch zu springen und zu punkten. Unzählige Male lief ich dribbelnd an, sprang ab und wollte den Ball mit all meiner Kraft in die Öffnung hineinstopfen. Anfänglich und zwischenzeitlich benutzte ich ein Trampolin, um meine Technik zu verfeinern, oder einen Tennisball, um die eingangs mangelnde Sprungkraft zu kompensieren. Dann kletterte ich auf die benachbarte Garage und versuchte von dort mein Glück. Wenig später fand ich mich im Kellerfenster wieder, warf einen Hakenwurf nach dem andern und probierte aus den unmöglichsten Stellungen heraus, den Korb zu treffen. Mein intensives Balltraining, verbunden immer mit entsprechender Geräuschkulisse, traf nicht überall auf Gegenliebe, aber es war erfolgreich. Bei den anstehenden Bundesjugendspielen warf ich den Schlagball über den Zaun der Anlage hinaus. Ich durfte meine Weite schätzen und sollte mich ab sofort auf den Tartanplätzen eines kleinen Leichtathletik-Vereins austoben.

An den Tag, als ich zum ersten Mal den Vereins-Sportplatz betrat, kann ich mich noch gut erinnern. Ich war etwas aufgeregt und freute mich darauf, von nun an hier meine geballte Energie ausleben zu können. Es war ein angenehmer Frühlingstag, es roch nach frisch gemähtem Gras und für mich verheißungsvoll nach Neuanfang. Auf dem Weg von den Duschen und auf dem Sportplatz lagen noch die Dreckklumpen, die den Fußballspielern beim letzten Spiel von ihren Stollen abgefallen waren. Der Platz war mit vier Tartanbahnen über einhundert Meter ausgestattet. Daneben befand sich eine kleine Stabhochsprunganlage, die für Anfänger*innen gerade gut genug war. Wollte man Hochsprung machen, musste man quer über den Fußballplatz gehen, um die umzäunte Anlage zu erreichen. Nachdem ich meinen Rundgang beendet hatte, trudelten endlich auch die anderen athletischen Menschen ein. Großartig vorgestellt wurden wir uns nicht. Es war eine bunte Mischung aus Schülerinnen und Schülern, und auch ein paar aktive Erwachsene waren dabei. Wir liefen uns warm, dehnten uns ausgiebig, dann begann meine erste Einheit im Hürdenlaufen. Ich war damals noch ein wenig unbeweglich, konnte dieses Defizit aber mit meiner Spritzigkeit kompensieren. Ich rannte viele Bahnen und bekam unterschiedliche Aufgaben gestellt. Zuerst sollte ich seitlich an der Hürde vorbeilaufen, um das Nachziehbein zu schulen, dann musste ich den Umgang mit dem Schwungbein üben. Obwohl ich mich nicht schlecht anstellte, lag mir der Gesamtablauf mehr, schon in der Schule tat ich mich mit Vorübungen schwer. Etwas vorüben, was ich gleich ganz machen kann, erschien mir nicht sehr sinnvoll. Nach dem Hürdenlaufen ging es zum Speerwerfen. Da ein Speer ja auch eine Waffe ist, die es zu beherrschen gilt, war ich hier ganz in meinem Metier. Ich kannte mich mit Pfeil und Bogen aus, aber ein Mammut mit einem Speer zu erlegen, erschien mir noch größer und noch heldenhafter. Ganz konzentriert war ich dabei, setzte die Anweisungen des Trainers schnell um, und meine Wurfkraft vom Schlagballwerfen kam mir auch hier zugute, so dass ich schon bald sehr gute Ergebnisse erzielte. Ich hatte bei meinem ersten Leichtathletik-Training unglaublich viel Spaß und spürte, dass das genau das Richtige für mich war. Die zuständigen Trainer erkannten mein Talent und meinen Ehrgeiz, und so wurde ich fortan für den Mehrkampf ausgebildet.

Zunächst hatte mein Training nichts mit Stabhochsprung zu tun. Ich war vielseitig und kämpfte mich in Deutschland in meiner Altersklasse bis an die Spitze vor. So belegte ich bei meiner ersten Deutschen Meisterschaft im Blockwettkampf Sprint und Sprungbereich den dritten Platz. Im Ausdauerbereich allerdings war ich eine glatte Null. Einfach nur im Kreis zu laufen empfand ich als langweilig. Außerdem hatte ich dafür ein zu kleines Herz und miserable Laktatwerte, wie sich bei einer sportmedizinischen Untersuchung herausstellte. »Wenn du über achthundert Meter schneller werden willst, dann solltest du erst einmal viel spazieren gehen. Du verfügst über schnelle Muskelfasern und wenige rote Blutkörperchen, die dir aber im Ausdauerbereich nicht helfen.« Damals ist mir fast die Hutschnur geplatzt, als mein Sportarzt mir diesen Rat gab. Spazieren gehen? So ein Schwachsinn! Ich bin doch nicht alt und gebrechlich, dachte ich aufgebracht. Ich wollte es diesem Arzt im darauffolgenden Jahr zeigen, dass ich viel besser rennen konnte, als er und seine Medizin es vorausgesagt hatten.

Bei den Baden-Württembergischen Meisterschaften im Siebenkampf war ich auf Goldkurs. Der entscheidende 800-Meter-Lauf allerdings lag noch vor mir. Ich musste mich hinter meine Punktverfolgerin klemmen, die eine gute Ausdauerläuferin war und eine Bestzeit aufwies, die ich selbst auf Inlineskates nicht hätte erreichen können. Dem konnte ich nur meinen starken Willen entgegensetzen, um alles in der Welt gewinnen zu wollen. Von Anfang an hatte ich ihren Rücken fest im Blick. Ich wollte mich an ihm festbeißen und nicht loslassen. Nach den ersten zweihundert Metern wurde mir der Laufrhythmus zu monoton, meine Gedanken liefen mit meinen Füßen im Kreis. Ich zählte die Bäume auf der Strecke und versuchte, mich von meinem kleinen Herzen, das nicht schnell genug pumpte, abzulenken. An weitere Details kann ich mich nicht mehr erinnern. Nach der ersten Runde wurde mir schlecht, ich bekam keine Luft mehr und meine Beine säuerten. Aufgegeben hätte ich aber erst dann, wenn ich ohnmächtig geworden wäre. Die zweite Runde wurde eingeläutet. Dieselben Bäume, derselbe Rücken. Mein Kopf war schon weit nach hinten geklappt, als würde ich im nächsten Augenblick mein Gleichgewicht verlieren und einfach nach hinten umkippen. Doch mein Wille war eisern. Den Rücken fest im Blick, hätte mich nichts von der Bahn gebracht. Meine Konkurrentin ging mit wenigen Sekunden Vorsprung vor mir durchs Ziel. Das reichte aber nicht aus, um meine Gesamtpunktzahl zu übertreffen. Ich hatte es geschafft und lief persönliche Bestzeit! Es gab eine goldene Medaille und einen Wimpel, den man sich auf die Sporthose nähen konnte. Für mich aber zählte damals schon allein der Sieg, alles andere fand ich albern und es geriet schnell in Vergessenheit.

Nach diesem Wettkampf betrat ich am nächsten Tag meinen heimischen Sportplatz. Ein erfahrener Trainer gab mir folgenden Satz mit auf den Weg: »Trainiere konzentriert, regelmäßig und mit Spaß, dann wird aus dir etwas ganz Großes werden.«

Ich hielt mich daran. Heute sind dies auch meine Worte, die ich wähle, wenn ich jungen Sporttreibenden etwas mit auf ihren Weg geben möchte.

Sosehr ich es zu ignorieren versuchte oder durch hartes Training zu manipulieren, mein Körper veränderte sich. Ich kam in die Pubertät, und im Gegensatz zu meinen Sportkameradinnen, die meistens schon weiter entwickelt waren als ich und zu ihrem Frausein standen, tat ich alles, um nicht weiblich zu werden. Meinen wachsenden Busen klemmte ich in enge Sporttops, die mir die Luft zum Atmen nahmen. Keinen einzigen Augenblick meines Lebens habe ich darüber nachgedacht, einen BH zu tragen, eher wie ich ihn am schnellsten bei Frauen aufbekomme. Ich reagierte auf meinen Körper, der sich zu einer Frau entwickeln wollte, indem ich mir körperlich immer mehr zumutete. Das Training bestimmte ab sofort mein Leben, und es konnte nicht hart genug sein. Ich quälte mich gerne. Der Sport war meine Rettung, wäre er nicht gewesen, hätte ich die Wut vielleicht destruktiv gegen mich gerichtet. Das Krafttraining stählte meinen Körper, machte ihn maskuliner, und ich freute mich über jeden kräftigen Muskelkater, vor allem nach einem harten Bankdrucktest, über jede Steigerung meines zu stemmenden Gewichtes und jede Erhebung meiner Bauchmuskulatur. Wer so viel Wut in sich trägt, kann nur erfolgreich werden.

Zum damaligen Zeitpunkt wohnte meine Familie unter einem Dach, meine Eltern, meine Schwester, meine Oma, mein Onkel und ich. Meine geliebte Oma war der Mittelpunkt unseres kleinen funktionierenden Reichs. Sie hielt ihre schützende Hand über uns, sorgte für leckeres Essen, saubere Wäsche und gestriegelte Hunde. Im Keller des Hauses hatte ich mir mein eigenes Zimmer eingerichtet und hauste dort nach Lust und Laune, weitgehend befreit von häuslichen Pflichten. Nur zum Essen und Duschen und wenn mir der Sinn nach Gemeinschaft stand, verließ ich meine »Unterwelt« und tauchte auf. Das einzige, worauf meine Mutter und meine Oma bestanden, war, dass ich regelmäßig mein Zimmer staubsaugte. So auch kurz vor meinem ersten Date mit dem schönsten

Mädchen aus meiner Klasse. Missmutig und halbherzig, weil die mir auferlegte Arbeit meine eigene liebgewonnene Ordnung zerstörte, saugte ich die Krümel der angeblich schmutzigen Höhle in den Beutel der sauberen Welt. Nach erledigter Pflicht dauerte es mir zu lange, zur Steckdose zu laufen und den Stecker herauszuziehen. Stattdessen riss ich mit aller Kraft an dem langen Kabel, und der zweiköpfige Stecker flog mir in hohem Bogen entgegen und hinterließ ein amateurhaftes Piercingloch in meiner Oberlippe. »Handle nie aus Wut oder Ungeduld«, lachte mir meine Oma mit einer Eiskompresse in der Hand entgegen. Ich brauchte noch viele weitere Lektionen, um diesen Satz zu verinnerlichen und ihn wahrhaftig leben zu können. Jede meiner Narben erzählt eine waghalsige oder dümmliche Geschichte.

Zu meiner Verabredung ging ich trotz löchriger und dicker Oberlippe. An diesem Abend lernte ich nicht das erhoffte Küssen, dafür aber das aufrichtige Zuhören.

Mit sechzehn sollte ich auf ein Sportinternat gehen, das knapp vierhundert Kilometer entfernt von meinem Elternhaus lag. Gemeinsam mit meiner Mutter sah ich mir das Internat an, und es machte den Eindruck, dass es sowohl meiner sportlichen Leidenschaft als auch einer guten schulischen Ausbildung gerecht werden konnte. Dort waren auch alle Dinge geregelt, die ich noch nicht alleine bewältigen konnte oder wollte. Ich würde in der Mensa verpflegt werden, und für die anfallende Schmutzwäsche gab es einen Wäschedienst. Um nichts brauchte ich mich weiter zu kümmern als um meine sportlichen und schulischen Leistungen, also meldete ich mich an. Mir schmeckten zwar gewisse Regeln, wie die Bettruhe um zweiundzwanzig Uhr, und die strenge Hausordnung nicht, aber ich war mir sicher, dass ich einen Weg finden würde, sie zu umgehen.

Als ich meinem damaligen Stabhochsprungtrainer, der mich ein Jahr zuvor für diese Disziplin entdeckt hatte, meine Entscheidung für das Sportinternat mitteilte, machte dieser ein nachdenkliches Gesicht. Ich hatte zu dieser Zeit nur sporadisch Stabhochsprung bei ihm trainiert, weil ich immer noch meinen Schwerpunkt auf den Mehrkampf legte, der mir eine gute Basis für meine weitere sportliche Laufbahn bieten sollte. Nun war es aber an der Zeit, aufgrund meiner steigenden Leistung, mich auf den Stabhochsprung zu spezialisieren und ganz zu ihm zu wechseln. Er kannte mein Potenzial und mein Wesen und versuchte mir klarzumachen, dass das Internat nicht der richtige Ort für mich sei – »Zu viele Regeln und zu wenig Freiheit« –, und schlug mir eine Alternative vor. Er wollte, dass ich mir in seiner Nähe eine eigene Wohnung nehme, dort weiter zur Schule gehe, mein Techniktraining einmal die Woche mit ihm und das restliche Programm mit einem Trainingskollegen absolviere und zusätzlich noch einmal die Woche nach Stuttgart fahre, um bei dem Landesstützpunkttrainer im Stabhochsprung zu trainieren.

Eine eigene Wohnung, tun und lassen zu können, was ich wollte – das hörte sich alles tausendmal besser an als eine Einrichtung, die für alle den gleichen Weg vorsieht. Ich wollte schon damals meinen individuellen Weg, und diese Chance war der perfekte Start dafür.

Mein eigenständiges Leben begann also mit sechzehn. Ich verließ mein Elternhaus und bezog meine erste eigene Bude, eine Zwei-Zimmer-Dachgeschosswohnung. Ich öffnete die Tür zu meinem Reich, die Dielen unter meinen Füßen knarrten, und die Zimmer rochen nach altem Holz. Ich liebte meine neugewonnene Freiheit – und hasste die damit einhergehenden Pflichten. Ich war ein verwöhntes Kerlchen, das weder kochen konnte noch die grundlegenden Dinge der täglichen Hausarbeit beherrschte. Also schleppte ich meine Wäsche jedes Wochenende zu meiner Oma, und damit ich mich nicht nur von Fastfood ernährte, spendierten mir meine Eltern ein Jahresabo beim Italiener um die Ecke. Jeden Abend nach dem Training atmete ich fortan die warme Holzofenluft der Pizzeria und ließ es mir bei fröhlicher italienischer Geschäftigkeit, Pizza Salami, grünem Salat und Apfelsaftschorle gutgehen. Obwohl die Speisekarte eine hohe zweistellige Anzahl von unterschiedlichen Gerichten bereithielt, bin ich in den zwei Jahren, in denen ich fast jeden Abend hier verbrachte, kein einziges Mal von dieser Wahl abgekommen. Das Lokal wurde mein zweites Zuhause, während ich meinen Gedanken nachhing, beobachtete ich das Feuer und erfreute mich an den kleinen Geistern, die zischender- und knisternderweise vor Freude in die Luft sprangen. Rustikale Balken stützten den Raum, und eine Schlingpflanze umwarb das Holz. Zu dieser Zeit erschloss sich mir auch die Welt der Bücher, und ich verstand, dass ich nicht nur meinen Körper, sondern auch meinen Geist schulen musste. Ein Buchhandlungsbesuch, ohne ein Buch zu kaufen, war mir nicht möglich. Die erstandenen Werke nahm ich allabendlich mit zum Italiener. Ich begann, im Universum der Bücher zu fliegen. Ein Bücherwurm drang in mich, den Buschbaum, ein, der mich auch zum Schreiben inspirierte. »Der kleine Prinz« war zum damaligen Zeitpunkt mein Lieblingsbuch, die darin verdichteten Erfahrungen und Erkenntnisse sog ich auf, als könnten sie mir den Weg durch mein eigenes Leben zeigen. Ich hatte viele Fragen und suchte die Antworten in den Geschichten und Gedichten, die mir bislang unentdeckte Weisheiten offenbarten. Zu diesem Zeitpunkt war ich noch nicht bereit, meine Erkenntnisse zu teilen. Sie mussten noch wachsen und gedeihen. An einem Abend schrieb ich:

Menschen, die alleine essen gehen, haben ihren Grund. Manche sind vielleicht wirklich einsam und freuen sich über jeden gesellschaftlichen Kontakt. Ich aber genieße die Atmosphäre und den Widerspruch: Ich bin unter Menschen und doch allein in meiner Welt. Vielen einsamen Seelen, die es nach draußen zieht, fehlt es an Liebe. Sie suchen sie in Gassen, Gasthäusern und geistern durch die Nacht des vorübergehenden Glücks. Sie haben nicht verstanden, dass sie in sich suchen müssen, um das zu finden, was sie wirklich ganz macht. Auch ich bin noch auf der Suche.

Ich bin stolz darauf, dass ich meine Weichen im Leben immer selber gestellt habe. Meinen Eltern bin ich dankbar dafür, dass sie so viel Vertrauen in mich gesetzt haben und mir Raum gaben, dies zu tun. Die Freiheit, die mir meine Eltern ließen, entsprach natürlich auch ihrem sehr flexiblen und umtriebigen Lebensstil. Dennoch erforderte es von ihnen auch Mut, loszulassen. Heute beobachte ich immer wieder, dass einige der Nachwuchs-Sportler*innen von ihren Eltern fast bis zum Trainingsplatz getragen werden. Alles wird ihnen abgenommen, nichts müssen sie sich erkämpfen. Ich glaube, dass das der sportlichen Leistung nicht zuträglich ist; diesen jungen Menschen fehlt oft der letzte Biss, um wirklich erfolgreich zu sein. Zugegeben, ich wurde auch sehr verwöhnt. Schmeckte mir das Essen bei meiner Mutter nicht, brauchte ich meiner Oma nur in die Augen zu sehen, und sie zauberte mir mein damaliges Lieblingsessen: Grießklößchensuppe zur Vorspeise und Putengeschnetzeltes mit Spätzle als Hauptgang. Mein Anderssein katapultierte mich aber immer wieder aus dieser bequemen Situation hinaus. Schon früh musste ich verstehen, dass ich für etwas, das anderen selbstverständlich und in die Wiege gelegt worden ist, kämpfen musste – ob ich wollte oder nicht.

Meine erste Beziehung zu einer Frau war natürlich auf der einen Seite Bestätigung für mich, auf der anderen Seite riss die Tatsache, kein »normaler« Mann zu sein, eine große Schlucht in mir auf.

In meiner eigenen Wohnung erwartete ich gespannt meinen ersten Tag in der neuen Schule. Ich kannte lediglich meinen Trainingskameraden in der Stadt und verabredete mich am ersten Schultag nach den Ferien mit ihm vor meiner Haustür. Der Weg zur Schule führte uns durch die Altstadt mit Kopfsteinpflaster, vorbei an meinem Italiener, an sorgsam dekorierten Fenstern und diversen Kaugummi- und Zigarettenautomaten. An einer Biegung erreichten wir einen kleinen plätschernden Bach, vor uns lief ein blondes Mädchen mit schnellen, zielstrebigen Schritten. Sie trug eine ausgestellte Jeans, hohe schwarze Schuhe und eine dunkelgrüne Jacke. Als sie sich den Tragegurt der Tasche zurechtrückte, blitzten ihre mit dezentem Nagellack lackierten Fingernägel auf. Aufgrund ihrer Geschwindigkeit und der hohen Absätze wackelte sie reizend mit ihrem Hintern und eilte uns davon.

Vor dem großen Schulgebäude standen Hunderte von Schülern, und ich hatte den Eindruck, dass jeder jeden kannte. Als wir unsere Klasse betraten, erkannte ich das Mädchen vom Hinweg sofort wieder. Lachend kam sie auf uns zu und stellte sich vor. Ich mag es, wenn Menschen zwanglos von sich erzählen, ohne dass man das Gefühl bekommt, dass der Redende auftrumpfen muss, um sich besser zu machen, als er eigentlich ist. Cora war einfach sie selbst, lebenslustig, aufgeschlossen und redselig. Als der Lehrer mit dem Unterricht begann, sollten auch wir uns der Klasse vorstellen. Ich nannte meinen Namen, und ein Raunen ging durch die Klasse. Der hübsch aussehende Junge entpuppte sich als Rebellenmädchen, das Stabhochsprung macht, von auswärts kommt und alleine in einer eigenen Wohnung lebt. Meinen Vornamen haben sich meine neuen Klassenkameraden nicht gemerkt. Ich hörte von da an auf »Bäumchen«, und jeden Morgen begleitete mich nun Cora, die ein Jahr älter als ich war und nur drei Häuser von meiner Wohnung entfernt lebte.

Ich freute mich darauf, sie zu sehen, konnte aber nicht leiden, dass sie immer so schnell lief. Bei mir gibt es entweder ein gemütliches Gehen oder ich verfalle gleich in den Laufschritt. So versuchte ich Cora dazu zu bringen, langsamer zu gehen, indem ich sie auf das aufmerksam machte, was sich in letzter Zeit alles auf unserem Schulweg verändert hatte. Ein Kaugummiautomat wurde Opfer einer Brandattacke, ein Blumentopf an der Hauswand des Italieners war zu Bruch gegangen, und die alte Frau, die jeden Morgen hinter ihren Gardinen die vorbeilaufenden Menschen beobachtete, war seit einigen Tagen nicht mehr zu sehen. Ich konnte Cora sagen, wann die Fensterdekoration eines Geschäftes gewechselt wird, welcher Obsthändler wann die besten Früchte hat und wie man bei Regen ohne Regenschirm fast trockenen Fußes zur Schule kommt. Sie war beeindruckt von meinen Alltagsbeobachtungen und passte sich immer mehr meinem Tempo an. So wurde unser Schulweg zum Morgenspaziergang und für mich zum aufregendsten Ereignis des Tages. Ich spürte, dass auch Cora die Zeit mit mir sehr genoss. Und sie war es auch, die die Initiative ergriff und sich zu mir einlud.

Erst hörten wir Musik, sahen uns anschließend einen Film an, und während der spannendsten Szene überfiel sie mich regelrecht mit ihren Küssen. In den ersten Sekunden war ich etwas überfordert. Als ich aber den Film und seinen ungewissen Ausgang hinter mir gelassen hatte, ging mein Herz auf. In meinem Bauch kribbelten Tausende von Ameisen, und all meine Sehnsüchte, die sich in den Wochen zuvor in mir ausgebreitet hatten, gingen in Erfüllung.

Küssen ist etwas Intuitives. Ich verließ mich auf meine Gabe und ihre Erfahrung. Sie hatte schon einen festen Freund gehabt, und ich wähnte sie in Liebesdingen erfahrener als mich. Wir wurden immer forscher, fordernder und verfielen unserer Leidenschaft. Nachdem ich mit ihr geschlafen hatte, erzählte sie mir, dass mich die Mädels in der Schule alle süß fanden, sich aber keine so richtig trauen würde mich anzusprechen, da ich immer so beschäftigt mit dem Sport und so viel unterwegs sei.

So unglaublich es klingen mag – und auch für mich ist es im Nachhinein schwer vorstellbar –, es war nicht die Tatsache, dass ich offiziell ein Mädchen war, die sie davon abhielt, mir näherzukommen. Ich weiß nicht recht, wie ich diese Situation erklären soll. Aber für Cora, für meine Klassenkameradinnen und meine Sportsfreunde war ich immer ein Junge. Ich sah aus wie ein Junge, ich redete wie ein Junge, ich verhielt mich wie ein Junge. Dass gewisse Körperteile nicht die eines Jungen waren, störte nicht. Wir sprachen nicht darüber, dass ich gerne wie ein normaler Mann mit ihr schlafen wollte, solange ich Befriedigung bei ihr spürte, war auch ich für den Augenblick zufrieden. Ich hatte immer das Gefühl, dass es meine Freundinnen genossen, mit mir zusammen zu sein, und ihnen auch sexuell nichts gefehlt hat. Sie haben mein männliches Selbstverständnis akzeptiert, und ich habe alles versucht, dem gerecht zu werden.

Der machtvolle Herrscher meines Lebens aber war der Sport. Nichts war mir wichtiger als die Erfüllung meines Trainingsplanes. Mit meinem Sportkameraden traf ich mich jeden Mittag nach der Schule zum Training. Wir hatten keine Halle, in die wir uns im Winter zurückziehen konnten, und waren außer bei den Technikeinheiten auch immer alleine ohne Trainer unterwegs. Wir trainierten bei Wind, Regen und Schnee unter freiem Himmel und gingen lediglich für die Krafteinheiten in ein Fitnessstudio. Dieses Training machte widerstandsfähig gegen alle Viren dieser Welt. Ich kann mich noch gut an eine Trainingseinheit erinnern. Es war Mitte Dezember, und das Thermometer zeigte weit unter Null. Ein Schneesturm wütete seit den Morgenstunden und wollte sich nicht beruhigen. Da ich zu diesem Zeitpunkt noch keinen Führerschein hatte und mein Kollege kein Auto, absolvierten wir die Fahrten zum Trainingsplatz immer mit dem Fahrrad. Auch an diesem Tag konnte uns nichts von unseren geliebtgehassten Tempoläufen abhalten. Das Stadion lag zwei Kilometer entfernt. Ein Weg, der an diesem Tag endlos erschien. Angekommen und völlig unterkühlt, sprangen wir über den Zaun, denn offiziell durften dort nur Vereinsmitglieder trainieren. Wir erblickten zwischen den wild umherpeitschenden Schneeflocken die zugefrorene Eisschicht auf der Tartanbahn und waren für einen kurzen Augenblick entmutigt. Aber dann hieß die Kampfansage »Jetzt erst recht!«, und wir tauschten Turnschuhe mit Spikes und rannten um unser Leben. Die Eisplatten zersprangen unter unseren Füßen, einige wehrten sich und gaben spätestens beim nächsten Lauf nach. Diese Ausnahmesituation war sehr befreiend. Ich arbeitete die Tempoläufe, die ich von hundert auf hundertfünfzig auf zweihundert Meter und wieder zurück auf- und abbaute, ohne Zwischenpausen nach und nach ab. Geschafft und froh über den letzten Lauf, legte ich mich in den Schnee und lachte dem Himmel entgegen. Ich war überglücklich und fühlte mich unbesiegbar.

Ein bisschen verrückt zu sein und niemanden zu haben, der einen in seiner Freiheit einschränkt, hat sich für meine Entwicklung als goldrichtig erwiesen. Ich erzog mich in dieser Zeit selbst und folgte meinen Zielen mit Disziplin und Freude. Während meine Klassenkameraden ausgingen und Party machten, blieb ich zu Hause, um mich zu regenerieren, oder hängte noch ein Training dran. Natürlich waren nicht alle Trainingseinheiten von Lust geprägt, oft musste auch ich den inneren Schweinehund überwinden, aber gerade das bedeutet für mich den Sieg auf ganzer Linie. Diese Zeit gab mir Kraft und den langen Atem, alles zu erreichen, was ich mir vorgenommen hatte.

Die Beziehung zu Cora hielt trotz meiner Sportobsession. Das Training gab mir den Willen, auch im Leben gewinnen zu wollen. Diese Kraft spürte auch meine Freundin und stellte mich ihren Eltern vor. Ich wollte einen guten Eindruck machen und benahm mich wie der zukünftige Schwiegersohn. Coras Mutter brachte ich einen Blumenstrauß mit, und mit dem Vater redete ich ungezwungen über seine Arbeit und meinen Sport. Nach hundert Tagen Pizza Salami war die Hausmannskost, die es zum Abendessen bei Coras Eltern gab, eine wirkliche kulinarische Abwechslung. Ihre Eltern waren angetan und freuten sich über meinen Besuch. Ich war charmant, interessiert und mochte den heimischen Geruch in ihrem Haus. Sie nahmen mich wie eines ihrer Kinder auf, ahnten wahrscheinlich von der Liebesbeziehung zwischen ihrer Tochter und mir, sprachen aber nie darüber. Auch gegen unser Vorhaben, dass ich bei Cora einzog, da wir unsere gesamte freie Zeit sowieso zusammen verbrachten, hatten sie nichts einzuwenden. Wir stellten meinen riesigen Fernseher und meine sonstigen überschaubaren Habseligkeiten in ihr Zimmer. Ich gab die Dachgeschosswohnung auf und wohnte von nun an bei meiner Freundin.

Nachdem ich ihre Eltern kennengelernt hatte, stand ein Besuch bei meiner Familie an, und so nahm ich Cora einfach am Wochenende mit nach Hause und stellte sie als meine Freundin vor. Mit meinen Eltern sprach ich nicht über meine Gefühle oder meine Beziehungen. Ich bin mir sicher, dass auch sie etwas ahnten, aber mich anzusprechen und zu fragen, ob das zwischen Cora und mir vielleicht mehr als Freundschaft sei, haben sie sich nicht getraut. Für mich war die Beziehung zu Cora das Normalste der Welt, und mein Mitteilungsbedürfnis darüber hielt sich stark in Grenzen. Ich war es gewohnt zu machen, was ich wollte, und mich danach leiten zu lassen, was ich für richtig hielt. Ich stellte meine Eltern oftmals vor vollendete Tatsachen. So auch in diesem Fall. Cora und ich verbrachten die Wochenenden in einer Wohnung, die mir meine Eltern im ersten Stock unseres Hauses eingerichtet hatten. Sie selbst wohnten mit meiner Schwester im Erdgeschoss und meine Oma logierte im zweiten Stock. Da wir eine Familie waren und nichts zu versteckten hatten, konnte jeder in jede Wohnung. Es war an einem Samstagmittag, als bei meinen Eltern unten das Telefon klingelte. Irgendjemand wollte mich dringend sprechen. Meine Mutter rief das Treppenhaus hinauf, mehrmals, doch ich antwortete nicht. Deshalb entschloss sie sich, dass Telefon selbst nach oben zu bringen. Weder in der Küche noch im Wohnzimmer konnte sie uns finden. Mit dem Hörer in der Hand öffnete sie die Schlafzimmertür und blieb den Bruchteil einer Sekunde wie versteinert stehen, entschuldigte sich schnell, drehte sich um und stürmte die Treppe wieder hinunter. Sie hatte uns in flagranti erwischt. Mir war es nicht peinlich, und auch Cora lachte sich, nachdem der erste Schreck vorüber war, schlapp. Allerdings erfuhr ich auch nie, wer mich angerufen hatte.

Meine Mutter brauchte zwei Tage, bis sie wieder ihr normales Verhalten an den Tag legte. Darüber gesprochen haben wir nie. Ich hatte kein Verlangen, und sie traute sich wahrscheinlich immer noch nicht, mich darauf anzusprechen.

Nach zwei Jahren beendete ich die Schule und stand vor der Entscheidung, entweder ein Studium zu beginnen oder in die Sportfördergruppe der Bundeswehr nach Stuttgart zu gehen und Soldat zu werden. Ich entschied mich für Letzteres, denn es versprach mehr Abwechslung, als noch länger die Schulbank zu drücken. Cora wollte mich begleiten, sie hatte einen Ausbildungsplatz gefunden und wollte sich mit mir zusammen eine Wohnung suchen. Ich merkte aber, wie mir das Verhältnis zu eng wurde. Ich war jung, voller Tatendrang und wollte noch andere Frauen kennenlernen. Ein schwer zu unterdrückender Freiheitsdrang stieg in mir auf. Kurz bevor ich mit knapp achtzehn nach Stuttgart umzog, begann ich eine

Affäre mit einer etwas älteren vergebenen Frau, und wenige Wochen später traf ich unerwartet meine erste große Liebe.

Wir begegneten uns in einem Trainingslager in Frankreich. Sie kam aus dem hohen Norden Deutschlands, entsprach aber eher einer südlichen Schönheit. Sie hatte dunkle lange Haare, mit ein paar dunkelblonden, von der Sonne gebleichten Strähnen, eine nach Honig duftende Haut, einen schönen Teint und dunkle Augen mit langen Wimpern, die sie gekonnt, aber dezent mit etwas Schminke hervorhob. Im Gegensatz zu den anderen Athletinnen war sie sehr weiblich gebaut. Ihr Name machte sie noch einzigartiger: Lioba – ganz weich, ohne Ecken und Kanten.

Wir waren zu viert in einem Apartment mit Selbstverköstigung untergebracht. Mit den Mädels handelte ich einen Deal aus. Da ich nicht kochen konnte und genug Kochkunst um mich herum war, schlug ich vor, dass ich mich um den Abwasch kümmere. Eines Abends half Lioba mir dabei. Wir standen uns in der engen Küche eher im Weg, als dass wir mit vier Händen schneller vorankamen. Uns störte das aber nicht, da wir unsere Nähe dezent auskosten konnten. Ich musste den letzten Löffel verstauen. Sie stand direkt vor der Schublade mit dem Rücken zu mir. Ich berührte sie sanft an der Taille, hielt einen winzigen Augenblick inne und schob sie zart nach rechts. Diese erste Berührung war der Beginn eines Zaubers.

Ich hatte sie mit meiner Berührung elektrisiert. Fortan suchte sie Kontakt zu mir und stellte mir Fragen über Fragen. Wir unterhielten uns über Sport, Gott und die Welt und genossen die Sonne. Ich erzählte ihr, dass ich zu Hause eine Freundin habe und mit ihr in einer ganz normalen Beziehung lebe. Ich versuchte ihr zu erklären, dass es für mich ganz selbstverständlich sei, Frauen zu lieben und ich mich als der Mann an ihrer Seite fühle. Sie fand das sehr spannend und aufregend. Sie erzählte mir von ihrer ersten großen Liebe, von der sie sich vor ein paar Monaten getrennt hatte. Ihr Exfreund war der beste Kumpel ihres großen Bruders gewesen und total chaotisch. Ein Wesenszug, der mir nicht ganz fremd war. Sie erzählte weiter, dass sie sich einmal in einen wesentlich älteren verheirateten Mann verliebt hatte und ihre Eltern das ganz und gar nicht gut fanden. In der Liebe sei sie bisher immer enttäuscht worden. »Wahrscheinlich gehört das zum Erwachsenwerden dazu«, seufzte sie, und ich wollte ihr gern das Gegenteil beweisen, doch sie war eine von jenen Frauen, mit denen ich mir niemals hatte vorstellen können zusammenzukommen, weil sie so perfekt erschienen.

Eines Nachmittags kam sie vom Pool zurück, duschte und trat aus dem dampfenden Badezimmer heraus. Sie hatte sich nur mit einem Handtuch bedeckt und bat in den Raum hinein, ob ihr jemand den Rücken eincremen könne. Ihre Haare hatte sie mit einem Handtuch in Form eines Turbans nach oben gebunden. Ihre Wimpern waren noch ein wenig feucht, was ihre Augen noch mehr hervorhob. Vereinzelte Wassertropfen rannen langsam an ihren braun gebrannten Oberarmen herunter. Sie besaß eine Haut, die mich extrem anzog, dezent dunkel, straff und dem Anschein nach samtweich. Ihr Anblick brachte mich zum Schmelzen. Wie gerne hätte ich ihre Haut berührt und sie massiert. Ganz Gentleman überließ ich aber einem anderen das Vergnügen und verließ den Raum. An diesem Abend hörte ich zufällig, wie sie mit ihrer besten Freundin telefonierte, und sich darüber beklagte, dass ich sie und ihre Gefühle durcheinanderbrachte. Sie wusste nicht, was sie tun sollte, und bat um Rat. Auch hier wäre ich zu gern noch einen Augenblick länger stehen geblieben, um die Antwort der Freundin und ihre Reaktion darauf abzuwarten. Doch ich wollte sie nicht belauschen und ging hinaus, um frische Luft zu schnappen und meine eigenen Gedanken und Gefühle zu sortieren.

Der Tag ihrer Abreise aus dem Trainingslager stand bevor, meine Gefühle fuhren Achterbahn, und meine Gedanken drehten sich nur um Lioba. Wir hatten noch eine Stunde, bevor sie das Hotel verlassen musste. Es war ein stürmischer und kalter Tag, und ich fragte sie, ob sie dennoch einen kleinen Spaziergang machen wolle. Wir liefen an der Promenade entlang, die mit großen Steinen vor der brechenden Gischt geschützt war, und setzten uns auf einen großen Stein, redeten noch ein wenig und genossen die Nähe des anderen. Gedankenversunken und einander anblickend erwischte uns unvorbereitet eine riesige Welle. Ich wurde von dem Stein geschleudert und konnte mich gerade noch festhalten, bevor ich von den Wellen mitgerissen worden wäre. Lioba hatte die Welle nicht ganz so heftig erwischt, doch der Schock saß im ersten Moment tief. Nachdem wir unsere Kleider ausgewrungen und das Wasser aus unseren Schuhen geleert hatten, lachten wir uns an und verstanden auf einmal, dass wir sehr großes Glück hatten. Schleunigst liefen wir zum Hotel zurück. Wir mussten uns beeilen, unsere Sachen wechseln und ihre nassen Klamotten gut verstauen. Für einen längeren Abschied blieb keine Zeit. Wir umarmten uns nur kurz, und sie fuhr Richtung Heimat. Wieder zu Hause bei meinen Eltern, träumte ich die erste Nacht von unserer Welle und schrie ihren Namen.

Die darauffolgenden Wochen schrieben wir uns Briefe.

In der heutigen schnelllebigen Zeit sind persönliche Zeilen wahre Romantik. Liobas Handschrift war Kunst in meinen Augen. Ihre Briefe waren sehr lang, und ich las sie immer wieder und wieder. So als wollte ich mir ihre Schreiberin herbeilesen. Ich spürte, dass ich diese Frau immer mehr liebte. Ihre Intelligenz, ihre Nachdenklichkeit, ihre Meinung zu den unterschiedlichsten Dingen zogen mich in Bann. In meiner damaligen Beziehung war ich nicht mehr glücklich, doch fehlte mir der Mut, Cora zu erzählen, dass ich mich verliebt hatte. Schließlich fand sie unsere Briefe und erlöste mich aus dieser bedrückenden Situation.

Meine Wellenfrau Lioba traf ich einige Wochen später auf einem Wettkampf. Wir hatten ein gemeinsames Zimmer und lagen auf dem großen Doppelbett, redeten lange und hörten dann gemeinsam der Stille zu. Wir sahen uns nur an, langsam rückte ich näher, streichelte ihr zart über das Gesicht, den Rücken und küsste sie. Ich wollte nichts überstürzen. Ich wollte mir alle Zeit der Welt lassen und spürte förmlich, wie sie es genoss. Ich streichelte und liebkoste sie viele Stunden. Sie flüsterte mir ins Ohr: »Nie zuvor hat mich jemand einfach so genommen, wie ich bin.«

Meine erste große Liebe und mich trennten knapp fünfhundert Kilometer. Jedes Wochenende machte ich mich auf den Weg zu ihr, reizte unsere gemeinsame Zeit soweit wie möglich aus und machte mich spät am Sonntagabend wieder auf den Weg nach Hause. Da ich dort so schnell wie möglich ankommen wollte, kam ich öfter mit der Straßenverkehrsordnung in Konflikt.

Ich war noch in der Führerschein-Probezeit. Es war mitten in der Nacht, ich war schon Stunden unterwegs und wollte nur noch in mein Bett. Ich fuhr sehr zügig durch eine Baustelle und sah nur noch das rot aufblitzende Licht. Dieses plötzliche Adrenalin in meinem Körper werde ich nie vergessen. Mein Puls stieg augenblicklich an, ich sah unverzüglich auf meinen Tacho. Viel zu schnell! Toleranzgrenze? Immer noch viel zu schnell. Am nächsten Morgen rief ich meine Eltern an, wie Kinder es immer machen, wenn sie etwas Schlimmes angestellt haben, und beichtete mein Vergehen. Die darauffolgenden Wochen war der Weg zum Briefkasten ein zäher, gedankenschwerer Gang. Ich bekam viele Punkte in Flensburg, ein hohes Bußgeld und musste zur Nachschulung. Abend für Abend saß ich dort meine Stunden ab und musste mir bei der Fahrkontrolle doch nur anhören, dass ich das Lenkrad nicht wie ein »mexikanischer Tellerwäscher« behandeln solle – damit war meine Armhaltung und meine Technik, in die Kurven zu fahren, gemeint. Ich benutze manchmal nur eine Hand, lege sie auf das Lenkrad, übe etwas Druck aus und kreise mit meiner Hand in die Kurven. Diese ausgefeilte Kurventechnik verdanke ich meinen sonntäglichen Ausflügen mit meinem Gokart in die einsamen Felder meiner damaligen Welt.

Ich sprach mit meinen Eltern darüber, dass ich, selbst wenn ich mich anstrengen würde, bestimmte Geschwindigkeitsbegrenzungen einfach nicht einhalten könne. Viele erschienen mir sinnlos und reine Schikane. Sie lachten mich aus und empfahlen mir, da sie mein Temperament kannten: »Fahr so schnell, wie du willst, solange du alles unter Kontrolle hast, aber lass dich nicht mehr erwischen.«

Ich lernte in den darauffolgenden Jahren die Standorte der fest installierten Kameras kennen. Wenn ich auf unbekanntes Terrain gelangte, spannte ich meine Antennen noch weiter auf. Ich sammelte noch viele Knöllchen und einige Punkte, wurde aber immer besser im Fallenaufspüren. Fortan konnte sich die Bilanz auf dem Anrufbeantworter meiner Eltern hören lassen. »Ich konnte sieben Blitzer ausfindig machen. Der achte hat mich leider erwischt. Post wird euch erreichen. Ich wünsche euch noch einen schönen Tag.«

Trotz aller Vorsicht stand mir aber die größte Strafe noch bevor. Es war an einem Sonntagnachmittag, die Sonne schien hell vom wolkenlosen Himmel, und durch den Spalt meines geöffneten Fensters roch es nach Frühling. Ich hatte es weder eilig, noch verspürte ich eine innerliche Unruhe. Ich fuhr von A nach B, träumte vor mich hin und hörte Musik, die mein ständiger Begleiter beim Autofahren ist. Plötzlich überholte mich ein großer BMW und winkte mich mit der Kelle zur nächsten Ausfahrt. »Warum, glauben Sie, haben wir Sie rausgezogen?«, fragte mich ein älterer Polizist nach genauer Kontrolle meiner Papiere.

Ich antwortete, ohne nachzudenken: »Wahrscheinlich war ich wie immer zu schnell!« Er fragte, ob ich das Video von mir sehen möchte oder ob ich den Verstoß gleich zugeben wolle? Ich hatte an diesem schönen Tag keine Lust zu diskutieren oder mir irgendwelche schwachsinnigen Ausreden einfallen zu lassen. Er gab mir irgendwelche zusammengekritzelten Papiere, ich wünschte ihm einen schönen Tag und wollte weiterfahren.

»Wollen Sie denn gar nicht wissen, was auf Sie zukommt?«, fragte mich der Polizeibeamte deutlich irritiert. »Eigentlich nicht, aber wenn Sie mich schon fragen, kann es nichts Gutes sein«, antwortete ich und wollte möglichst unbeteiligt klingen.

»Sie werden Ihren Führerschein abgeben müssen«, sagte er kurz.

Ich wollte nicht, dass er bemerkte, dass mir diese Strafe doch naheging, und sagte trotzig: »Oh, na dann wünsche ich Ihnen erst recht einen schönen Sommer.«

Erst langsam realisierte ich, dass ich ganz schön viel Ärger am Hals hatte. Als der Beschluss kam, nahm ich mir einen Anwalt, um vielleicht doch noch irgendwie das Blatt zu wenden. Aber ich hatte keine Chance, mir blieb lediglich zu entscheiden, in welchem Monat ich meinen Führerschein abgeben wollte. Ich entschied mich für meine Urlaubszeit und hatte danach noch zwei Wochen Trainingsfahrten zu überbrücken. Jeden Tag musste ich in dieser Zeit mit dem Fahrrad sieben Kilometer zum Training und wieder zurückfahren. Auf der einen Seite vermisste ich die Freiheit, einfach in mein Auto zu steigen und loszufahren, wohin mir der Sinn gerade stand, sehr. Andererseits erlebte ich als Fahrradfahrer Momente, die sonst mit großer Geschwindigkeit an mir vorbeigerast wären.

Eines Tages war ich wieder auf dem Weg zum Training und tiefe Regenwolken zeichneten sich am Himmel ab. Ich passierte gerade ein riesiges Erdbeerfeld, als es anfing, heftig zu regnen. Ich war unpassend gekleidet und binnen weniger Sekunden triefend nass. In den ersten Minuten ärgerte ich mich, stellte mir dann aber die Frage, warum ich mich überhaupt ärgerte. Es gab keinen Grund. Ich legte mein Fahrrad hin, lief in die Mitte des Erdbeerfeldes, pflückte ein paar reife Beeren und aß sie genüsslich. Ich freute mich, dass keine Menschenseele zu sehen war und ich offensichtlich der einzige Irre auf dem Feld war. Lachend und tropfend nass betrat ich meine Trainingshalle und absolvierte mein Programm.

Mein damaliger Trainer in Stuttgart hieß Ivan. Im Laufe der Jahre ist er zu meinem Freund und Berater geworden, zu dem ich auch heute noch Kontakt habe. Ich schätze seinen Humor und seine Ehrlichkeit und die Art und Weise, wie er Geschichten erzählen kann. Ivan erkannte schon sehr früh mein Potenzial, wusste um meinen Fleiß und meine Disziplin und um meinen starken Willen. Er hat mich nie verbiegen wollen und konnte mich deshalb formen. Er respektierte meine Grenzen auch im Zusammenhang mit meinem männlichen Auftreten. So ließ ich einen lukrativen Sponsorenvertrag sausen, weil ich nicht bereit war, mich weiblicher darzustellen und anders zu geben, als ich war. »Ich bin ich, und werde das auch bleiben! Wenn es dieser Firma nicht schmeckt, dann sollen sie sich einen anderen Dummen suchen«, sagte ich damals zu Ivan. Er begriff, dass es keinen Sinn hat, mich überzeugen zu wollen, und akzeptierte meine Entscheidung. Durch die Presse erfuhr ich, dass der Werbevertrag an einen anderen gegangen war. Ich antwortete mit sportlichen Höchstleistungen.

DIE LEIDENSCHAFT BEGINNT

Ein ungeübtes Gehirn ist schädlicher für die Gesundheit als ein ungeübter Körper.
GEORGE BERNARD SHAW

Stabhochsprung ist Leben, ist Leidenschaft, ist Freiheit. Mein ganzes Sein verinnerlicht jeden Gedanken des höheren Fliegens. Wenn ich am Ablauf stehe und dieses Leuchten in mir spüre, es sich allmählich nach außen arbeitet und spätestens dann für jedermann sichtbar ist, lächle ich, erhebe meinen Stab und renne ohne Furcht und Sorgen los. Es ist eine elegante und selbstsichere Art, eingebildet mit hohen Knien, wild wie ein Stier anzulaufen, bereit sein zu töten, bereit sein zu sterben, und doch von Leichtigkeit getragen zu lachen. Es ist dieser stolze Lauf, der erhobene Kopf, der sichere Körper. Ich visualisiere. Ich laufe an, steche ein. Ich zertrete die vielen Nüsse unter mir und laufe auf heißen Kohlen. Sie verbrennen meine Füße nicht. Sie machen mich noch schneller. Ich springe ab, und die Welt dreht sich um ein Vielfaches schneller, weil mein Fuß mit all seiner Kraft die Erde zum Weiterdrehen gebracht hat. Der Rest vergeht wie im Flug. Ich rolle auf und strecke meinen Körper Richtung Himmel, die Wolken haben sich einen Spalt geöffnet, ich springe hindurch, die Welt steht Kopf, so gefällt sie mir, ich lasse mich abschießen und über die Höhen der Höhen tragen. Ich lebe.

Ich habe dem Sport viel zu verdanken. Aber ich lebte auch für ihn und stellte alles hintenan. Noch nicht einmal für eine

Frau ließ ich in meinen heißen Trainingsphasen eine Einheit ausfallen. Ich war verheiratet mit der Stabhochsprungmatte, fand mein Zuhause in den Krafträumen und machte meine Stäbe zu meinen Zuhörern.

Wenn ich von den Stäben in die Lüfte getragen wurde, war ich für wenige Augenblicke frei. Ich konnte all meine Kraft, meine Wut und Verzweiflung in Höhe umwandeln. Und doch flog ich nie mit einem Körper, den ich liebte, über diese lastenschwere Latte. Ich kam mir auf den weiblichen Wettkämpfen fehl am Platz vor. Es war so, als würde ich auf einer Beerdigung mit weißer Leinenhose, Skischuhen und gut sichtbaren Knutschflecken betrunken erscheinen. Mit einem Teil meiner Biologie gehörte ich dazu, das war aber auch schon alles, denn ich wusste über meine wahre Identität. Ich habe das innerlich leidend hingenommen, da ich mit dem Stabhochsprung einen Weg gefunden hatte, mich auszupowern und diese Sekunden des Fluges, in dem alles passieren konnte, wirklich zu leben. Es ist ein leichtes, einzigartiges Gefühl, seinen Körper zu beherrschen, komplexe Bewegungsabläufe zu meistern und an dem perfekten Sprung zu arbeiten, den es nicht geben kann. Stabhochsprung ist für mich die Königsdisziplin innerhalb der Leichtathletik. Während meiner sportlichen Karriere hatte ich gute Tage, und ich hatte schlechte Tage, Wochen, Monate und Jahre. Verlor ich oder war mit meiner Leistung unzufrieden, vergrub ich mich in meiner eigenen Welt, zu der keiner Zutritt hatte. Gewann ich die entscheidenden Wettkämpfe, erreichte neue Höhen, so konnte ich mein männliches Selbstbild weiter aufbauen und mein Schicksal, mit den gegengeschlechtlichen Geschlechtsmerkmalen geboren worden zu sein, mit Erfolg und Geld kompensieren.

Durch den Stabhochsprung lernte ich auch viele Menschen kennen, konnte die Welt auf vielen Reisen bestaunen und sah, wie nahe Freud und Leid zusammenlagen. Ich trage viele schöne Erinnerungen in mir, die ich aber erst zu teilen bereit war, als ich mich aus meinen Ketten befreit hatte. Ich merke jedoch immer wieder, dass meine Gedanken, wenn ich sie denn ausspreche, meine Mitmenschen verwundern und zum Nachdenken bringen. Ich hatte schon immer einen Hang zum Philosophieren, zum Abschweifen und war auf der Suche nach der Geschichte dahinter. Während die anderen sich exotischen Schmuck und getöpferte Vasen ansahen und überlegten, wo diese ihren Platz an ihrem Körper oder in ihrer Wohnung finden könnten, sah ich mir die Hände der Verkäuferin an und überlegte mir, wie viel Leid und Entbehrungen sie erfahren haben mochten. Die Hände und die Gesichter, vor allem die Augen der Menschen, sagen mir mehr als ihre Redekunst. War ich mit meinen Augen in die ihren gedrungen, haben wir uns blind verstanden und konnten ein warmes, alles sagendes Lächeln tauschen.

1997 machte ich mit den ersten wichtigen Titeln im Stabhochsprung auf mich aufmerksam. Das begehrte Ticket zur Junioren-Europameisterschaft sollte mir allerdings in diesem Jahr noch versagt bleiben. Ich hatte erst spät mit den Wettkämpfen begonnen, da ich mir im Aufbautrainingslager alle Bänder gerissen und meine erste Fußoperation hinter mich gebracht hatte. Dementsprechend waren meine Vorleistungen noch nicht so gut wie die der anderen. Mein Wille, zur JEM zu fahren, war dafür aber umso größer. Die Deutsche B-Jugendmeisterschaft war meine letzte Chance, mich zu qualifizieren, und ich war guter Dinge. Ich war zum richtigen Zeitpunkt fit, gewann mit persönlicher Bestleistung und sprang das erste Mal über vier Meter. An diesem Tag hatte ich aus meiner Sicht alles erreicht, was ich hätte erreichen können, und war glücklich, bis zu dem Zeitpunkt, als mich der damalige Bundestrainer Herbert, der später zu meinem Heimtrainer werden sollte, zur Seite nahm und mir erklärte, dass mein persönlicher Sieg über die Verletzung, meine neue Bestleistung und der Deutsche Titel nicht reichen würden, um zu der JEM zu fahren. Ich konnte es kaum glauben. Eine bessere Leistung hätte ich an diesem Tag nicht erbringen können, und es war immer noch nicht genug?

Ich hatte Tränen in den Augen und verstand die Welt nicht mehr. Am selben Tag, als die JEM ausgetragen wurde, absolvierte ich ebenfalls einen Wettkampf. Ich sprang an diesem Tag erneut über die Vier-Meter-Marke, genau die Höhe, zu der auch der Junioren-Europameisterschaftstitel wegging. Ich war maßlos enttäuscht, dass ich nicht die Chance bekommen hatte zu zeigen, was in mir steckt. Anscheinend musste ich in diesem Geschäft wesentlich besser sein als alle anderen. Ich schwor mir, dass mir das niemals mehr passieren sollte. Fortan wollte ich einfach so gut sein, dass es keinen Zweifel an meiner Teilnahme geben konnte. Das darauffolgende Jahr widmete ich mich voll und ganz dem Sport.

Meine professionelle Karriere begann 1998. Ich hatte es erneut geschafft, den Titel bei der Deutschen Jugendmeisterschaft zu holen, und wurde für die Junioren-Weltmeisterschaft nominiert. Ich freute mich unglaublich auf die Einkleidung der Nationalmannschaft, der ich in diesem Jahr angehörte, und kann mich an diesen Tag erinnern, als wäre er gestern gewesen. Der Wettkampf, in dessen Rahmen die

Kleidung ausgegeben wurde, war für mich fast zweitrangig. Die Sportsachen waren mein Highlight, und ich war überglücklich, sie bald in einem Stadion tragen zu dürfen. Zusätzlich zu den Trikots wurden wir mit Ausgehkleidung ausgestattet. Diese war für Männlein und Weiblein unterschiedlich. Die Jungs bekamen coole Hemden und schicke Anzugshosen. Klamotten eben, die ich privat auch trug. Für die Frauen dagegen waren verspielte Blusen vorgesehen, und sie sollten enge Hosen, die mir nicht wie sonst im Schritt hängen würden, tragen. Die Einkleidung übernahm eine etwas ältere Frau. Sie hieß Ilse, war einen Kopf kleiner als ich und trug eine große Brille. Freudestrahlend ging ich auf sie zu, steckte die Sportsachen in die große Tasche und bekam eine Mädchenbluse gereicht. Ich versuchte der netten Dame zu erklären, dass ich diese Klamotten nicht anziehen könne, weil ich sonst einen Ausschlag bekommen oder augenblicklich tot umfallen würde. Diese Kleidung würde ich allenfalls meiner Oma, der so etwas vielleicht gefallen würde, mitbringen, sagte ich. Ilse sah mich über ihren Brillenrand an und schien hin und her gerissen zwischen Verständnis und Empörung. Einerseits fand sie es vielleicht ganz reizend und humorvoll, dass ich meine Oma mit ins Spiel brachte, andererseits auch als Respektlosigkeit ihr gegenüber, zumal, wie ich später erfuhr, sie am Entwurf dieser Kollektion beteiligt gewesen war. Sie blieb eisern und wollte mir keine Männerklamotten überreichen. »Sie sind abgezählt. Wenn ich dir einen Satz Männerkleidung gebe, dann muss ich einem Mann einen Satz Mädchenkleidung verpassen.« Ich fand die Vorstellung witzig. Sie nicht. Ich diskutierte weiter und brachte sie an den Rand des Nervenzusammenbruchs. Ich wollte nicht aufgeben. Sie aber auch nicht.

Obwohl ich ein großer Dickkopf sein kann, schalte auch ich irgendwann auf Plan B um, wenn ich merke, dass ich irgendetwas partout nicht durchbekomme. »Bevor die Schlange hinter mir noch größer wird, hätte ich die Frauenkleidung gerne in der größten Größe«, lenkte ich nach einiger Zeit ein. Ilse aber schüttelte immer noch den Kopf und verstand mein Anliegen nicht. »Ich werde damit jetzt zu meiner Oma fahren und sie für die Junioren-Weltmeisterschaft einkleiden«, sagte ich ihr. Ich stand mit verschränkten Armen vor ihr und sah sie mit all meinem in diesem Moment zur Verfügung stehenden Charme an – und bekam die weibliche Ausstattung in Größe L! Ich stellte mir meine Oma darin vor und war zufrieden. Mit strengem Ton sagte Ilse noch, dass sie bei der JWM vor Ort sein werde, und wenn ich diese Kleidung nicht dort tragen würde, hätte das Konsequenzen. Ich packte ein und lachte sie an.

Nach der Siegerehrung – ich hatte den Wettkampf gewonnen – meldete sich mein schlechtes Gewissen, weil ich Ilse ziemlich auf die Palme gebracht hatte. Ich lief in das Ankleidezimmer zurück und überreichte ihr den Blumenstrauß, den ich bekommen hatte. Erleichtert fuhr ich dann zu meiner Oma, die sich wie ein kleines Kind über die nationale Ausgehkleidung freute. Ich selbst reiste wenige Wochen später in meiner persönlichen Kleidung zu der Junioren-Weltmeisterschaft und bekam strafende Blicke zu spüren.

Im Wettkampf enttäuschte ich mit dem vierten Platz, hatte ich mir doch eine Medaille vorgenommen. Ich war am Boden zerstört, aber gleichzeitig motiviert, da der dritte Startplatz um die Aktiven-Europameisterschaft noch zu vergeben war. Wenn ich schon bei den Junioren versage, dann fliege ich eben bei den Erwachsenen mit, dachte ich mir damals. Ein heißer Wettkampffight zwischen der Junioren-Weltmeisterin und mir entfachte sich. Auch sie wollte zur Aktiven-EM. Der Nominierungswettkampf sollte in Nürnberg stattfinden. Dort ließ ich keine Schwäche zu, war klar in meinen Gedanken auf Sieg eingestellt und gewann.

Als jüngstes Mitglied wurde ich in die richtige Nationalmannschaft berufen und durfte bei der Europameisterschaft in Budapest 1998 starten. Ich hatte nichts zu verlieren und alles zu gewinnen. Höhengleich mit Platz eins und zwei, holte ich zum Erstaunen aller die Bronzemedaille und war der strahlende Überflieger dieser Meisterschaft. Es war nicht nur der Geist und die Stimmung solch einer Veranstaltung, die mich zur Höchstleistung antrieb. Es war mein fester Wille, alle Zweifel an meiner Mitnahme auszulöschen. Dies konnte ich mit nichts besser erreichen als mit meinem Erfolg. Doch dieser Ehrgeiz war nicht meine einzige Motivation.

Wie üblich, teilt man sich bei solchen Veranstaltungen mit anderen Athlet*innen ein Zimmer. Nach zwei Tagen Vorbereitungstraining hatte ich Kopfschmerzen vom Augenzuhalten. Meine ansehnliche Zimmernachbarin schlief nicht nur oben ohne, sondern musste sich auch vierhundertfünfzehnmal am Tag genauso vor dem Spiegel präsentieren und sich selbst begutachten. Sie bekam nicht genug davon, ihre Figur immer wieder zu bewundern und gleichzeitig bestimmte weibliche Rundungen genauer unter die Lupe zu nehmen. Ich wollte meine Vorbereitungszeit nicht vor dem Zimmer verbringen, und auf das Fernsehprogramm konnte ich mich bei einem solchen Anblick auch nicht konzentrieren. Kein Wunder, dass ich die nötige Energie besaß, um hoch hinaus zu springen.

Es folgte ein erfolgreiches Stabhochsprungjahr, mit heißen Duellen und hohen Höhen. Ich sprang um mein Leben und trainierte den Körper, der mein Kapital war, an dem ich aber gewisse Stellen hasste, kaputt. Mit meinem Verstand konnte ich mein trauriges Sein immer noch nicht aufschlüsseln. Hätte ich mir eine Auszeit gegönnt und wäre ehrlich zu mir selber gewesen, wäre ich vielleicht auf den Grund meiner Traurigkeit gekommen. Doch ich war viel zu sehr damit beschäftigt, meine sportlichen Ziele zu erreichen, und schenkte dabei meinem Seelenleben keine weitere Aufmerksamkeit.

Meine Mutter und ihr Lebensgefährte hatten schon länger den Plan, in die USA auszuwandern. So lange, dass ich schon gar nicht mehr daran glaubte. Mit dem Jahr meiner Volljährigkeit machten sie Nägel mit Köpfen. Binnen weniger Monate verkauften sie ihr ganzes Hab und Gut, bestellten riesige Container, um den Rest einzupacken und verschiffen zu lassen, und stellten mich vor die Wahl: »Entweder du kommst mit uns, oder du bleibst alleine in Deutschland.« Ich entschied mich hierzubleiben, da ich gerade Fuß gefasst hatte und mein Leben privat, sportlich und finanziell gut im Griff hatte. Das erste Jahr ohne meine Eltern und meine Schwester war dennoch schwer für mich. Ich fühlte mich alleingelassen, ging an vielen Abenden traurig ins Bett und wachte auch so wieder auf. Meine Oma und mein Onkel waren jetzt mein einziger familiärer Kontakt, der allerdings über einhundert Kilometer entfernt lebte. Zum Glück hatte ich in dieser Zeit meine Wellenfreundin und ihre Familie, die mich auffingen. Jedes halbe Jahr kam zudem meine Mutter aus den USA, um mir bei Dingen beizustehen, die mich damals überfordert haben. Wir erledigten die Steuererklärung, ordneten meinen Keller und was sonst noch an alltäglichen Erledigungen anstand, und genossen die Zeit miteinander. Die Stunden mit ihr brachten mir ein Stück Heimat zurück, bevor sie sich wieder auf den Weg Richtung Sonne machte.

Die Monate vergingen. Ich verbrachte viel Zeit im Auto, um zu den Wettkämpfen und zu meiner Freundin zu fahren. Mein Auto war der einzige Ort, an dem ich in Ruhe nachdenken konnte. Zu Hause existierte nur das Training. Von morgens bis mittags war ich in der Halle, fuhr dann nach Hause, um irgendetwas zu essen, schlief vor Erschöpfung auf dem Sofa ein, wachte auf und absolvierte meine zweite Einheit im Kraftraum. Nach dem Training ging ich in die Physiotherapie und fiel kraftlos ins Bett, um am nächsten Tag das gleiche Programm erneut zu bewältigen. Nur meine Physiotherapeutin schaffte es manchmal, mich aus diesem Hamsterrad zu ziehen, ging gelegentlich mit mir Billard spielen und lauschte geduldig meinen geistigen Ergüssen. Sie war immer für mich da, weil sie ihren Job mit Leidenschaft betrieb und nicht nur stupide Massagearbeit leisten, sondern für ihre Patien*innen da sein wollte.

Mit meiner Wellenfreundin bin ich zwischenzeitlich durch den Himmel gegangen und durch die Hölle geflogen. Als ihre Eltern herausbekamen, dass schon zwei Jahre Beziehung hinter uns lagen, war das Drama groß. Zuerst ein Mann um die vierzig, jetzt eine Frau und viele Lügen! Das war zu viel für sie. Sie hatten mich kennengelernt, mich in ihre Familie aufgenommen und mir viel Zuneigung geschenkt. Sie wussten und spürten, dass ich anders bin, eine genaue Vorstellung davon konnten oder wollten sie sich nicht machen. Ich schlief im Bett ihrer Tochter, verführte und liebte sie und lebte eine

Lüge. Eines Tages fand Liobas Mutter beim Staubsaugen unter ihrem Bett Briefe von mir an ihre Tochter, die eine eindeutige Sprache besaßen und eine Familienkrise auslösten, deren Ausmaße ich erst wenig später zu spüren bekam. Liobas Eltern fanden, dass Nichtssagen auch eine Art von Lüge war, und fühlten sich hintergangen. Sie hatten recht.

Nachdem unsere Beziehung ans Licht gekommen war, traf ich Lioba und ihre Eltern zum ersten Mal am Tag der Deutschen Meisterschaft in Erfurt wieder. Für mich ging es um das Ticket zu einer weiteren Weltmeisterschaft im spanischen Sevilla. Ihre Eltern ignorierten mich, und Lioba war zwischen Liebe zu mir und Gehorsam gegenüber ihren Eltern hin und her gerissen. Wir befanden uns unmittelbar vor dem Beginn des Wettkampfes und standen unten im Stadion, ihre Eltern, etliche Zuschauer und Trainer saßen auf den Rängen und hatten einen guten Blick auf die Sportler*innen unter ihnen. Ich suchte Blickkontakt zu ihren Eltern, die durch mich hindurchzuschauen schienen. Ich versuchte, mit Lioba zu sprechen, sie erneut für mich und meine Liebe zu gewinnen, ihr mein Geschenk, einen silbernen Kettenanhänger und eine persönliche Postkarte, zu überreichen. Doch nach dem Öffnen der Geschenkbox und dem Lesen meiner Zeilen gab sie mir mit Tränen in den Augen die Sachen zurück. Ich spürte die Kälte von den Rängen und die Genugtuung in den mütterlichen Augen, dass alles nach ihrer Zufriedenheit verlief. Lioba hatte sich also entschieden, sich ihren Eltern unterzuordnen, und wies alle lieben Worte und Gesten von sich. Nach dem Einspringen saß ich wie ein Häufchen Elend auf der Bank. Mein Kopf sank zu meinem Herzen. Ich war am Boden zerstört und suchte nach den Gründen meines Fehlverhaltens. Hält die Liebe denn nicht alles aus? So unsicher ich auf dem Pfad der Liebe an diesem Tag war, umso sicherer war mir der Weg zum Sieg. Ich hasste die Welt und meine Probleme mit Lioba, ihren Eltern und meinem verkorksten Sein in diesem Moment abgrundtief und konnte meine Wut kaum noch zurückhalten. Ich sprang sie heraus, sprang Bestleistung und vergoldete sie. Bei aller Niedergeschlagenheit war ich in der Lage, meine Emotionen in Höhe umzuwandeln. Eine Fähigkeit, die mir vielleicht das Leben rettete oder mich wenigstens von destruktiven Taten abhielt und mir ganz nebenbei meinen Lebensunterhalt sicherte. Nach dem Wettkampf musste ich meiner professionellen Pflicht nachkommen und Autogramme schreiben. Lioba verschwand mit ihren Eltern, ohne mich eines Blickes zu würdigen oder mir zu gratulieren. Als ich später zu Hause allein war, dachte ich über die Situation nach. Für Liobas Eltern war mein Sieg der Beweis, dass ich ein abgebrühter Mensch ohne Gewissen und Emotionen war. Hätte mir ihre Tochter so viel bedeutet, dann wäre mir der Streit, die Missachtung so nahegegangen, dass ich nicht so gut gewesen wäre und dementsprechend auch nicht hätte gewinnen können. Doch ich war nicht der skrupellose Sieger, für den sie mich hielten. Resigniert und tieftraurig saß ich an meinem Schreibtisch und realisierte, dass ich nun wirklich allein war.

Einige Tage später kam ein Brief von Liobas Mutter, in dem sie mir den Kontakt zu ihrer Tochter untersagte. Ich respektierte ihren Wunsch, obwohl ich vor Herzschmerzen und Liebeskummer litt wie ein Hund. Aber gewissenhaft hielt ich mich an ihre Worte. Nach zwei Wochen kam erneut ein Brief. Dieses Mal von Lioba selbst. Ihre Zuneigung zu mir war zu tief, um mich einfach so vergessen zu können. Unsere Beziehung war längst noch nicht am Ende, wir hatten noch nicht genug voneinander, und unsere Seelen hatten sich noch nicht alles Wissen des anderen angeeignet. Ein halbes Jahr hatten wir heimlichen Kontakt. Als sie zum Studieren nach Mainz gehen musste, gestand sie ihren Eltern, dass wir wieder zusammen waren. Sie duldeten es, waren aber nicht begeistert und wollten anfangs auch nichts davon hören. Aber Lioba blieb hartnäckig, sie erwähnte mich in jedem Telefonat mit ihren Eltern und in jedem Brief an sie trug sie meine Gedanken weiter. Nach mehr als einem Jahr haben mich ihre Eltern wieder in ihr Herz geschlossen, weil sie spürten, dass ihre Tochter glücklich mit mir war. Manchmal muss man Menschen nur Zeit lassen, zur Einsicht zu finden. Alles ist wandelbar, wenn man nur Geduld und Ausdauer hat.

Da ich in dieser Zeit spürte, dass auch ich eine örtliche Veränderung brauchte, folgte ich Lioba von Stuttgart nach Mainz. Fortan sollte der Bundestrainer Herbert mein neuer Heimtrainer sein. Lioba und ich genossen unsere gemeinsame Zeit. Wir besuchten Partys, trafen uns mit Liobas Kommilitonen, aßen romantisch am Rhein, trieben zusammen Sport, gingen ins Kino, ab und an ins Theater – taten eben all die Dinge, die ein »normales« Paar so tut, und natürlich dachten wir auch, wie das bei der ersten großen Liebe eben ist, dass wir füreinander bestimmt seien und unser restliches Leben miteinander teilen würden.

Wenn man im Sport an die Weltspitze vordringen will, gibt es eigentlich nur zwei bzw. drei Wege, die einem den zeitlichen Rahmen für das Training ermöglichen. Entweder man studiert, bekommt aber kein Geld dafür, oder man geht zum Bundesgrenzschutz. Auch die Bundeswehr ist eine Option. Wenn man es dort in die Sportfördergruppe schafft, ist man Zeitsoldat und wird auch danach bezahlt. Spitzensportler*innen müssen den Grundwehrdienst wie jeder andere Wehrdienstpflichtige durchlaufen und sind nach dieser Zeit für das Training freigestellt. Der Dienstplan ist sozusagen der Trainingsplan, und spätestens alle zwei Jahre muss man zu einem Bundeswehrlehrgang, damit man im Dienstgrad aufsteigen kann.

Bevor ich in die Sportfördergruppe der Bundeswehr aufgenommen wurde, musste ich also die Grundausbildung absolvieren. Ich wählte mir den besten Monat, den sich ein Soldat für seinen Dienstbeginn aussuchen kann, den November. Wohin ich auch sah, lag Schnee, und Kälte kam nicht nur aus den Stimmen der Ausbilder, sondern auch aus den Heizkörpern der Kaserne. Ich wurde in die Luftwaffe eingezogen, und mein erster Dienstgrad gefiel mir sofort: »Flieger Buschbaum.«

Ich wollte diese Zeit einfach nur hinter mich bringen, und die Realität erfüllte meine schlimmsten Erwartungen: brüllende Ausbilder, die sinnlose Aufgaben erteilten. Zu Beginn konnte ich mein Lachen nicht zurückhalten, wenn ein kleiner Mann in Uniform durch die Gegend schrie, wo wir ihm doch direkt gegenüberstanden. Als meine gesamte Stube aber für meine Unerschrockenheit bestraft wurde, nahm ich Haltung an und spielte das Spiel mit. Ich wurde ein vorbildlicher Soldat und fand Gefallen daran, Waffen durch den Wald zu tragen, mich wie ein Krieger zu bemalen und mich vorsichtig anzuschleichen, um meine Gegner zu überraschen. Meine Samurai-Vergangenheit war mir für diese Aufgaben nützlich. Das einzige Problem, das ich hatte, war, dass ich kein Einzelkämpfer sein durfte, sondern in der Gruppe funktionieren musste.

Die meisten anderen jungen Frauen und auch manche Männer in meinem Zug waren alles andere als hart im Nehmen. Sie beschwerten sich am laufenden Band, ließen sich vor angeblicher Erschöpfung in den Schnee fallen und manchmal brachen sie dabei auch noch in Tränen aus. Der Rucksack war zu schwer für den geplagten Rücken, und der Erschöpfungssturz brachte ein nicht mehr gehfähiges Knie mit sich. Kameradschaftlich wurde dann der Rucksack durchgereicht und jeder durfte mal an der Krankentrage mithelfen. Auf der einen Seite liebte ich die langen Märsche durch Wald und Wiesen, konnte ich doch meinen Gedanken nachhängen und meiner jugendlichen Leidenschaft für Waffen frönen – obwohl ich mit der Zeit merkte, dass sie keinen großen Reiz mehr auf mich ausübten. Ich lernte den Umgang mit dem Maschinengewehr, wusste sein Gewicht auf den vielen Märschen zu schätzen und bewies Treffsicherheit. Meine vielen gekauten Karotten zahlten sich aus. Besonders herausfordernd fand ich auch das Zerlegen und Zusammensetzen der Waffen. Ich hatte flinke Finger und war technisch geschult. Auf der anderen Seite langweilte mich der Bundeswehralltag in der Kaserne, wo kahler Beton und kalter Stahl mich umgaben, er ließ mir aber genügend Raum, um am Ende des Tages fleißig zu trainieren und ein Buch nach dem andern zu lesen.

Es waren harte Monate in der Kaserne und schöne Augenblicke in der Natur, die mich prägten, mich aber in meinem Wesen nicht berührten oder gar brachen, im Gegensatz zu manch anderen, die dem Drill und den körperlichen Strapazen nicht standhalten konnten. Die Bundeswehr war eine Erfahrung, die ich im Nachhinein nicht missen möchte. Es war eine Art Überlebenskampf-Training, und Essen und

Schlafen in freier Natur waren besser, als ich zu Beginn vermutet hatte. Diese Zeit rüttelte mich wieder wach, ich hatte Spaß daran, mich jeder Herausforderung zu stellen, war ich doch gewohnt, mein Leben als Drahtseilakt zu bestreiten. Am anderen Ende des stramm gespannten Seils wartete täglich mein männliches Selbstbild, das ich immer wieder über einen tiefen Abgrund erreichen musste.

Während dieser Zeit befreundete ich mich mit einer Kameradin, die bei der Ausbildung ebenso robust und ehrgeizig war wie ich. Ihre kurzen Haare hatte sie streng nach hinten gekämmt und in ihren wachen Augen blitzte immer etwas Schelmenhaftes. Vom ersten Augenblick an hatte ich das Gefühl, dass sie Frauen liebte, umso überraschter war ich, als sie mir ihr Hochzeitsbild mit ihrem Angetrauten darauf zeigte. Nach ein paar Tagen ließ ich mir das Foto wieder zeigen, es hatte mich irgendwie irritiert. Bei genauerem Hinsehen konnte ich sehen, dass ihr wunderschönes Kleid, die perfekt gestylten Haare und die gekonnt aufgetragene Schminke nicht über die Traurigkeit in ihren Augen hinwegtäuschen konnten. Weil sie den Erwartungen aller anderen gerecht werden wollte, hatte sie sich wahrscheinlich selbst verirrt. Wir waren uns vertraut in unserem Ehrgeiz und in unserer Zielstrebigkeit, die Besten zu sein. Wir waren uns auch unausgesprochen vertraut, weil wir beide Frauen liebten. Doch liebte ich diese Frauen als Mann, und sie liebte das weibliche Geschlecht als Frau.

Ich habe mir nie die Frage gestellt, ob ich lesbisch bin. Ich war und bin eindeutig heterosexuell. Einmal habe ich einen Fanbrief von einer Frau erhalten, die dachte, ich sei lesbisch. Ich konnte damit nichts anfangen und habe nicht geantwortet. Bis auf sehr wenige Ausnahmen habe ich mich nie in der lesbischen/homosexuellen Szene aufgehalten. Als ich mit meiner damaligen Hetero-Freundin zum Spaß einmal in eine Szene-Bar gehen wollte, hat uns der Türsteher mit den Worten »Kein Zutritt für normale Paare« zurückgehalten. Als wir nach kurzer Erklärung die Räumlichkeiten betraten, wurde ich im Laufe des Abends nur von schwulen Männern angesprochen. Natürlich hatte ich mich gefreut, dass ich für einen Mann gehalten wurde. Doch empfand ich darüber auch Bitterkeit. Kein Mann freut sich darüber, dass die Menschen ihn als Mann sehen, nur weil er einer ist. Wenn ich homosexuell wäre, hätte ich auch kein Problem damit, vielleicht wäre es sogar einfacher für mich gewesen. Ich hätte als Frau Frauen geliebt und fertig. All die schweren Schritte zu meiner Identitätsfindung, die schmerzhaften Operationen, die endlosen Behördengänge und vor allem das immer wieder Erklären meines wahren Seins hätte ich nicht über mich ergehen lassen müssen. Jahre später übrigens traf ich meine ehemalige Kameradin wieder. Ich hatte recht gehabt. Es schlugen zwei Herzen in ihr. Sie ließ sich von ihrem Mann scheiden und genoss nun die Freiheit der Bisexualität.

1999 holte ich den Jugend-, Junioren- und den Deutschen Titel bei den Erwachsenen. Ich sprang Junioren-Weltrekord und wurde zur Junioren-Europameisterschaft mitgenommen, um mir dort die goldene Medaille abzuholen, die mir zwei Jahre zuvor verwehrt geblieben war. In diesem Jahr hatte ich alles erreicht, was ich erreichen konnte, und war glücklich über mein sportliches Vorankommen. Mein Privatleben existierte nur an den Wochenenden außerhalb der

Wettkämpfe. Ich steckte alle Energie und Kraft in den Sport und wurde dafür belohnt.

Als ich mit knapp dreizehn Jahren mit der Leichtathletik und dem Mehrkampf begann, sagte mein damaliger Trainer zu mir, dass ich genau im richtigen Alter für die Olympischen Spiele im Jahr 2000 sei. Jetzt war es soweit, und ich wollte seinen Glauben an mich nicht enttäuschen. Doch zuerst musste ich mich für Sydney qualifizieren und bei der Deutschen Meisterschaft die Norm von 4,40 Metern ein zweites Mal springen. Einmal hatte ich bereits die entscheidende Höhe übersprungen, Braunschweig war nun die letzte Chance, mir das Ticket für Australien zu sichern. Ich lag schon lange Zeit vor dem Aufwärmen auf dem Vorkissen der Stabhochsprungmatte und ließ völlige Ruhe in mir einkehren. Meine direkte Konkurrentin, Nicole Humbert, die ich sehr respektierte, nicht nur weil sie älter als ich war, sondern vor allem ihres fairen und vorbildlichen Wesens wegen, kam auf mich zu und fragte, ob ich denn nicht nervös sei. Sie konnte sehr entspannt sein, hatte sie die Qualifikationsnorm doch bereits zweimal gesprungen und musste bei diesem Wettkampf lediglich unter die ersten drei Plätze kommen. Aus meiner Sicht gab es aber auch keinen Grund, der mich hätte beunruhigen können. Ich trug die Gewissheit zu gewinnen fest in mir. Bereits beim Einspringen zeigte ich hohe Konzentration und gute Sprünge. Der Wettkampf begann, und ich bewältigte mühelos die Höhen, bis nur noch Nicole und ich in der Entscheidung um die Tickets waren. Sie übersprang als erste die geforderte Normhöhe. Ich legte noch fünf Zentimeter drauf. Bei der Siegerehrung weinte sie, da sie es noch nie in der Sommersaison geschafft hatte, Deutsche Meisterin zu werden. Ich sah ihre Tränen und machte ihr folgenden

Vorschlag: »Wenn du nicht aufhörst zu weinen, dann tauschen wir die Medaillen. Ich trage auch privat nur Silber.« Da lachte sie wieder, und wir flogen zusammen nach Australien.

Für Sportler*innen sind die Olympischen Spiele der Höhepunkt ihrer Karriere, und auch ich stand stolzen Herzens am anderen Ende der Welt und sah das olympische Feuer brennen. Es brannte auch in mir. Für keine Frau oder Familie, für keinen Trainer oder Freund der Welt wollte ich springen. Ich wollte für das Feuer fliegen und es ewig in mir tragen.

Die Qualifikation für das Finale war der aufregendste Tag in meinem bisherigen sportlichen Leben. Ich setzte alles daran, ihn erfolgreich zu meistern, denn ich wollte dem Feuer erneut so nahe sein. Schon früh stand ich mit einer gewissen Nervosität auf, aß wie ein Weltmeister, denn es kann einem nichts Schlimmeres passieren, als beim Sport energielos zu sein und aufgrund dieser Tatsache in der Qualifikation rauszufliegen und wehmütig das Finale von der Zuschauertribüne aus ansehen zu müssen. So wollte ich nicht enden. Den ganzen Morgen verbrachte ich im Athletendorf, besprach die Taktik mit meinem damaligen Trainer Ivan und konzentrierte mich mit viel Musik auf den Wettkampf. Dann fuhren wir mit dem Shuttle-Bus zum Aufwärmplatz. Überall wuselten hektische und sich selbst pushende Athleten herum. Ich brauchte noch einen Augenblick, um in mich zu gehen, und suchte mir einen Platz, in der Mitte des Aufwärmstadions auf dem Rasen, der wenig besiedelt war. Ich schloss die Augen, atmete tief ein, und in diesem einzigartigen Moment ist mir klar geworden, wo ich war. Mir wurde die Bedeutung einer Teilnahme an Olympischen Spielen bewusst, und mein Auftrag, ins Finale zu springen, war wie ein Pakt, den ich mit mir schloss. Nachdem sich meine Gänsehaut auf meinem ganzen

Körper ausgebreitet hatte, stand ich auf, und dieses Gefühl wandelte sich in ein inneres Strahlen, das meinen Körper mit Energie füllte und ihn in das Finale springen ließ. Auch meine Mitstreiterin qualifizierte sich.

Am Tag der Stabhochsprung-Entscheidung waren 110000 Menschen im Stadion. Nicole kämpfte im Finale wie eine Löwin, nicht zuletzt, weil eine kleine Ablenkung aus der Zuschauertribüne ihr die nötige Energie gab. Sie war die einzige Athletin, die schon während des Finales eine symbolische Medaille überreicht bekam. Der vorschnelle »Gratulant« war ihr Mann, der ebenfalls nach Sydney gereist war, um sie bei ihren Flügen zu unterstützen. Als sie an ihrem Anlauf stand, brüllte er ihren Namen gefolgt von »I love you« und feuerte sie dabei mit zwei riesigen aufgeblasenen Händen an. Sie belegte den fünften Platz und ging mit ihrem goldenen Mann nach Hause.

Verliebtheit ist stärker als jedes Doping dieser Welt, das haben auch in Sydney einige Sportler*innen bewiesen. Das Gefühl und die daraus resultierende hormonelle Mischung im Körper halten nur leider nicht so lange an. Dass sich gewisse Menschen dopen müssen, um schneller im Kreis zu laufen oder weiter springen zu können, ist im Leistungssport leider traurige Realität. Den meisten Athlet*innen kann man das Doping auch ansehen. Vor allem nach meiner eigenen Hormonbehandlung kann ich die Indizien immer besser erkennen: unreine Haut, männliche Gesichtszüge mit den vorgeschobenen Kiefern, der definierte Stiernacken und das geringe Unterhautfettgewebe.

Wie Nicole sprang auch ich an diesem Tag nicht aufs Treppchen und war maßlos enttäuscht. Doch am gleichen

Tag meiner schweren Niederlage in Sydney erwartete mich aber auch mein größtes sportliches Erlebnis: der Sieg der Aborigine Cathy Freeman. Über vierhundert Meter lief sie den Lauf ihres Lebens. Ich stand im Sektor des Olympiastadions neben der Stabhochsprunganlage, knapp einen halben Meter von der Rundbahn entfernt. Mit mir im Hexenkessel der Arena saß die aufgewühlte Zuschauer-Masse, und Hunderttausende von Händen klatschten den Rhythmus von Cathys Schritten und trugen sie diesem einzigartigen Olympiasieg entgegen. Auch heute bekomme ich noch Gänsehaut, wenn ich daran denke.

Leider konnte Cathys Lauf mich nur kurzzeitig von meiner Enttäuschung über meine eigene sportliche Leistung hinwegtrösten. Aus Frust und innerer Zerrissenheit reiste ich unverzüglich aus Sydney ab. Ich wollte keine Abschlussfeier erleben, wenn ich nichts zu feiern hatte. Es wäre eine Belohnung für mich gewesen, die ich aus meiner Sicht nicht verdient hatte. Wieder zu Hause angekommen, stieg ich nach einem Vierundzwanzig-Stunden-Flug in mein Auto, fuhr auf den Sportplatz und absolvierte die härtesten Tempoläufe, die ich je gelaufen war. Ich musste mich wegen meines Versagens bestrafen, mir körperlichen Schmerz zuführen, leiden und augenblicklich wieder anfangen zu trainieren, um besser zu werden und meine Ziele zu verwirklichen.

Die Enttäuschung über mein Abschneiden bei den Olympischen Spielen in Sydney habe ich lange mit mir herumgetragen. Obwohl ich in der nächsten Saison die Deutsche Hallenmeisterschaft gewann, merkte ich langsam, dass ich im Sport bislang nicht das gefunden hatte, was mich glücklich machen konnte. Es begann immer wieder von neuem derselbe Kreislauf. Dabei war es egal, ob ich siegte oder verlor. Nach jedem Höhepunkt folgte ein neuer Höhepunkt. Nach der Schlacht und dem gewonnenen Krieg folgte ein neuer Krieg. So saß ich gedankenverloren am Fenster des Mannschaftsbusses auf dem Weg zur Hallenweltmeisterschaft in Lissabon und sah die Regentropfen an der Glasscheibe hinuntergleiten. Draußen bot sich mir ein trostloses Bild, kurz vor der Auffahrt zu unserem Sternehotel breiteten sich die Slums von Portugals Hauptstadt aus. Dicht an dicht lagen Elend und Luxus hier beisammen. Familien hausten in ihren Blechhütten. Verrostete Töpfe, schmutzige Kleider und Berge von Müll lagen in ihrer Umgebung. Provisorisch hatten sie ihre Küche unter dem freien Himmel errichtet, die bei diesem Wetter in Matsch und Schlamm versank. Eine alte Frau mit einem Kopftuch – tiefe Falten in ihrem Gesicht und Hände, die von jahrelanger harter Arbeit erzählten – scherte sich nicht um den Regen. Sie stand mit krummem Rücken in ihrer Küche und musste die kleinen Mäuler satt bekommen, die im Dreck spielten, wie der streunende Köter, der sich am Duft der Wasserbrühe erfreute. Sie hatten nichts. Kein elektrisches Licht, keine Toilette, nichts Anständiges zu essen und nichts zum Spielen. Sie hatten keine Zukunft. Ich sah diese erschütternde Gegenwart und wurde von Gefühlen überschwemmt. Ich wollte nicht aus dem Bus aussteigen und die Armut riechen. Ich wollte nicht gesehen werden, wie ich in ein warmes, weiches Bett in einem noblen Hotel steige. Ich schämte mich. Eine tiefe Traurigkeit überkam mich an diesem Tag. Gedanken daran, wie gut es mir eigentlich ging, breiteten sich in mir aus. Gedanken daran, dass wir uns oftmals zu wichtig nehmen und das Leid der Welt nicht sehen können, weil unsere Fingernägel abgebrochen sind und nicht genügend Bier im

Kühlschrank ist. Was ist eine verlorene Medaille, eine nicht erreichte Höhe gegenüber so viel Elend? Ich reiste bereits mit einer Grippe an und verließ dieses Land noch kränker. Nach Sport war mir an diesen Tagen nicht zumute. Ich sollte Spitzenleistungen erbringen und über eine blöde Latte springen, dafür womöglich noch Geld bekommen, während die Spitzenleistungen der Menschen da draußen allein darin bestanden, zu überleben. Armut und Ungerechtigkeit vor allem Kindern gegenüber sind Situationen, die ich nicht ertrage. Die Bilder dieses Elends in den Lissabonner Slums prägten sich mir tief ein. Ich musste meine Aufgabe und meine Rolle überdenken und gegebenenfalls neu definieren. Eine Laune der Natur hatte meinem Leben diese Richtung gegeben, und ich musste meine Last tragen. Ich wusste, dass ich eines Tages auch bereit sein würde, die Lasten anderer Menschen zu tragen, allerdings erst dann, wenn ich selbst frei war.

In der anschließenden Freiluftsaison ging es mir nicht besser. Meine Zweifel brannten mich aus. Ich freute mich zwar über die Qualifikation für die Weltmeisterschaft in Kanada, genoss auch das Trainingslager in Calgary und die herrliche Natur, aber in Edmonton lief ich meiner Form hinterher, weil mir der Durchblick im Leben, in der Liebe und auf dem Platz fehlte. Ich hatte das Gefühl, nicht wirklich zu leben und mich zu sehr auf den Sport versteift zu haben. So suchte ich mir mein eigenes Abenteuer, fernab des Sports.

Auf der Postkarte ist ein alter Mann zu sehen, der vor seinem Zelt sitzt und die vollkommene Ruhe ausstrahlt. »Das Glück liegt nicht in den Dingen, sondern in uns« steht darauf. Ich habe die Karte schon oft in meinen Händen gehalten. Der Mann schaut sich um und sieht eine Mohnblume. Sie wächst aus einem Ge-

strüpp heraus, erfreut sich an den Strahlen der Sonne, gedeiht durch den Regen und wird durch den Wind sanft gestreichelt. Der alte Mann schließt seine Augen, denn er hat die Lektion »Wer Freiheit weitergeben möchte, muss selbst frei sein« schon lange verinnerlicht. Ich öffne meine Augen und suche einen Punkt, an dem sie ruhen können. Sie sehnen sich an einen Ort, zu einem Menschen, der sie magisch anzieht. Meine Augen sind nicht nur für das Sehen geschult, und doch beginnt meist alles mit einem Blick, der fühlt. Augen müssen fühlen. Das Sehen allein macht blind. Die gefühlten Informationen und Emotionen an die Intuition weiterleiten zu können ist wahre Lebenskunst. Ich habe gewagt, in viele Augen einzudringen, die Menschen aus ihrer Schutzmauer hervorzulocken, um aufzuzeigen, dass es leicht ist, glücklich zu leben. Für mich war es ein langer Weg, den zu gehen sich gelohnt hat. Ich hatte in der Enge meiner Vergangenheit wenige Atemzüge, in denen ich mich wirklich frei fühlte. Eines klaren Morgens, fernab der Heimat, sah ich in zwei dunklen Hundeaugen uneingeschränkte Freiheit. Die Freiheit, die der kleine Hund seit Beginn seiner Geburt lebte, kann ich noch heute spüren, wenn ich an meinen Augenblick der vollkommenen Dunkelheit denke.

Es waren noch knapp drei Jahre bis zu den Olympischen Spielen in Athen. Wer einmal bei Olympischen Spielen dabei war, kann sich ihrem Sog und ihrer Faszination nicht mehr entziehen. Ich trug das olympische Feuer von Sydney noch in mir und wollte ihm in seinem Ursprungsland näherkommen. Gemeinsam mit Lioba und ihren Eltern wollte ich das Land auf ungewohnten Pfaden entdecken und den olympischen Geist abseits der großen Stadt erspüren. Wir fuhren durch Italien und schipperten von Bari aus Richtung Griechenland, ließen die Stadt Volos hinter uns, erklommen den Pilion und erreichten in der Mittagssonne das Dorf Horefto, wo uns ein nettes kleines Häuschen mit Blick aufs Meer erwartete, das Liobas Eltern schon über Jahre immer wieder aufsuchten. Ein steiler, mit hohem Gras bewachsener Hang stellte die provisorische Einfahrt dar, die zu einem verwilderten Garten führte, in dem ein kleines, typisch griechisches Fischerboot lag. Trotz seiner von der Sonne getrockneten und langsam abblätternden Farbe erstrahlte es in seiner ganz eigentümlichen Schönheit. Drei Treppenstufen führten in das Innere des Hauses, das sehr spartanisch eingerichtet war. Der Boden war aus vielen kleinen Mosaiksteinchen zusammengesetzt, die Wände waren weiß getüncht, eine Kerze in einer altertümlichen Halterung zierte den Küchentisch. Ein winziger Balkon mit Blick über die Bäume auf das Meer vervollständigte die romantische Schlichtheit dieses Anwesens. Um warmes Wasser zu bekommen, musste man hinter das Haus laufen und ein Feuer anzünden, das dann einen Kessel mit Regenwasser erhitzte. Wir hatten viel Spaß beim Holzsammeln und genossen die außergewöhnliche Oktobersonne. Uns wurde erzählt, dass die Strahlen der Sonne nur in diesem Monat dieses spezielle Licht werfen. Wenn man in dieser Zeit ein Gesicht oder einen Körper fotografiert, umgibt die dargestellte Person ein Licht aus Ocker mit einem warmen Gelbton, der langsam in ein herbstliches Braun übergeht und einen sanften mattgoldenen Schimmer hinterlässt, fast wie eine magische Aura.

Tagsüber bestiegen wir die Hänge und wanderten am Meer entlang, um zu unentdeckten Orten zu gelangen. Ein riesiger Fels ragte direkt vor unserem Haus aus dem Meer heraus. Dort saß ich oft, mit Blick auf das tobende Wasser, und genoss den nassfrischen Wind, der mir ins Gesicht wehte.

Die Abende verbrachten wir bei Kerzenschein in der Küche, spielten Karten und lauschten den Gitarrenklängen von Cat Stevens und Leonard Cohen.

Eines Morgens brachen wir früh zu einer Tagestour mit dem Fischerboot auf. Eine weit entfernte Insel war unser Ziel. Liobas Vater war unter den Einheimischen ein Held, weil er es immer wieder wagte, mit seinem Fischerboot über den Horizont hinauszufahren. Stunde um Stunde verbrachten wir auf dem Meer, Delfine kamen, spielten mit unseren Wellen und erforschten neugierig unser Boot. Sie waren frei und taten, wonach ihnen zumute war, sie begleiteten uns, bis ihnen etwas anderes in den Sinn kam. Als wir die Insel erreicht hatten, genossen wir den griechischen Salat, angemacht mit einem speziellen Öl, das die Einheimischen sich auch auf die Haut schmieren, um ihre ganz eigene Bräune zu erlangen. Nach dem Essen machten wir uns wieder auf den Rückweg. Es dämmerte, und wir hatten noch einen weiten Weg vor uns. In vollkommener Dunkelheit, kurz vor unserem Heimathafen, mit dem leisen Surren des schwachen Motors in den Ohren, schrieb ich in mein Tagebuch:

Stille, nichts als Stille umgeben von Wasser. Abermillionen Fische unter mir. Sie erzählen mir ihre Geschichten in den sanftesten Tönen, die je ein Mensch vernommen hat. Kein einziger auch noch so winziger Punkt ist am Horizont zu sehen. Ich bin umgeben vom Nichts im Nirgendwo. Ich habe das Gefühl, endlich verloren zu sein. Ich bin losgelöst und absolut frei. Meine Seele füllt sich mit einer speziellen Art von Energie. Ich glaube, das Paradies gefunden zu haben, doch hat es diesmal mich gefunden.

Am nächsten Morgen entdeckte ich ein umherstreifendes Rudel Hunde, das die Umgebung unseres Hauses nach Essbarem absuchte. Die Hunde sahen mich, nahmen Geruch auf und kamen neugierig, aber vorsichtig näher. Es gibt nichts Spannenderes und Schöneres, als aus einem spontanen Einfall heraus einen Hund im Sand oder Schnee einfach umzuwerfen und seine Reaktion abzuwarten. Die Tiere verstehen sofort das Spiel, sind begeistert, springen und tänzeln um einen herum und möchten erneut umgeworfen werden. Es ist ein bisschen so, wie wenn sich zwischen Menschen spontan ein zündendes Gespräch entwickelt. Allerdings bin ich noch dabei, meinen Mitmenschen gegenüber meine verbale Umwerftaktik zu verfeinern. Ich möchte sie aus ihrer Reserve herauslocken, möchte Erschütterungen auslösen, damit sie sich aus dem Korsett von Konventionen und Nettigkeiten herauslösen, um ihr wahres Ich zu öffnen. Jeder Mensch trägt etwas Besonderes, etwas Einzigartiges in sich, nur manchen Menschen fehlt der Mut, dieses auch ans Tageslicht zu bringen.

Ich sehe ein zerknirscht blickendes junges Mädchen an der Bushaltestelle und stelle ihr an einem sonnigen Tag freundlich die Frage, ob sie ihren Regenschirm heute aufgespannt lassen möchte? Wenn sie mich dann verwirrt anblickt und antwortet: »Es regnet doch gar nicht«, drehe ich mich um und gehe. Vielleicht habe ich ja in ihr etwas ausgelöst.

Ich spielte weiter ausgelassen mit der griechischen Hunde-Rasselbande und entdeckte bald ihren kostbarsten Schatz. Ein Welpe, ein Rüde, mit treuen, von Liebe strotzenden Augen, nur wenige Wochen alt. Er tat mir leid, aber löste gleichzeitig Bewunderung in mir aus. Er hatte es geschafft, sich in dieser Welt zurechtzufinden und zu überleben. Die

Dorfbewohner konnten meine Verbundenheit und Freude den Hunden gegenüber nicht nachvollziehen. Für sie waren streunende Hunde Ungeziefer, sie verpassten ihnen Tritte und verjagten sie. Auch der Beschluss der griechischen Regierung, die Tiere einzufangen oder sie einfach zu vergiften, damit sie nicht das saubere touristische Bild des Landes störten, regte sie nicht weiter auf. Ich jedoch, als absoluter Hundefan, hatte meine Mission gefunden, zückte meinen Fotoapparat und wollte wenigstens eine Hundeseele retten.

Zurück in Deutschland, zeigte ich meiner Journalisten-Freundin Tine, die ich schon seit Jahren kenne und die für mich die coolste Reporterin ist, die mir je begegnete, das Bild des Welpen. Auch sie ist ein Mensch, der nur mit einem Hund an seiner Seite glücklich sein kann, und war zu jener Zeit auf der Suche nach einem neuen Hundetier. Ich machte ihr den kleinen griechischen Rüden schmackhaft, weil er mit seiner lustig-frechen Art sehr gut zu ihr passen würde, und versprach ihr, diesen Hund für sie zu »entführen«. Für das nächste Wochenende buchte ich einen Flug nach Thessaloniki. Mein ganz persönliches Abenteuer begann.

Auf den Flug nahm ich das Buch »Die Möwe Jonathan« mit. Manche behaupten, dass solche Art von Büchern nur etwas für Kinder sei. Wenn das der Fall ist, habe ich mich zu diesem Zeitpunkt entschieden, immer Kind zu bleiben. Es war die Leichtigkeit, die mich beim Lesen beflügelte und mein Gefühl bestärkte, dass das Leben schön sein kann.

Die Lektüre passte aber auch sehr gut zu dem turbulenten Flug. Während Jonathan Sturzflüge übte, um Geschwindigkeitsrekorde zu brechen, Loopings und ähnliche flugakrobatische Kunststücke versuchte, saß ich in einer sehr flatterigen Maschine, die wie ein Ball in einem Flipper von Wolke zu Wolke geschubst wurde.

Nach etwa einer Stunde unruhiger Flugzeit meldete sich eine etwas hektisch wirkende Stewardess über den Lautsprecher. »Ich bitte um Ihre Aufmerksamkeit. Falls sich Ärzt*innen an Bord befinden, möchte ich Sie bitten, dem Flugpersonal ein Zeichen zu geben.« Das halbe Flugzeug stand auf, um nachzusehen, was passiert war, so dass die anwesenden Ärzte, immerhin drei an der Zahl, in dem engen Gang steckenblieben. Das Chaos war perfekt. Es wurde auf Griechisch geschimpft, als kämpften tausend junge Spatzen um einen Wurm. Zu meinem Glück verstand ich nichts, und bewusst hielt ich mich auch vor Menschenansammlungen fern. Wo viele Augen beobachten, sind meine zwei nicht zu finden.

Im ersten Moment nach der Durchsage dachte ich an den Piloten, ob ihm womöglich nicht ganz wohl sei und er vielleicht deshalb so einen Stiefel zusammenflog. Als ich meine Blende öffnete, um hinauszusehen, sah ich schwarze Gewitterwolken, die sich in unserer Flugrichtung mehr und mehr verdunkelten und sehr unfreundlich wirkten. Ich zügelte meine Gedanken und verkroch mich leise in meinem Sitz, um Aiolos, den Gott des Windes, nicht weiter zu provozieren.

Einige Reihen vor mir hatte ein übergewichtiger Grieche Atemnot bekommen und war in Panik geraten. Die drei Ärzte, die es mittlerweile nach vorne geschafft hatten, beschlossen, das Kommando wegen besserer Verständigung in die Hände des griechischen Arztes zu legen. Dieser wirkte auf mich wie ein Metzger im Anzug eines wuchtigen Tenors. »Pavarotti« stand also von meinem Platz aus gut sichtbar im Gang und beugte sich mit seinem doppelten Doppelkinn und einer äußerst geschmacklosen Krawatte, die den kaum vorhandenen Hals zusätzlich schrumpfen ließ, über den desolaten Fluggast. Erstaunlicherweise zeigten seine Bewegungen, trotz seines nicht allzu filigranen Äußeren, eine gewisse Harmonie. Nach einer kurzen vorsichtigen Untersuchung des Mannes versuchte er seinen Patienten mit einer Atemmeditation zu beruhigen. Er stand vor ihm, hob seine Hände und ließ sie tief ausatmend wieder fallen. Dies wiederholte er ein paarmal, bis ich zwei Arme aus dem Sitz des hilfsbedürftigen Mannes emporkommen sah. Er schien sich wieder im Griff zu haben. Das ältere chinesische Pärchen, das neben mir saß und von der ganzen Aufregung zuvor nicht viel mitbekommen hatte, tat es ihnen gleich. Die beiden hoben plötzlich ihre Arme und ließen sie mit einem typischen chinesischen kleinen Seufzer wieder fallen. Sie dachten wohl, dass gehöre zum Flugprogramm. Vielleicht wollten sie aber auch die beiden Akteure nicht alleine lassen. Die anderen Fluggäste amüsierten sich köstlich, und dem schwer atmenden Griechen ging es schnell wieder besser, vor allem als er erfuhr, dass das Essen in Kürze serviert würde.

Sicher gelandet und vorbei an der Masse, die auf ihr Gepäck wartete, dachte ich mir, so sollte ich in Zukunft öfter reisen, denn ich trug mein Handgepäck bei mir und musste nicht warten und zusehen, wie ungeduldige Menschen ihren Gepäckwagen direkt vor das Band stellen, damit ja kein anderer Mensch mehr Platz hat, um an seinen Koffer zu gelangen. Bewaffnet mit nur einer Zahnbürste, zwei Müsliriegeln und einer Hundedecke machte ich mich auf zu der ersten Autovermietung, die ich entdecken konnte: »Das beste und billigste Auto, das sie haben, für genau vierundzwanzig Stunden.« Ich bekam einen Kleinwagen einer amerikanischen Automarke, der kleiner war als das Gäste-WC meiner Wohnung. Guter Laune, aber ohne Ortskenntnis fuhr ich eine halbe Ewigkeit quer durch Thessaloniki, von einer Tankstelle zur anderen, auf der vergeblichen Suche nach einer Straßenkarte. Mein jugendlicher Tatendrang beflügelte mich, und nach endloser Zeit fand ich den Weg aus dem unübersichtlichen Straßenwirrwarr dieser lauten und staubigen Großstadt und fuhr direkt in den nächsten Autobahnstau hinein. Aus lauter Langeweile zappte ich die Radiosender rauf und runter, Howard Carpendales Schlager »Ti amo« lief in einer griechischen Technoversion, und ich juckelte mit meinem PS-Hengst, den ich liebevoll »Reisschüssel« taufte, in Richtung Larissa. Ich hatte dreihundert Kilometer vor mir und war 2300 von zu Hause entfernt. Ich spürte die Freiheit. Niemand erwartete mich, und fast niemand wusste von meiner geplanten Hundeentführung.

Ich fuhr vorbei an riesigen Baumwollfeldern, reißenden Flüssen, farbig schillernden Felsen und majestätischen Bergen. Jeder Blick ein Foto wert. Mir wurde nicht langweilig, auch dann nicht, als ich merkte, dass sich die Autobahn auf eine Spur verengte und vor mir eine Lastwagenkolonne eine lange Schlange hinter sich herzog. Die PS meiner Reisschüssel waren nach meinem Gefühl einstellig und ein Überholmanöver viel zu riskant, außerdem war ich ausgeglichen und mein »Geheimauftrag« machte mir immer mehr Spaß.

Völlig entspannt hielt ich in Volos am erstbesten Supermarkt an und rüstete mich mit zwei Zehn-Kilogramm-Säcken Hundefutter und einem Frühstück für mich aus. Während ich meinen Aprikosennektar trank, dachte ich an die hungrigen Mäuler, die mich in knapp einer Stunde erwarten würden. Zuvor musste ich aber den heimischen Berg

Pilion mit insgesamt achtzig Kilogramm Kampfgewicht erklimmen. Mit meiner süßen Schüssel begann diese Tour zum Abenteuer zu werden.

Nach der zweiten Kurve von rund 498 noch vor mir liegenden Kilometern, bemerkte ich, dass die Monteure, die dieses Auto zusammengebaut hatten, an den Reifen wohl auch gespart und es eher mit Plastikpantoffeln als mit rutschfesten Turnschuhen ausgestattet hatten. Die Reifen gaben weder nach, noch quietschten sie in den Kurven. Sie ratterten und holperten einfach munter über den Asphalt ohne Rücksicht darauf, in welche Richtung ich lenkte.

Nach der 127. Kurve spürte ich weder Nacken noch Oberarme – von wegen trainingsfrei! –, die Servolenkung war wohl auch dem Rotstift zum Opfer gefallen.

Mein Puls stieg immer mehr an. Ich wollte ankommen, hatte das Meer vor Augen und malte mir die kleinen Kulleraugen aus, die ich vor einer Woche hatte zurücklassen müssen. Plötzlich entdeckte ich am Straßenrand einen streunenden Hund. Ich hielt abseits der Straße an einem Gebirgswald an, um nachzusehen, welch bezauberndem Hundetier ich begegnet war, und um dabei noch meine Blase zu erleichtern. Mit gestiegenem Adrenalinspiegel und nicht erleichtert flüchtete ich schnell zurück ins Auto, als ich deutlich zu spüren bekam, dass ich hier mehr als unerwünscht war. Bei meinem Anblick hatte der Hund den Kopf gesenkt, so dass seine Augen mich noch besser fokussieren konnten, er hatte die Zähne gefletscht und verharrte in einer Lauerstellung, die Wölfe annehmen, kurz bevor sie losspurten, um ein Schaf zu reißen. Ich wollte kein Schaf sein, entschied mich, ihm nichts von meinem Hundefutter abzugeben, und setzte meinen Weg durch die aufkommende Dunkelheit fort.

Nach weiteren dreißig Minuten kurvenreicher Fahrt sprang mir endlich das langersehnte Schild in meine müden Augen: »Horefto 4«. Meine Gedanken schlugen Saltos. Ich malte mir aus, wie ich ins Tal hinunterfahre, das Meer sehe, und mitten auf der Straße würde er stehen, voller Stolz mit seinem flauschigen schwarz-weißen Fell und dem gleichen treuen Blick, mit dem er mich verabschiedet hatte.

Dann kam die letzte Rechtskurve, und ich sah die Wellen, die sich wild am Strand brachen. Die Straße aber war leer. Ich fuhr ganz Horefto unzählige Male ab, vom Hafen bis zu unserem Ferienhaus und wieder zurück, und entdeckte lediglich den damaligen Anführer des Hunderudels. Er war ein treuer Gefährte, der mir aber auch nach einer Futter-Bestechung nicht verraten wollte, wo die übrigen Hunde verblieben waren. Verzweiflung breitete sich kurz in mir aus. War alles umsonst gewesen? Um nicht weiter Trübsal zu blasen, verteilte ich den ersten Zehn-Kilo-Futtersack am Strand. Das Hundefutter sollte als Köder dienen.

Mittlerweile hatte sich der Himmel zugezogen, eine tiefschwarze und eiskalte Nacht brach herein. Enttäuscht setzte ich mich noch ein paar Minuten auf den feuchten Sand, sah aufs Meer und genoss auch gleich wieder diese verrückt schöne Idee. Der treue Gefährte ruhte neben mir, mit dickem Bauch und zufriedener Seele schnaufte er sich in sein Traumland.

Ich dagegen machte mich zu einem Dorfbewohner auf, den ich während unseres Urlaubs kennengelernt und zuvor von meiner Ankunft und meiner Absicht telefonisch benachrichtigt hatte. Sterios verstand diesen Aufwand wegen eines Hundes zwar ganz und gar nicht, machte mir aber Hoffnung. Die kleine Hundedame sei wahrscheinlich in einem Versteck, schlafe tief und fest, vor allem Unrecht dieser Welt geschützt. Ich glaubte ihm gerne, wunderte mich nur darüber, weil ich ja nach einem Rüden suchte, beruhigte mich aber damit, dass der Grieche wohl das Geschlecht des Hundes verwechselt hatte, da es ihm wahrscheinlich völlig unwichtig erschien.

Kurz vor Mitternacht machte ich mir mein Bett, das aus zwei Decken, einem Handtuch und meinem Rollkragenpullover bestand und mich nicht vor der Kälte schützte, die sich in meinem ganzen Körper ausbreitete. Das alles erinnerte mich an die Outdoor-Aktionen bei der Bundeswehr, hier jedoch war ich Einzelkämpfer, und das lag mir mehr. Sehr lange starrte ich zum Fenster hinaus und lag unruhig und frierend wach. Ich konnte nicht einschlafen, denn zu viel ging mir durch den Kopf. Ich ließ erst den Tag und dann mein ganzes bisheriges Leben Revue passieren. Irgendwann aber vergaß ich alle Gedanken, Sorgen, Ängste und Vorhaben. Ich lag einfach nur da, hörte auf, vor Kälte zu zittern, und vernahm dieses Klopfen in meinem Inneren. Ich hörte mein Herz schlagen. In diesem Augenblick spürte ich, dass die Reise den Aufwand wert war, wie auch immer der morgige Tag ausgehen würde.

Am nächsten Morgen klingelte der Wecker um sechs. Ich begann mit der Suche nach dem kleinen Wurm. Als ich wie tags zuvor ins Dorf hinunterfuhr, um die letzte Kurve bog, den kleinen Racker aber nicht sah, ahnte ich, dass ich ihn verloren hatte. Doch wollte ich die Hoffnung nicht aufgeben und durchsuchte erneut das ganze Dorf. Ich kroch durch Hinterhöfe und weckte Hühner und deren Besitzer, die mich mit müden, fragenden und misstrauischen Blicken beobachteten. Doch jegliche Mühe war vergebens. Das verstreute Hundefutter am Strand hatte mein Gefährte vom Vortag ohne Rücksicht auf mein Vorhaben mit drei anderen alten Kameraden verdrückt.

Ich fuhr ein weiteres Mal meine Strecke durch Horefto, öffnete das Fenster und pfiff wie wild. Während einer kurzen Verschnaufpause am Strand legte ich mich in den Sand und stellte mich tot, in der irren Hoffnung, dass das kleine Hundetier auf mich aufmerksam werden und zu Hilfe eilen würde. Ich war kurz davor, den Mond anzujaulen, um zufällig irgendeinen Ton zu treffen, bei dem alle Hunde des Dorfes plötzlich wie eine Armee vor mir stehen würden. Die Sonne ging kurz nach sieben Uhr auf, und ich ließ mich für einige Minuten ablenken und genoss ihre wärmenden Strahlen, die aber nicht lange anhalten sollten, denn der aufkommende Wind brachte tiefe schwarze Regenwolken mit sich.

Griechisch pünktlich zum vereinbarten Zeitpunkt stand ich vor dem Haus meines Helfers. Sterios, der gerade erst aufgestanden war, trank noch verkatert und einsilbig seinen Kaffee aus und setzte sich dann in mein Auto, das unter seinem Gewicht seitlich deutlich nachgab. Wir fuhren einen Hund suchen. Am ersten Haus angekommen, klingelte er und fragte den Besitzer, ob nicht in dem Hinterhof der Familie Welpen zur Welt gekommen seien, die er wohl schon öfter nachts gehört hatte. Ich dachte mit schlechtem Gewissen, dass ich Sterios mit meinem verrückten Plan schon in seinen Träumen verfolgte. Denn inzwischen hatte sich die ganze Familie versammelt und schüttelte entschieden mit den Köpfen, nicht ohne uns dabei ungläubig zu mustern. Wir fuhren weiter zu einem Campingplatz, der angeblich von einem jungen Hund bewacht wurde. Dieser nahm anscheinend seinen Job nicht sehr ernst, denn weit und breit war von ihm nichts zu sehen oder zu hören. Nun blieb nur noch der Hafen. Wir trafen einen Angler mit seinem Hund. Der alte Mann war gerade damit beschäftigt, sein Boot aus dem Wasser zu ziehen, denn das Unwetter näherte sich jetzt mit berauschender Geschwindigkeit. Sterios fragte ihn spontan, ob er etwas dagegen hätte, wenn ich seinen Hund mit nach Deutschland nähme. Ich wunderte mich über die unabgesprochene Frage von Sterios und ebenso über die Reaktion des Fischers. Dieser gab dem Kleinen einen Klaps auf den Po, wünschte ihm ein schönes Leben in Deutschland und streichelte ihm liebevoll ein letztes Mal über den Kopf. Sterios zeigte auf den Hund und war stolz auf sich. Ich wollte diesen Hund aber nicht. Er hatte ein Zuhause und ein Herrchen. Er war schon älter und die Freiheit hier gewohnt. Ihn in ein geordnetes Leben mit Leinenzwang und Kottüte zu zwingen, wäre für uns beide eine Qual gewesen.

Ich fuhr Sterios nach Hause, bedankte mich höflich für seine Hilfe und ließ ihn aus dem Auto aussteigen, das vor Erleichterung einen halben Meter in die Luft sprang. Falls er den kleinen Hund jemals wiedersehen sollte, solle er es mir nicht sagen, bat ich ihn noch und machte mich auf den Rückweg.

Noch einen Versuch hatte ich. Ich wollte zu der einsamen Bucht fahren, die während meines ersten Aufenthaltes hier dem Rudel als Austobplatz diente. Dort angekommen, sah ich einen seelenleeren Strand mit peitschenden Wellen und düsteren Wolken.

Viele Wege führen nach Thessaloniki, dachte ich mir resigniert und fuhr einfach die Straße entlang weiter und verfuhr mich. Es ging bergauf, bergab, und die Kurven nahmen kein Ende. Den Blick aufs Meer und die Küste verlor ich nicht, obwohl ich auf dem Hinweg durch tiefe Wälder gefahren war.

Schließlich kannte ich mich gar nicht mehr aus. Ich fragte den ersten Menschen, der mir nach einer Ewigkeit begegnete, »Volos?« und zeigte in die Richtung, in die ich fuhr, er nickte, sagte »nee«, was ja heißt. Ich war erleichtert, aber hatte schon ziemlich viel Zeit verloren und musste rechtzeitig am Flughafen sein. Ohne Straßenkarte und Navigationsgerät fuhr ich weiter. Der Blick auf das Meer war atemberaubend, und ich konnte mich kaum auf den Straßenverlauf konzentrieren, obwohl ich unter Zeitdruck stand und meine Schüssel zur Höchstleistung trieb. Dann kam eine langgezogene, nach rechts verlaufende Serpentine, bei der man zu Beginn einfach nur schnell einlenken muss, um das Auto in die richtige Position zu bringen. Ich war aber zu schnell unterwegs und unterschätzte den Einschlagwinkel des Lenkrades. Ich spürte, dass ich es mit dieser Schlaftabletten-Bremse und den Billigreifen, die nicht griffen, nicht schaffen würde. Aus einem Reflex, denn zum Nachdenken hatte ich keine Zeit, schlug ich das Lenkrad extrem nach rechts ein und zog dabei die Handbremse an. Mit abgewürgtem Motor und Panik im Blut stand ich mit meinem Auto quer auf der Straße – die Hinterräder dicht am steilen Abhang. Ich drehte meinen Kopf zur linken Seite und sah hinunter. Mein Herzschlag übertraf in seiner Lautstärke das vor sich hin spielende Radio. Ich war schockiert, als ich die Gefährlichkeit der Lage erkannte. Schnell musste ich das Auto von der schmalen Straße bewegen, denn jeden Augenblick könnte mir in der nicht einsehbaren Kurve ein Auto, oder noch schlimmer ein LKW, der Wassermelonen geladen hatte, entgegenkommen und mich von der Straße den Abhang hinunterschieben. Ich startete den Motor und richtete mein Auto nach dem Straßenverlauf aus.

Ein Schutzengel hatte mich vor einem viel zu frühen Tod bewahrt. Soll das Flugzeug doch ohne mich nach Hause fliegen, dachte ich dann, als ich mich wieder etwas beruhigt hatte, und setzte meine Reise jetzt entspannter fort. Die Straße schien kein Ende zu nehmen, und ich durchfuhr unzählige winzige Dörfer. Ich hatte ja immer noch die Chance, in einem dieser Nester einen Hund zu finden, der meiner Vorstellung entsprach und gerettet werden wollte, kam mir der Gedanke. Ein bellender Dreikäsehoch hingegen fand mich. Er war so groß wie die Radkappe meiner Reisschüssel und stand fest entschlossen, mit durchdringendem Blick und krächzendem Bellen mitten auf der Straße. Es war ein mutiges Spiel von ihm, kurz bevor die Autos ihn erwischen konnten, auszuweichen. Sein Mut verließ ihn aber augenblicklich, als ich ausstieg, und er sauste in sein Versteck, einen alten grünen fahruntüchtigen Pick-up. Ich verwandelte die Ladefläche in sein persönliches Schlaraffenland, indem ich die zehn Kilo Hundefutter, die ich noch im Auto hatte, ihrer Bestimmung übergab.

Der Pilot meldete »ready for take off«. Ich saß mit einem Lächeln in meinem Sitz und wusste, dass ich mit leeren Händen zurückkam, aber um viele Eindrücke und Emotionen reicher war. Es war verrückt, nach Griechenland zu fliegen, Hunderte von Kilometern zurückzulegen, dem Tod von der Schippe zu springen, nur um einen Welpen zu retten, dessen Augen mich nicht mehr losließen. Es war verrückt. Und unbeschreiblich schön.

Bis heute bin ich der Meinung, dass es sich immer lohnt, den Alltag und seine Verpflichtungen einmal hinter sich zu lassen und sich in ein Abenteuer zu stürzen, selbst wenn man nicht weiß, wie es ausgehen wird. Vor allem dann, wenn man spürt, dass man sich verrannt hat, dass man auf der Stelle tritt, weil man nicht mehr in der Lage ist, vorauszuschauen, und sein Ziel aus den Augen verloren hat. Das Abenteuer muss nichts Spektakuläres sein, es muss einen nur mit- und rausreißen. Man muss endlich wieder gefordert werden, muss improvisieren und loslassen können. Urinstinkte werden dann geweckt, man erwacht aus einer bleiernen Trägheit und verlangt nach mehr Aufgaben, die inspirieren und das Gefühl geben, ein Teil von etwas Besonderem zu sein. Viel Wirbel um nichts, wird mancher über meine misslungene Hundeentführung denken, doch diese und andere Erfahrungen dieser Art füllten meinen Energietank und zahlten sich auch auf sportlicher Schiene aus.

2002 qualifizierte ich mich für die Hallen-Europameisterschaft in Wien und freute mich endlich wieder auf einen sportlichen Wettkampf. In meiner Vorbereitung lief alles nach Plan, und ich war bereit für den nächsten Kampf. Eine Woche vor der Abreise absolvierte ich noch ein hartes Krafttraining. Meine letzte Übung für diesen Tag stand an. Kniebeugen waren mir schon immer ein Gräuel. Es gibt zwei Typen von Sportler*innen: die einen tun sich mit dem Aufbau des Oberkörpers leicht und dafür umso schwerer, wenn es um ihre Beinkraft geht, bei den anderen ist es umgekehrt. Ich gehörte zur ersten Gruppe und stand mit der Hantelstange und den Gewichten auf meinen Schultern vor dem Spiegel. Bei meiner letzten Serie ging ich in die Knie und wollte das Gewicht wieder hochdrücken. Plötzlich fuhr ein stechender Schmerz in meinen Rücken. Ich ließ die Hantelstange sofort fallen und konnte mich weder drehen noch den Oberkörper schmerzfrei bewegen. Ich hatte mir einen Wirbel ausgerenkt. Mein Physiotherapeut versuchte ihn wieder hineinzudrücken, aber erfolglos, da sich die Muskulatur schon zusammengezogen hatte. Nach einer schmerzvollen Nacht eilte ich am nächsten Morgen zu meinem Arzt, der mir ein paar Spritzen und Tabletten verabreichte, um meinen Muskeltonus herabzusetzen, damit der Wirbel wieder einzurenken war. Doch ich konnte in der Woche vor der EM nicht mehr trainieren und absolvierte nur am Vortag unserer Abreise einen kurzen Sprinttest, um zu entscheiden, ob es überhaupt sinnvoll war mitzufahren. Ich fühlte mich so schlapp wie ein Wiener Würstchen, dennoch wollte ich kämpfen.

Das Hallendach von Wien war mein Ziel, und die EM stand auf dem Spiel. Die Motivation und Kraft, hoch hinauszuspringen, gab mir auch hier eine anwesende Frau. Die rasende Reporterin Tine war einfach nur da und lachte. Sie steckte mich mit ihrer Leichtigkeit an, die blieb und mich zur Silbermedaille führte. Doch ich merkte, dass sich meine Einstellung zum Sport langsam änderte, er war nicht mehr alles für mich. Die Sportler*innen kamen mir vor wie ein wuselnder Ameisenhaufen, der aber nur in seinem kleinen Reich funktionierte. Die Sieger fühlten sich wie Könige und verhielten sich auch so. Aber was passiert mit den ihnen, wenn die Scheinwerfer ausgehen und die Sporthallen geschlossen werden?

Auf der Europameisterschaft in München im Sommer 2002 bekam ich den bronzenen Teller dargereicht, aber mir schmeckte dieses Gericht nicht. Ich lag auf Platz vier, war schon aus dem Wettkampf ausgeschieden und hatte mich damit abgefunden, doch das Schicksal meinte es anders mit mir. Meine Landsmännin Annika Becker ließ die nächste Höhe, nachdem sie die vorhergehende – die ich bereits im ersten Versuch übersprungen hatte – im dritten Versuch genommen hatte, aus, um sich zu erholen. Sie war in guter Form und hatte einen hohen Sprung gezeigt, der keinerlei Sorge aufkommen ließ, dass sie die übernächste Höhe nicht auch noch nehmen würde. Doch leider schaffte sie es nicht, und ich wurde aufgrund weniger Fehlversuche auf das Treppchen geschickt. Ich konnte mich darüber aber nicht freuen, da nicht meine Leistung zum Sieg führte, sondern Annika einfach nur Pech hatte. So wollte ich nicht gewinnen.

Annikas Sprünge sahen immer so leicht und locker aus. Sie nahm ihren Schwung mit, und man sah ihr an, dass sie keinen weiteren Ballast außer dem eigenen Körper über diese Latte heben musste. Ihr Flug war fröhlich. Ich hingegen war schon immer ein Kraftspringer. Ich ließ rohe Kraft walten, wo mir Technik und Schwung fehlten, da die Gedanken in meinem Kopf dies nicht zuließen. Ich konnte keine Harmonie präsentieren, weil keine Harmonie in mir war. Diese fehlende Leichtigkeit machte mich innerlich zum Raubtier. Bei solchen Wettkämpfen haderte ich mit allem und jedem. Weder die Stäbe waren meine Freunde, noch brachten mich die Anweisungen des Trainers aus meinen schweren Gedanken. Mein innerer Druck, mich endlich von diesen destruktiven Gedanken zu befreien und einfach auch mit dieser Leichtigkeit zu springen, vergrößerte sich von Saison zu Saison.

Zwischenzeitlich zogen in meiner Beziehung zu Lioba dunkle Wolken auf. Nach Jahren des engen, fast symbiotischen Zusammenseins hatten wir uns auseinandergelebt. »Ich war zu jung, um dich lieben zu können«, schrieb ich ihr mit den Worten des kleinen Prinzen. Wir hatten beide unsere Fehler gemacht. Sie war ein sehr eifersüchtiger Mensch, und ich flirtete gern. Für eine richtig feste Beziehung war ich noch nicht bereit, ich musste erst leben und mich selber finden, bevor ich solch eine enge Bindung eingehen konnte.

Insgesamt verbrachten wir nahezu fünf Jahre meines Lebens miteinander, und Lioba und ihre Familie haben mich all die Jahre geprägt, gebildet und zu einem Teil auch erzogen. Aber ich entdeckte immer mehr, wer ich war, und wie ich zu diesem Zeitpunkt leben wollte. Ich verstand, warum es mit Lioba an meiner Seite nicht funktioniert hatte. Ich war blind geworden. Ich hielt mir das Buch mit dem Titel »Freundin« drei Millimeter vor Augen und wunderte mich, warum ich nicht mehr darin lesen konnte. Wir waren zu eng miteinander verbunden. Ich lernte, dass Nähe und Abstand zu einer Beziehung dazugehören, sonst war kein Freiraum für eine Weiterentwicklung möglich. Ich zog Parallelen zum Sport. Was muss der Mensch tun, um einen Schritt voranzugehen? Er muss den Muskel anspannen und entspannen. Es ist die natürliche Bewegung des Voranschreitens. Will man alles gleich, jetzt und sofort, verkrampft man und bleibt auf der Stelle stehen.

DER IMPULS FRAU

Sex ist nur dann schmutzig, wenn er richtig gemacht wird.
WOODY ALLEN

Ich brauche keinen Penis, um eine Frau zu befriedigen. »Du schläfst nicht mit deinem Penis mit mir, sondern mit deinem verständnisvollen Herzen, deinem Verstand und deiner wilden Leidenschaft«, sagte einmal eine meiner Freundinnen zu mir, als ich sie fragte, ob ihr beim Sex mit mir etwas fehle, und auch von anderen Frauen habe ich erfahren, dass Sein-bester-Freund allein noch keinen guten Liebhaber ausmacht. Mit allen Sinnen zu lieben, ist die wahre Kunst. Wenn ich mit einer Frau zusammen bin, sie berühre, sie rieche, schmecke und höre, ist das für mich auch heute noch die Vollendung der Sinnlichkeit beim Sex. Ich lernte von den Frauen eine sinnliche Sprache – mal sanft, mal hörend, dann wieder durchdringend kommunizierte ich mit ihren Körpern. Die Frauen fühlten sich losgelöst, weil ich ihre Körpersprache verstand und mich nicht von einem Fortpflanzungstrieb überwältigen ließ. Nicht ausschließlich die körperlichen Berührungen führen Frauen zum Orgasmus, sondern auch mal eindringliche, mal streichelnde Worte, versehen mit federleichten Berührungen, können sie zum Höhepunkt bringen.

Probleme mit den fehlenden äußerlichen männlichen Geschlechtsmerkmalen hatten nicht meine Frauen, sondern ich fühlte mich um meinen Penis betrogen. Das machte mir in vielen Situationen und Etappen meines Lebens zu schaffen: als Kind, als ich begriff, dass an meinem Körper mein Penis nicht ausgebildet wurde und ich nicht wie die anderen Jungs im Stehen pinkeln konnte, als Heranwachsender mit weiten Hosen, die im Schritt flach an mir herunterhingen, und als Erwachsener, wenn ich mit einer Frau zusammen war und ich den unbändigen Wunsch verspürte, ihre beiden Hände über ihrem Kopf zu halten, sie anzublicken und in sie einzudringen. Ich konnte einen großen Teil meiner ureigenen sexuellen Expressivität nicht ausleben. Mir fehlte in körperlicher und seelischer Hinsicht sporadisch die 20-kV-Hochspannungsleitung, die Macht und Stärke eines explodierenden Penis, um die gewaltigen archaischen Energien in die Frauen hineinstoßen und fließen zu lassen.

Einen solchen Zustand auszuhalten, war bisweilen ein körperliches Martyrium, das mich zeitweise in tiefste Depression stürzte.

Nachdem ich mich aus der engen Beziehung zu der Wellenfrau gelöst hatte, begann eine wilde Phase. Ich war inzwischen zweiundzwanzig und wollte endlich erwachsen werden. Dies bedeutete für mich, sexuell so erfahren zu werden, wie ich es von den anderen Männern in meinem Alter vermutete. Damals wusste ich noch nicht, dass sexuelle Reife sich nicht allein über die Anzahl der Frauen, mit denen man geschlafen hat, definiert. Ich war mir des wertvollen Schatzes, dass ich Frauen vielseitig sexuell befriedigen konnte, der vielleicht sogar einen Vorsprung gegenüber anderen Männern darstellte, gar nicht bewusst. So stürzte ich mich in die unterschiedlichsten Abenteuer, und mein damaliger

Lebensstil passte dazu. Ich war die meiste Zeit unterwegs, reiste von einem Wettkampf ins nächste Trainingslager zur anstehenden Meisterschaft, aber es gab immer wieder Inseln der Entspannung, die mir ermöglichten, meine Vorsätze in die Tat umzusetzen.

»Regeneration auf Lanzarote« hieß ein Trainingslager, zu dem die gesamte Nationalmannschaft der Leichtathlet*innen nach Spanien fuhr. Auf dem Programm standen Squash, Volleyball, Windsurfen, allgemeine Kondition und Krafttraining, und wir freuten uns auf eine Woche Sonne, Meer und jede Menge Spaß.

Durch Zufall trafen wir dort auf eine andere Nationalmannschaft, die auch mit Höhe zu tun hatte, als Landepunkt aber das Element Wasser anstrebte. Diesem Team gehörte auch eine flüchtige Bekannte von mir an, auf die ich früher einmal ein Auge geworfen hatte. Da wir damals beide in festen Beziehungen lebten, blieb es beim Flirt. Bis zu jenem Tag, an dem wir uns auf der Urlaubsinsel zufällig wiedertrafen.

Wir verabredeten uns gleich für den Abend, redeten bis in die frühen Morgenstunden hinein und kamen uns allmählich näher. Sie wollte. Ich wollte. Nur wussten wir nicht, wo wir unsere entfachte Leidenschaft ausleben konnten, da wir beide eine Mitbewohnerin auf dem Zimmer hatten. So endete die Nacht mit intensiven Küssen vor ihrem Apartment. Am nächsten Morgen bereitete ich meine Zimmergenossin, die eine gute Freundin von mir war und mich schon jahrelang kannte, auf Besuch vor. »Du Macho!«, war ihr Kommentar, und sie stellte mir das breite ausziehbare Sofa für die nächsten Nächte zur Verfügung.

Abends trafen sich alle im Hotel-Club und waren in ausgelassener Partystimmung, heiße Rhythmen und wilde Lichtorgelspiele durchfluteten den Saal. Meine Zufallsbekanntschaft und ich mittendrin, bis wir irgendwann verschwanden und zu zweit in meinem Apartment weiter Party machten. Das ging nahezu jede Nacht bis in die frühen Morgenstunden so, und den Rest des Tages waren wir fertig mit der Welt. Es war mit Abstand die schlimmste Schlafentzugswoche meines bisherigen Lebens. Das Training zog ich natürlich trotzdem durch. »Wer feiern kann, der kann auch trainieren«, war meine Devise, außerdem war meine kleine Affäre auch sehr motivierend, ich zeigte sehr gute sportliche Leistungen, und mein Trainer war zufrieden mit mir.

Kaum war ich zurück in Deutschland, ging diese wilde Phase weiter. Ausgestattet mit einer verführerischen Lässigkeit, strotzte ich nach außen vor Selbstbewusstsein, angereichert mit einem Schuss Humor, und legte es darauf an, möglichst viele Frauen ins Bett zu kriegen. Ich wollte mir beweisen, dass ich Sex und Liebe trennen konnte, so, wie ich es von den meisten sportlichen Männer auch vermutete.

Einige Frauen liefen mir über den Weg, die ich zugegebenermaßen benutzte, mit ihnen schlief und sie dann wieder ziehen ließ. Ich wollte mich nicht binden, aber sie schafften es auch nicht, mich zu fesseln. Sie waren schön, doch fehlte ihnen die innere Reife und Tiefe, mich aus meiner Dunkelheit zu locken. Sie schmückten mein Ego, aber sie füllten meine Seele nicht aus. Denn trotz aller Abenteuerlust hoffte ich auf eine, die mich im Innersten berühren würde. Doch in dieser Zeit fiel es mir nicht schwer, diese Sehnsucht mit der Eroberungslust, die schon einen leicht sportlichen Charakter annahm, zu betäuben. Ich war frei und wollte nun endlich dieser Mann sein, der ich innerlich war.

Der Drang, mir meine Männlichkeit mit vielen flüchtigen Affären und Abenteuern zu beweisen, trug schon fast bizarre Züge. Auf vieles, was ich in dieser Zeit tat, bin ich im Nachhinein nicht stolz, aber diese Sackgasse gehört eben auch zu meinem Leben. Der Höhepunkt war wohl eine Wette mit einem männlichen Sportkollegen, entstanden aus Langeweile, die mir eine Woche Zeit ließ, ihm seine neue Freundin auszuspannen. Er war sich ihrer wohl sehr sicher oder sah in mir keine große Konkurrenz, auf jeden Fall war mein Ehrgeiz entfacht. Es war auch nicht sehr schwer, mich zu motivieren. Seine Freundin war intelligent und spontan, hatte große Augen und lange dunkle Haare. Für meinen Geschmack war sie etwas zu groß, passte aber ansonsten in mein Beuteschema. An Silvester hatten die beiden eine romantische Verabredung, bis dahin hatte ich Zeit, sie zu erobern. Als wisse sie von unserem Plan und spielte mit, bat sie mich am nächsten Tag, sie nach dem Training ein Stück zu ihrem Freund mitzunehmen. Ich schmunzelte und willigte ein. Wir stiegen in mein Auto. Ich legte eine CD auf und fuhr rasant los. Mit meinem sportlichen Fahrstil und viel Soul traf ich wohl genau ihre Stimmung, denn nach den ersten Minuten des Schweigens und der vorsichtigen Tuchfühlung, stellte ich die Musik leiser und eine lebhafte und ausgelassene Konversation begann. Wir lachten viel, sprachen über alle möglichen Leute und landeten irgendwann beim Küssen und der Liebe. »Was muss ein Mann haben, um bei dir zu landen?«, fragte ich frei heraus und blickte sie etwas länger als üblich dabei an. »Er darf kein Langweiler sein und muss mich mit seiner stürmischen, aber doch zurückhaltenden Art überzeugen.« Ich spürte, was sie sich in diesem Moment vorstellte. Es hatte nichts mit ihrem Freund zu tun. Auch sie fixierte mich mit ihren Augen. Ich musste meinen Blick wieder auf die Straße richten, konnte aber aus meinem Augenwinkel erkennen, dass sie ihre Lippen mit der Zunge befeuchtete. Ich konnte ein Schmunzeln nicht mehr verbergen, drehte die Musik wieder lauter und gab Gas. Bei ihrem Freund sind wir diesen Abend nicht mehr angekommen. Wir landeten auf dem Sofa der Freundin, die meine Eskapaden auch schon auf Lanzarote ertragen musste. An Silvester klimperte jemand ganz allein auf einem Klavier herum und versuchte es mit Humor zu nehmen. Meine »Wette« begleitete mich noch ein Stück weiter in meinem Leben und war auch in schwierigen Zeiten für mich da. Doch ich fühlte mich schnell eingeengt. Obwohl wir uns auf eine Art offene Beziehung verständigt hatten, war es für sie sehr schwer, damit zurechtzukommen. Wir trennten uns, und ich spannte weiter den athletischen Männern die sportlichen Frauen aus und hatte kein schlechtes Gewissen dabei. Über viele Jahre hatte ich mitbekommen, wie sie die Frauen betrogen und sich einen Spaß aus ihren Gefühlen machten. Und nun fühlten sie sich durch mich in ihrer Ehre gekränkt. Im Nachhinein will ich mich für die Möchtegern-Heldentaten entschuldigen. Ich war nicht besser als sie.

Manchmal redete ich mit meinen männlichen Teamkollegen auch über Frauen. Diese Gespräche waren auf der einen Seite wichtig für mich, weil ich lernen wollte, wie ein »normaler« Mann denkt. Auf der anderen Seite befriedigten mich diese Konversationen nicht, weil sie an der Oberfläche blieben und für mich keine Geheimnisse und keinen Zauber in sich trugen. Lediglich ältere Männer, die schon über viel Erfahrung verfügten und darüber auch sprechen wollten, konnten mir damals etwas mit auf den Weg geben. Einen besten Kumpel, wie manche Männer ihn haben, hatte ich nie.

Frauen zogen mich an, und ich wollte alles über sie erfahren: Welche Leidenschaften sie verspüren, wonach sich ihr Innerstes verzehrt, was sie in Ekstase bringt. Ich wollte zärtlich ihre Wünsche erfüllen, ich wollte sie hören und wollte fühlen, dass es ihnen an nichts fehlt. Ich war ein Liebesdiener, und ich hatte großen Spaß daran. Die Frauen liebten meinen maskulinen Körper, und ich liebte es, wenn sie jene Stellen berührten, die männlich an mir waren. Mein eigenes Verlangen stellte ich dabei hintenan, denn um sich verlieren zu können, muss man sich geborgen fühlen. Ich aber lebte in der Hülle meiner falsch ausgebildeten Geschlechtsmerkmale und konnte mich darin nicht ausleben. Ich wollte warten, doch wann und wie würde ich für diesen Genuss bereit sein? Wann würde mich die wahre, verständnisvolle Liebe aus meinem Gefängnis erlösen? Konnte es sie überhaupt geben? Ich war Gefangener meiner eigenen Welt. Wenn sich diese Welt auf den eigenen Körper reduziert, trifft es doppelt, denn aus seinem geschlechtlichen Körper kann man nicht einfach entfliehen! Ich musste mir einreden, dass sich mein Verzicht irgendwann auszahlen und dass eine andere Zeit kommen würde, sonst wäre ich verrückt geworden.

Es war absehbar, dass ich irgendwann während dieser wilden Zeit an meinen Gefühlen scheitern würde. Die Affären und erotischen Abenteuer begannen mich zu langweilen, und ich war die Liebesdienste satt. Es war nichts Besonderes mehr, mit einer Frau zu schlafen, wo ich es doch bislang als hohe Kunst angesehen hatte. Es war eine wilde, stürmische

Zeit gewesen, die mir mehr beibrachte als jedes Buch und jeder Ratgeber. Meine Hörner hatte ich mir abgestoßen und war froh über mein reifes Erwachen: Mir wurde bewusst, dass ich Sex nur noch mit Gefühlen verbunden erleben wollte, aber dabei standen mir meine eigenen Körpergefühle im Wege. Ich wollte mit einer Frau so schlafen, wie ich es mir in all meinen Träumen vorstellte. Ich wollte sie liebkosen, ihren Körper erforschen, und ich wollte, dass sie es mir gleich tat, mit einem Körper, der mir gefiel, der vollständig war. Ich verzweifelte fast an dieser Situation, konnte aber nichts ändern. So steckte ich meine Wut darüber weiter in den Sport, den ich auch jahrelang als eine Liebesbeziehung angesehen hatte und der mir auch immer wieder die nötige Bestätigung gab.

Wie 2003 bei der Deutschen Meisterschaft in meiner Geburtsstadt Ulm: Es war ein heißer Tag, und ich trug die Gewissheit eines Sieges an diesem Tag tief in mir. Mit erfüllender Musik fuhr ich ins Stadion ein, wo mich meine Oma, meine Mutter, meine Schwester, mein Onkel und meine Freunde erwarteten. Ich trug die Stäbe wie eine Lanze zum Platz, meine Gedanken waren selten so klar auf ein Ziel ausgerichtet. Ich spürte eine gute Mischung aus Aggression und Freude in mir und sprang zu einem für mich sehr wichtigen Sieg. Mit meiner Leistung mischte ich damals die Weltspitze auf. Diese Tatsache erfüllte mich, und ich konnte meine innere Unzufriedenheit für ein paar Stunden betäuben.

Solche Augenblicke, in denen ich vollkommen zufrieden war, erlebte ich sehr selten. Jeder einzelne dieser Momente ist jeden Verzicht auf Schönes, jedes mühselige und schmerzhafte Training, jede Träne, die geflossen ist, und jede Verletzung, die ich davongetragen habe, wert gewesen. Der Stabhochsprung und das damit verbundene Gefühl zu fliegen haben mir die meisten solcher Momente beschert. Wie in einem Trainingslager, an einem dieser trüben Tage, die es einem schwermachen, sich zu motivieren oder überhaupt erst aufzustehen.

Die Wettermaschine hinter den Bergen, die direkt vor meinen Augen ihre Wolken produzierte, machte meinen Freiluftplänen einen Strich durch die Rechnung. Es begann zu regnen, und meine äußere Hülle musste sich mit dem Gang in die Halle begnügen. Doch als der Regen laut auf das Plastikdach prasselte, baute sich dieses speziell erfüllende, einzigartige Gefühl nach und nach in mir auf. Es war, als würden tausend Faustschläge versuchen, mich zu treffen. Diese Energie sprang über und verwandelte sich in Klarheit und eine genaue Aufgabe, die ich nur noch abspielen musste. Es fand ein Wettkampf zwischen dem Wetter und mir statt. Ich forderte es auf, mir mehr zu bieten. Ich provozierte es, denn dieser trommelnde Lärm konnte noch nicht alles gewesen sein. Sturm setzte ein und fast schon bildete ich mir ein, einen Hauch von Rückenwind zu verspüren, da die Planen, die diese Halle umspannten, sich wild von ihm durchschütteln ließen. Mich hingegen bekam der Wind nicht so weit. Ich ließ mich nicht durchschütteln. Ich sprang in diesen Zustand, den man als Flow bezeichnen kann, der die Welt plötzlich wieder so klein und so schön erscheinen lässt. Wo warst du so lange?, war mein erster Gedanke, nachdem ich wieder über meinen Schatten gesprungen war. Ich schwor mir, diesen Drang, diese Energie, dieses wunderschöne Gefühl festzuhalten, mich lange daran erinnern zu können, es abzurufen, wenn ich es benötigte. Es war dieser Drang, alles zu riskieren, bereit zu sterben zu sein, falls etwas schiefgehen würde. Aber auch diese innere Gewissheit, die in jede Faser meines Körpers ausstrahlte, dass dies nicht passieren würde. Der Stier wurde zum Leben erweckt. Es war, als ob dieses wilde Tier nach jahrelanger Verdammnis und Mangel an Licht nur noch rot sieht und heiß auf mehr ist. Ich wollte das Feuer weiter zum Tanzen bringen, da ich endlich die Kontrolle über das Feuer in mir erlangte. Hätte mich zu diesem Zeitpunkt ein Arzt untersucht, er hätte mich unverzüglich einweisen lassen. Die Augen auf ein Ziel fixiert, weder Puls noch Herzfrequenz im Normalbereich. Eine Bombe tickte in mir, die von Sprung zu Sprung lauter wurde. Diese Droge Sport, das Adrenalin im Körper, mit dem ich jeglichen Schmerz vergesse und einfach nur mehr will. Gefährlich schön.

DAS LEBEN REISST ENTZWEI

Nicht die Größe des Hundes ist im Kampf entscheidend,
sondern die Größe des Kampfes im Hund.
TEXANISCHES SPRICHWORT

Mein Achillessehnen-Leidensweg begann ein paar Wochen nach der Deutschen Meisterschaft in Ulm. Ich flog zu einem internationalen Wettkampf nach Malmö. Gestresst und ausgelaugt vom vielen Reisen der zurückliegenden Zeit, erwachte ich nach einem ungemütlichen Flug und einer schlechten Nacht im Hotel am nächsten Morgen mit Achillessehnenschmerzen in beiden Füßen. Zuerst konnte ich diese Schmerzen nicht definieren, da ich nie Probleme in diesem Bereich hatte. Ich lief mich im Stadion warm in der Hoffnung, dass sie sich verflüchtigen werden. Ich irrte. Von Schritt zu Schritt wurden sie schlimmer. Ich versuchte sie aber trotzdem zu ignorieren, absolvierte mein Programm, und der Erfolg bei diesem Wettkampf schien mir recht zu geben.

Selbst die schlimmsten Schmerzen können mich nicht aufhalten, dachte ich damals ziemlich überheblich und naiv, und quälte mich über ein halbes Jahr mit Achillessehnenschmerzen von Wettkampf zu Wettkampf. Täglich ließ ich mich ärztlich oder physiotherapeutisch behandeln und scheute dafür weder Zeit noch Wege. Wenn ich all die Stunden, die ich in meiner Reha-Einrichtung verbrachte, an Lebenszeit zurückbekommen würde, wäre ich heute um einiges jünger. Mein

Physiotherapeut besaß mein vollstes Vertrauen. Er war ein Mann um die vierzig, einen halben Kopf kleiner als ich, trug einen gequirlten Bart und war ein fröhlicher und aufgeschlossener Mensch, der sich mit den Sportlerseelen und -körpern wie kein Zweiter auskannte. Er und sein Team haben mich über Jahre begleitet. In dem kleinen Behandlungsraum haben wir uns alles erzählt, was uns beschäftigte. Mit ihm führte ich die einzigen Männergespräche, die mich wirklich interessierten. Von Woche zu Woche, von Jahr zu Jahr wurden die Gespräche immer persönlicher. Wir sprachen über Sport, über Frauen und über Sex. In der Regel machte mir der Sport allerdings zu diesem Zeitpunkt die größeren Sorgen.

Während eines Trainingslagers zur Vorbereitung auf die Weltmeisterschaft in Paris 2003 verschlimmerte sich der Zustand meiner Füße immer mehr, und die Schmerzen wurden unerträglich. Dennoch war ich nicht bereit, aufzugeben und die WM sausen zu lassen. Ein Jahr Training umsonst! »Gibt es denn keine andere Lösung?«, fragte ich hilflos den damaligen Nationalmannschaftsarzt.

Daraufhin bekam ich Cortison-Spritzen in die Füße verabreicht. Ich wusste nicht, was auf mich zukam, da Spritzen bislang ein Fremdwort für mich waren. Als sich die Flüssigkeit in meinen Sehnen verteilte, dachte ich, dass ich sterben müsse. Es fühlte sich an, als würden Golfbälle in meine Sehnen hineingeschoben werden. Ein unglaublicher Druck breitete sich in meinen Füßen aus und ein noch größerer in meinem Kopf. Bei der WM lief ich wie Donald Duck mit watschelnden Plattfüßen an, sprang mich zwar quälend ins Finale, stand aber an diesem ereignisreichen Tag neben mir. Die Schmerzen zerfraßen meine Konzentration und meinen

Willen, mit der Lanze anzurennen und den Gegner vom Pferd zu stoßen. Ich hatte den Kampf verloren und wusste noch nicht, dass es die erste von vielen Niederlagen war.

Am Ende meiner Wettkampfsaison brauchte ich Ablenkung und Entspannung und fuhr mit einer Frau ans Meer. Vielleicht hoffte ich, dass aus dieser sehr oberflächlichen Affäre doch noch eine stärkere Bindung entstehen könnte. Allerdings war es keine gute Idee. Nach zwei Strandtagen und reichlich Lektüre wollte ich mich etwas intensiver mit meiner Begleiterin unterhalten und stellte dabei fest, dass außerhalb der Partymeile kein Satz mit ihr zu machen war. Ich stand mit meinen Füßen im Wasser und war erstaunt, dass dieser seichte Beginn des Meeres mehr Tiefe in sich hatte als diese Frau.

In Nachhinein konnte ich nicht glauben, warum ich ihr gegenüber so blind gewesen bin. Liebe ist nicht selbstlos. Wenn man eine Beziehung eingeht, verspricht man sich vom anderen, dass er einem dabei helfen kann, sich weiterzuentwickeln, das ist ein gegenseitiger Prozess. Miss Fröhlich allerdings war wie ein schwarzes Loch, das sämtliche Energie in sich absorbierte und nichts davon zurückgab.

Auch nach dem Urlaub nahmen die Schmerzen kein Ende. Die Qualifikationswettkämpfe für die Olympischen Spiele in Athen standen kurz vor der Tür. Zuerst versuchte ich mit einem sympathischen Achillessehnenspezialisten meine Füße in den Griff zu bekommen. Er spritzte mir nochmals Cortison – leider ohne Wirkung.

Mein Körper war zerschunden von dem jahrelangen harten Training. Ich machte mit dem Spezialisten, der in unmittelbarer Nähe zu meinem Wohnort niedergelassen war, einen Operationstermin aus, um mir das entzündete Gleitgewebe an der Achillessehne entfernen zu lassen. Dies bedeutete aber, dass ich an den Olympischen Spielen nicht teilnehmen konnte, da die Narbe Zeit bräuchte, um zu heilen. Das Handtuch in den Ring zu werfen, bevor ich am Boden liege, passte nicht zu mir. Ich haderte mit meinem Schicksal, bis mein Trainer eine Empfehlung für einen Heilpraktiker in den Alpen bekam. Dieser Mann sollte schon einige Sportler*innen vor einer Operation gerettet haben, und wir hatten nichts mehr zu verlieren.

Ich war sofort Feuer und Flamme und hoffte auf einen großen Zauberer, hoch oben in den Bergen, der mir meine anhaltenden Schmerzen mit Hilfe der Natur nehmen würde. Vollgetankt mit Zuversicht vergingen die fünfhundert Kilometer, die ich einige Tage später Richtung Süden bewältigte, wie im Flug. Die letzten Kilometer Fahrtstrecke waren wie aus dem Bilderbuch. Ich glaubte es kaum, dass solch ein Ort, wo alles so harmonisch und ursprünglich aussieht, existiert. Ich fuhr vorbei an urigen Wirtshäusern, die »Zum alten Schorsch« oder »Zur guten Einkehr« hießen, und an Pensionen wie »Maria-Theresa« und »Traudl«, wo rote Geranien von den Balkonen flossen. Überall konnte man frische Ziegenmilch und Käse kaufen und junge Mädchen in bayerischer Tracht bewundern. Dann, zum Greifen nahe, die mächtigen Berge, bei deren Anblick es mich nicht gewundert hätte, wenn sich plötzlich ein Flugsaurier aus ihren Schluchten erhoben hätte.

Der Parkplatz der Heilpraktiker-Praxis befand sich direkt vor einer Felswand in unmittelbarer Nähe eines Wasserfalls. Die Kennzeichen der Autos waren international, anscheinend war auch vielen anderen Menschen kein Weg zu weit für diese Art von Behandlung. Die Sprechstundenhilfen empfingen mich herzlich mit ihrem charmanten Dialekt, Autogramme von unzähligen Spitzensportlern zierten den Eingangsbereich. Urgesteine in bayerischen Lederhosen saßen neben Männern und Frauen in Business-Kleidung im Wartezimmer. An einer Wand hingen der Eid des Hippokrates und ein laminiertes Papier mit einem Herzen und dem Spruch darauf. »Nimm alle Menschen mit Liebe hin, auch jene, die du vermeintlich ablehnst.« Nach kurzer Wartezeit wurde ich in den Behandlungsraum geführt. In dem hellen großen Raum standen eine weiße Praxisliege und ein rustikaler Schrank, dessen Türen weit geöffnet waren. Ich riskierte einen Blick auf die antiquarischen Bücher über die Kunst des Heilens, die friedlich neben offenbar aktuellsten medizinischen Veröffentlichungen standen.

Die Tür ging auf, und ein Mann betrat mit einer Energie den Raum, wie ich sie noch nie in dieser Intensität von einem einzelnen Menschen gespürt habe. Er machte für sein Alter, ich schätzte ihn auf Anfang sechzig, einen sehr sportlichen Eindruck, seine gesunde Bräune stach durch seine weiße Kleidung besonders hervor. Mit einem kräftigen Handschlag begrüßte er mich, und nach kurzer Beschreibung meines Zustands signalisierte er mir, dass die Fahrt nicht umsonst gewesen war.

Er war sich sicher, mir helfen zu können, wenn das Gewebe in dem Inneren der Achillessehnen durch das Cortison nicht zu degeneriert sei. Zuerst tastete er den Tonus meiner Beinmuskulatur, schaute nach der Flexibilität meines Rückens und ließ dann seine Arzthelferin die Spritzen aufziehen. Er beruhigte mich, dass alles, was er verabreiche, aus der Natur stamme, und er bei solchen Fällen immer etwas Ozon verwende, das wieder Platz in meinen Kanälen schaffen und für eine bessere Durchblutung sorgen solle. Ich lag auf dem Bauch. »Bereit?« »Bereit!«, entgegnete ich. Den Einstich spürte ich nicht, aber das, was danach geschah, war kaum auszuhalten. Er fuhr mit der eingestochenen Spritze sanft in der Einstichgegend herum, verteilte die Flüssigkeit und schoss das Ozon hinterher. Ich hatte dabei den Eindruck, dass mein Gewebe gleich platzen werde, und hielt mich krampfhaft an der Liege fest. Er machte eine kurze Pause, sagte, dass das nicht normal sei und ein Anzeichen dafür, dass meine Waden an Flüssigkeit und Mineralien wohl lange unterversorgt gewesen seien und dass meine zu feste Muskulatur das Durchfließen des Ozons verhindere. Mit einem »Weiter geht es!« setzte er die nächste Spritze an, und ich musste das Prozedere erneut über mich ergehen lassen. Es waren Schmerzen, die mir Tränen in die Augen trieben und Schweißperlen auf meine Stirn zauberten. Ich hatte es fast geschafft. »Nur noch eine letzte Spritze«, entgegnete er. Ich machte die Augen zu, klammerte mich erneut an der Liege fest und dachte tapfer an die schöne Natur draußen. Mein Peiniger klopfte mir aufmunternd auf die Wade: »Versuche nun langsam aufzustehen.« Ich stellte meine Füße ganz bedächtig auf den Boden und versuchte, das Gewicht zu verteilen. Ich konnte es kaum glauben. Meine Fersen fühlten sich wie ausgewechselt an. Was kein Cortison geschafft hatte, war geschehen: Die Schmerzen waren weg. Ich ging ein paar kraftvolle Schritte durch das Behandlungszimmer, tänzelte um die Liege herum und strahlte ihn an. »Wenn die Schmerzen zurückkehren, musst du noch mal kommen und ein paar Tage bleiben«, bremste mein Retter leicht meinen Enthusiasmus. »Wir müssen Platz in deinen Muskeln schaffen.«

Ich war einverstanden und erzählte ihm von meiner Rückreise, meinem geplanten Zwischenstopp bei meiner Oma und der Grießklößchensuppe und dem Putengeschnetzelten mit Spätzle, das dort auf mich wartete. Er lachte und freute sich daran, dass mir meine Oma so wichtig war, und erzählte von seinen Enkeln, in deren Leben er auch eine bedeutende Rolle spielen wolle.

Als ich meiner Oma beim Essen von meinem Trip in die Alpen berichtete, holte sie ein Bild aus der Fotokiste heraus, das mich als Kind in den Bergen neben einer Kuh zeigte. Ich schaute sehr angstvoll drein. Wir mussten augenblicklich lachen. Ich hatte als Kind große Angst vor Kühen. Ihr kleines träges Gehirn im Verhältnis zu ihrer gewaltigen Körpermasse machten mir Sorgen. Wie lange würde es wohl dauern, bis sie wahrnehmen würde, dass jemand im Weg stand, wenn sie auf der Wiese angaloppiert kam, oder wie viel Zeit würde vergehen, bis sich ihr Fuß von dem eines kleinen Kindes erheben würde? Meine Mutter nutzte meine Kuh-Phobie für ihre Erziehung. War abzusehen, dass ich im nächsten Moment etwas anstellen könnte, warnte sie mich mit dem Satz. »Gleich kommt das Muhele!« Augenblicklich vergaß ich jeden Streich, und der Schalk, der mir im Nacken saß, verkroch sich mit mir zusammen unter den Beinen meiner Mutter. Dann nahm sie mich auf den Arm und hielt mir ihr Ohrläppchen hin. Dieser warme kleine fleischige Ort am Körper meine Mutter war meine Wohlfühlzone. Hier war ich sicher und geborgen, wenn ich ihr weiches Ohrläppchen zwischen meinem Daumen und dem Zeigefinger rieb.

Omili hatte einen guten Erzähltag und ging noch weiter in die Vergangenheit zurück. Sie erzählte von ihrer Kindheit während des Krieges in der Tschechoslowakei, wo ihre Eltern mit einigen Landarbeitern einen Hof betrieben: »Meine Eltern wollten, dass wir immer alle an einem Tisch sitzen und zusammen essen. Von den anderen Hofbetreibern wurden die Arbeiter wie Sklaven behandelt, sie schliefen auf Heu und mussten in ihren dunklen Kammern alleine essen. Mein Vater aber sagte: ›Jeder Mensch ist gleich viel wert, egal, ob er nun Arbeiter oder König ist.‹« Besonders der »Tag der Arbeit« blieb meiner Oma in Erinnerung: »Wir wurden dann auf einem großen Platz zusammengetrieben und mussten aus tiefer Kehle: ›Es lebe Stalin, es lebe …‹ grölen. Ach, die Namen der anderen Deppen, die wir noch brüllen sollten, habe ich vergessen. Ich weiß aber noch, dass wir Kinder es toll fanden, endlich mal aus vollem Hals schreien zu dürfen, ohne bestraft zu werden.«

Gedankenversunken schaute sie aus dem Fenster und fuhr fort: »Dann, als ich schon ein bisschen älter war, schon ein junges Mädchen, sind wir vor allem und jedem geflohen. Vor den Russen, den Tschechen, und die alten Kommunisten waren sowieso überall. Wenn wir an einen Straßenposten kamen, mussten wir vier Mädchen uns unter der Plane unseres Wagens verstecken. Unser Bruder erzählte den Soldaten dann irgendwelche Lügengeschichten, damit sie ihn schnell wieder weiterziehen ließen. Wir hatten fürchterliche Angst unter der Plane, dass sie uns entdecken würden. Dumm waren wir damals aber auch. Vor unseren Wagen hatten wir nicht nur ein Pferd, sondern auch eine Kuh gespannt. Wir dachten uns, wenn wir schon nichts zu essen hatten, sollte uns die Kuh wenigstens Milch liefern. Aber das blöde Vieh wollte nicht laufen, und so haben uns dann die Russen erwischt und wollten Schmuck als Zollgebühr von uns. Wenige Kilometer später waren die Tschechen noch unverschämter und wollten die Hälfte von allem, was unser Wagen geladen hatte, und schickten uns wieder nach Hause. Dort schwirrten dann wieder die Russen um uns herum. Sie stiegen uns Mädchen hinterher, doch sie hatten immer so viel Wodka im Blut, dass wir ihnen immer rechtzeitig entwischen konnten ...«

Wir saßen noch lange zusammen. Ich hatte den Eindruck, sie wollte mir noch so viel wie möglich erzählen, damit keine Geschichte verloren geht, wenn sie einmal nicht mehr da ist.

Zurück zu Hause nahm ich mein Training wieder auf und sah mit neuem Mut der Saison entgegen. Die Spritzen hielten eine knappe Woche, dann kamen die Schmerzen wieder. Ich musste einsehen, dass sich mein geschundener Körper nicht durch eine einmalige Aktion wiederherstellen ließ. Ich reiste von da an viele Male in die Berge zu meinem Heilpraktiker und verbrachte Tage, gar Wochen dort.

Was ich dort fand, war nicht nur eine gute therapeutische Betreuung, sondern vor allem Zeit, um mich zu erholen, um innerlich aufzutanken und um zu heilen. Ich las viel und machte mich auf Entdeckungsreise durch die nähere Umgebung. Oft schaltete ich das Navigationsgerät ab, fuhr der Nase nach, hielt an, wenn mir danach war, um meinen Blick über die Alpen schweifen zu lassen und ein paar einzigartige Fotos zu schießen. Durch Zufall entdeckte ich einen Bergsee mit museumsreifen Tretbooten darauf. Sie ruhten auf dem See und warteten auf den Besuch der Senioren-Wanderprofis, die hier zuhauf und bestens ausgestattet unterwegs waren, um auf ihnen den herrlichen Sonnenuntergang zu erleben. Lange saß ich am Ufer, ließ meinen Blick über den See schweifen und sah dem lustigen Treiben der Enten zu. Ich befand mich in einer anderen Welt und fühlte, wie sich meine Augen wieder an die Weite gewöhnten.

Ich fuhr weiter und zog auf serpentinenartigen Straßen einen riesigen Kreis um meinen Ausgangspunkt. An einem fast verrotteten Holzschild, dessen Schriftzug kaum noch zu lesen war, hielt ich an: »Wasserfall zum Tatzelwurm« erweckte meine Neugierde. Ich stieg aus und folgte einem Wanderweg über eine kleine Holzbrücke. Unter mir schlängelte sich ein kristallklarer Bach. Ich stieg hinunter, sprang auf einen Stein, bückte mich zum Wasser hin und trank aus meinen zu einer auffangenden Schale zusammengepressten Händen. Das Wasser floss mir eiskalt meine Kehle herunter und erfrischte meinen Magen und mein Gehirn. In diesem Augenblick war ich einfach nur glücklich. Ich ging den Abhang wieder hoch und folgte dem Bachlauf. Nach ein paar Minuten vernahm ich ein tosendes Geräusch und wusste, dass ich dem Tatzelwurm auf die Schliche gekommen war. Einen Augenblick später präsentierte er sich mir, dass es mir den Atem nahm. Ungefähr fünfundzwanzig Meter stürzten die Wassermassen in die Tiefe. Unten war ein kleiner runder See, der einer großen Badewanne für zwei glich. Heiratsantragverdächtig.

Am nächsten Morgen erwachte ich in meinem kleinen Hotel, das von einer Frau um die sechzig Jahre geleitet wurde. Wohlbeleibt, gut gelaunt und auf eine nette Weise neugierig, begann sie ein Gespräch mit mir: »Mit dem Wetter haben Sie heute leider etwas Pech. Fürs Wandern ist die Temperatur zwar hilfreich, aber der Regen bringt keine Freude.«

»Ich bin nicht zum Wandern da. Ich lasse mich heilen«, erwiderte ich.

»Ach ja?«, eine kurze Denkpause entstand. »Wie meinen Sie das?«

»Kennen Sie den Heilpraktiker um die Ecke? Mich plagen Achillessehnenschmerzen, und ich hoffe auf den Wunderheiler«, erwiderte ich.

Sie schaute auf meine Füße, die in Flipflops steckten, und bemerkte die vielen Pflaster. Danach sah sie mir ins Gesicht und begann zu strahlen. »Mit Wunderheiler liegen Sie richtig.« Sie griff sich an die Schulter und kreiste ein paarmal vorwärts und wieder rückwärts und erzählte, dass sie jahrelang unter Schulterschmerzen gelitten hatte. Sie sei von »Pontius zu Pilatus« gelaufen, habe sogar in München Ärzte besucht, doch erst dieser Heilpraktiker, direkt nebenan, konnte ihr helfen. »Er verabreichte mir zwei Spritzen, und ich war wie durch ein Wunder in Rekordzeit geheilt. Seither bin ich quietschfidel und schmerzfrei. Sie sind in guten Händen.«

»Ich weiß. Ich hoffe nur, dass er es rechtzeitig schafft.«

»Was haben Sie denn vor?«

Ich erzählte ihr vom Stabhochsprung und den bevorstehenden Ausscheidungswettkämpfen für die Olympischen Spiele in Athen.

»Ich bin auch einmal ganz hoch gesprungen«, sagte sie mit einem Augenzwinkern. »Nach meinem allerersten Rendezvous war ich so hin und weg, dass ich vor lauter Aufregung und Glücksgefühl über unseren Kuhzaun gesprungen bin. Schon damals konnte man nicht gerade sagen, dass ich eine sportliche Figur hatte, aber die Liebe beflügelt eben.«

Ich lachte und wusste genau, was sie meinte.

Ich holte mir meine nächsten Spritzen ab und fuhr geschunden, aber dennoch befreit nach Hause. Ich versuchte meine Füße zu schonen, trainierte etwas vorsichtiger, verbrachte wenig Zeit mit Sprints und Technik und wollte den Ausfall im Kraftraum kompensieren. Die Spritzen hielten dieses Mal ein wenig länger, bevor die morgendlichen Schmerzen mich wieder direkt nach dem Aufstehen überfielen. Der Druck in mir vergrößerte sich, da ich nur noch knapp anderthalb Monate Zeit hatte, bis das Resultat der Deutschen Meisterschaft darüber entscheiden würde, wer nach Athen mitfahren durfte.

Ich entschloss mich erneut, die Tour in die Berge auf mich zu nehmen. Nach dem Training konnte ich mich aber nicht gleich zum Losfahren aufraffen und fuhr erst nach Hause. Ich aß ein wenig und wollte meinen Füßen noch eine kleine Verschnaufpause gönnen, bevor ich mich wieder vier Stunden ins Auto setzen würde. Stattdessen setzte ich mich an meinen Computer und schrieb noch ein paar Gedanken nieder. Die Zeit verflog. Als ich auf die Uhr sah, war es drei Uhr morgens. Ich erschrak, schnappte mir meinen Schlüssel und fuhr los. In dieser Nacht kam ich schnell an mein Ziel, parkte auf dem Felsparkplatz, klappte meine Rückbank um, sah zu den Sternen hinauf und döste noch ein wenig, bis die Sonne aufging und ich Punkt halb sieben als erster Patient vor der Tür stand. Nach zwanzig Minuten Behandlung fuhr ich noch vor dem ersten Berufsstau wieder zurück nach Hause. Ich fragte mich oft, warum ich immer wieder auf der Suche nach solchen Extremerfahrungen bin. Ich liebe sie und habe dabei das Gefühl, wirklich zu leben. Auch dieser Ausflug setzte Energie in mir frei, das Training an diesem Tag lief besser als gedacht, obwohl ich nicht viele Flugeinheiten bewältigen konnte, weil die Schmerzen mich immer noch begleiteten.

Eine Woche vor der Deutschen Meisterschaft 2004 in Braunschweig verbrachte ich noch, sozusagen als letzte Ölung, fünf Tage im Land der Berge. Mein Heilpraktiker hatte viel Erfahrung und wandte all seine Kunst kostenfrei an mir an, weil mein Fall seinen Ehrgeiz geweckt hatte und er bisher vielen Sportler*innen hatte helfen können. Ich war ihm sehr dankbar, weil er sich meiner mit Herz und Seele angenommen hatte. Aber meine Achillessehnen waren fertig mit dieser Welt. Sie wollten weder Ozon aus dem Reich der Natur noch Cortison aus der Chemiefabrik. Das Gewebe war entzündet und innerlich durch das Cortison, das ich zum ersten Mal vor der WM in Paris gespritzt bekommen hatte, porös geworden. Mein Heilpraktiker wusste es und wollte nicht aufgeben, und ich wusste es und konnte nicht aufgeben.

Sportlich und privat gesehen waren die Geschehnisse am 11. Juli 2004 eine Lektion, die mein Leben veränderte. Es gab Wettkämpfe, auf die ich hinfieberte und alles darauf verwettet hätte, dass ich das erreichen würde, was ich mir vorgenommen hatte, weil ich wusste, dass ich mental absolut fit war. Auch am Tag der Deutschen Meisterschaft war ich bereit, in die Schlacht zu ziehen. Ich konnte zwar nicht ohne Schmerzen zum Frühstückstisch gehen, doch war ich bereit für den Kampf. Mit Verachtung schnäuzte ich in die weiße Fahne des Aufgebens und legte meine Rüstung und meinen Schutzschild an. Ich wusste, dass ich eine ganz besondere Schlacht zu schlagen hatte, sah in den Spiegel, lächelte und war bereit zu sterben. So fuhr ich der Arena entgegen.

An das Stadion in Braunschweig hatte ich gute Erinnerungen. 2000 löste ich dort mein Ticket zu den Olympischen Spielen in Sydney. Auf einem der Nebenplätze begann ich mit dem Aufwärmen. Meine Füße waren eiskalt und meine Achillessehnen schmerzten bei jedem Schritt höllisch. Ich ignorierte diese Schmerzen, wie ich sie bisher immer ignoriert hatte, konnte aber nur das Nötigste an Aufwärmprogramm absolvieren. Ich hatte die Kopfhörer meines MP-3-Players in den Ohren, tanzte kleine Schritte und joggte leicht hin und her, um mich irgendwie warm zu halten. Ich wartete auf den Aufruf zur Startnummern- und Spikeskontrolle. Als das erledigt war, marschierten wir zu unserem Showplatz. Ich packte meine Stäbe aus, nahm einen von ihnen hoch und machte zwei Sprünge aus kurzem Anlauf. Die in den Himmel gestreckten Lanzen reizten mich, und ich wollte eine Anlaufsimulation in der Kurve machen. Ich erhob meinen Stab, wippte vor und zurück und wollte mich mit einem kräftigen ersten Schritt abdrücken. Plötzlich ließ ein lauter Knall mein Trommelfell vibrieren, und ich spürte einen leichten Stoß. Blödmann!, schoss mir als Erstes durch den Kopf, denn ich dachte, ein Schiedsrichter hätte eine von diesen Startklappen ausprobiert und mich dabei versehentlich geschubst. Nur so konnte ich mir den Knall und mein damit verbundenes fehlendes Gleichgewicht erklären. Doch ich konnte nicht mehr auftreten, um mich abzufangen und fiel zu Boden. Ich sah hinter mich. Da stand niemand. Nur von weiter weg sahen mich einige Zuschauer entsetzt an. Erneut wollte ich aufstehen und bemerkte, dass ich meinen Fuß nicht mehr ansteuern konnte. Ich war so hilflos. Nun realisierte ich, was geschehen war. Ich fügte den Knall, die Gesichter der Zuschauer und meine Schmerzen zusammen. Es war passiert. Ich wusste, dass eingetreten war, was mir einige Leute längst prophezeit hatten: Meine Achillessehne riss mit meinem Leben entzwei. Meine Gefühle hatte ich nun nicht mehr unter

Kontrolle. Ich schwankte zwischen abgrundtiefer Wut und entsetzter Traurigkeit. Gedanken schossen mir in den Kopf. All die Mühe umsonst. Monate, Jahre der Arbeit waren dahin. Meinen Kampf hatte ich verloren. Ich war am Boden zerstört.

Ich verstand augenblicklich, dass dieser Tag und dieses Gefühl für immer in mir bleiben werden. Ich versuchte, aufzustehen und zu gehen, doch da war nichts mehr, auf das ich mich stützen konnte. Ich sank erneut nieder. Mein Trainer eilte herbei. Ich riss mir vor Wut den Schuh vom Fuß. Er flog zusammen mit dem weißen Socken quer über die Bahn. Ich zeigte ihm die tiefe Schlucht und den hilflosen Fuß, der daran baumelte. »Schau her, wie der Fuß nun aussieht!«, warf ich ihm vor Schmerzen gekrümmt entgegen. Ich konnte mein Unglück nicht fassen. Ich weinte und war gleichzeitig rasend vor Zorn. Eine Ärztin kam angelaufen. Sie war meinem Zustand gegenüber völlig unvorbereitet und redete etwas von Beruhigung und Medikamenten. Ich stand vielleicht unter Schock, wollte aber dennoch bei klarem Verstand bleiben. Dort in diesem Stadion, an dieser Stelle der Tartanbahn war ich das allererste Mal aufgrund meiner hilflosen Gefühle außer Kontrolle. Ich schrie die Ärztin an, dass ich ihr Gefasel nicht länger anhören wolle, und schickte sie erzürnt weg. Das Einzige, was ich wollte, war, diesen Ort zu verlassen. Ein Krankenwagen fuhr herein. Dies war also das Ende meiner Schlacht. Ich bekam Beifall, weil ich noch lebte, aber innerlich bin ich an diesem Tag gestorben.

Minuten später, bei der Erstversorgung durch meinen langjährigen Physiotherapeuten wurde mir bewusst, was gerade passiert war. All die Jahre, die ich hart an mir gearbeitet hatte, waren mit einem Knall dahin. Mein Traum, eines Tages die fünf Meter zu springen, war zerplatzt. Ich hatte urplötzlich meine Aufgabe verloren und sah eine lange Zeit der Heilung auf mich zukommen. Ich war erschüttert, aber nicht fassungslos. »Mach ein Foto«, bat ich meinen Physiotherapeuten. »Das ist nicht dein Ernst?«, sagte er entsetzt. Doch er gehorchte, zog die Kamera aus meinem Rucksack und drückte ab. Wo einst die Achillessehne unter etwas Haut versteckt war, zierte nun ein Krater meine Hülle. Es war eine tiefe sichtbare Kluft.

Eine Stunde später saß ich als Beifahrer in meinem Auto. Ein Krankenhaus war für mich nicht in Frage gekommen. Der Krankenwagen hatte mich nur aus dem Inneren des Stadions gefahren und mich in die Katakomben zu den Physiotherapeuten gebracht. Meine Fahrerin war eine schnelle Sprinterin, aber eine langsame Autofahrerin. Normalerweise hätte mich das sehr nervös gemacht, doch in meinem Kopf rasten alle Sätze, die mir je ein Arzt über Achillessehnen gesagt hatte, durcheinander und beanspruchten meine ganze Aufmerksamkeit. »Eine Achillessehne, die weh tut, reißt nicht! Wenn sie reißt, dann tut es nicht weh. Wenn sie gerissen ist, wirst du nie wieder so hoch springen.« »Rezeptoren erholen sich nicht, die Spritzigkeit geht verloren.« »Die Hochleistungssportkarriere kannst du an den Nagel hängen.« Und, und, und.

Nachdem ich einige Zeit diesen Stimmen zugehört hatte, schaltete ich wieder um auf Kampf. Wenn bisher kein Mensch in der Lage gewesen ist, zurückzukehren, dann werde ich es eben schaffen, dachte ich trotzig und hatte auch schon einen Plan. Kaum war ich zu Hause angekommen, kümmerte ich mich um meinen OP-Termin, der auf meinen vierundzwanzigsten Geburtstag fiel.

Nach meinem Erwachen aus einer einstündigen Operation nahm ich Glückwünsche über die »olympiareife Leistung« entgegen. Der Chirurg berichtete, dass die Sehne komplett abgerissen war und noch nicht einmal mehr an einer einzelnen Faser hing. Er musste hoch schneiden und kräftig ziehen, um alles wieder ordnungsgemäß zu verbinden. Ich habe mir die Operationsbilder zuschicken lassen, damit ich sehen konnte, was in meinem Fuß in meinem Inneren passiert war. Es war ein erschütternder Anblick. Die Sehne war regelrecht zerfetzt worden, als sei eine Bombe in mir hochgegangen. Ich wusste, dass die Achillessehne ungefähr fünf bis sechs Zentimeter breit ist. Wie kann solch ein Tau einfach so reißen? Welche inneren Kräfte hatten sich dort entladen?

Nach der Operation verkroch ich mich in meiner Wohnung. Die erste Nacht werde ich nicht vergessen. Ich hatte mein Bein hochlagern lassen und ruhte mit zwei Kissen unter mir. Nach endlosen Stunden des Lesens hatte ich es geschafft, endlich einzuschlafen. Ich schlief fest, bis plötzlich ein stechender Schmerz in der Sehne mich aus meinem Schlaf riss. Er war so schlimm, dass ich befürchtete, die Sehne sei ein weiteres Mal gerissen. Ich nahm Schmerzmittel und hatte Angst einzuschlafen und erneut von diesem Schmerz aufzuwachen. Tagsüber ließ ich mich verwöhnen und pflegen. Soweit das möglich war, denn meine Unselbständigkeit und Hilflosigkeit, die sich im Krückenlaufen manifestierte, ließen mich oft unausstehlich gegenüber meinen sorgenden Mitmenschen werden. Die Nächte jedoch waren dunkel und schlaflos. Ich hatte genug Schmerzen in den letzten Monaten ertragen und wollte sie einfach nur hinter mir lassen.

Dank Spezialschuh konnte ich nach ein paar Tagen wieder aufstehen und vorsichtig laufen und fuhr wie zuvor auch schon von einem Physiotermin zum anderen. Ich beschäftigte mich in dieser Zeit sehr viel mit Büchern und dachte über mein Leben nach. Ich war unglücklich und ahnte zu wissen warum. Ich las: »Die Geschichte der Achillessehne stammt aus der griechischen Mythologie: Die rechte Ferse war die einzige Stelle, an welcher der Sagenheld Achilleus verwundbar war. Der Begriff wird heute vor allem als Metapher verwendet und bezeichnet eine verwundbare Stelle eines Systems oder einer Taktik. Als Sohn eines menschlichen Vaters und einer göttlichen Mutter, der Meeresgöttin Thetis, war Achilleus sterblich. Thetis versuchte ihn unverwundbar zu machen, indem sie ihn in den Styx tauchte, den Fluss, der die Unterwelt von der Oberwelt trennte. Die Stelle an der Ferse, an der sie Achilleus mit der Hand hielt, blieb jedoch vom Wasser des Flusses unbenetzt und wurde so zur einzigen verwundbaren Stelle.«

Diese Geschichte kreiste in mir, und doch fand ich keine Erklärung für meinen seelischen Zustand. Stattdessen nahm ich mir die Zeit, allen Menschen zu danken, die mich begleitet und weitergebracht hatten.

Zwei Monate nach meiner ersten Operation entschied ich mich, auch die andere Achillessehne operieren zu lassen. Sie war zwar noch nicht gerissen, aber das Gleitgewebe war auch hier entzündet und drohte zu reißen. Sie hielt zwar den momentanen Alltagsanforderungen stand, wie dem täglichen Krückengang zum Briefkasten und den Trainingseinheiten im Wasser, aber sobald ich auf einem Bein eine Treppe hochspringen wollte, schmerzte auch sie. Ich kannte dieses

Gefühl und wollte die Schmerzen nicht wieder so sträflich ignorieren.

Genau zwei Monate und einen Tag nach meiner ersten Operation lag ich erneut auf dem Operationstisch. Nach getaner Arbeit und der ersten Wundkontrolle sah ich mich und meine Narben mit einer gewissen Distanz. Meine linke Achillessehne war von einer zwölf Zentimeter langen Narbe gezeichnet und die rechte zierte eine sechs Zentimeter lange.

Die beiden Einschnitte waren alles andere als Schönheitsoperationen, aber ich denke, dass man im Leben um ein paar Narben nicht herumkommt. Es ist wie mit den Falten, sie spiegeln dein Leben wider. Schön ist es, zu erkennen, wer in seinem Leben viel gelacht und erlebt hat.

DIE ERLEUCHTUNG

Es wird immer gleich ein wenig anders,
wenn man es ausspricht.
HERMANN HESSE

Ich stehe am Fenster des Krankenhauses und halte meine Motivationstasse in der Hand, gefüllt mit heißem Tee, den mir ein Krankenpfleger einen Augenblick zuvor in einer Kanne gebracht hatte. Ruhig beobachte ich die langsam erwachende Welt, sehe den morgendlichen Tau, der sich draußen auf die Wiesen legt, und entdecke am Fensterbrett eine Spinne, die fleißig ihr Netz baut, während ich über den Schlaf meiner Oma wache. Die Tasse habe ich von zu Hause mitgebracht. Es ist eine dieser schrecklichen Sternzeichentassen, die auch unsere Familie nicht verschont haben. Obwohl ich sie unglaublich hässlich finde – ihr tristes Äußeres und der rosé schimmernde Innenraum, ihr unförmiger Henkel und ihr darüber hinaus viel zu geringes Fassungsvermögen –, habe ich sie immer in Ehren gehalten. Sie hat meine vielen Umzüge unbeschadet überlebt und fand immer einen besonderen Platz in meinem Haushalt, denn sie hat Großes bewirkt. An manchen schweren Tagen, an denen ich kurz davor war aufzugeben, war sie der Anstoß, dass ich wieder Mut fasste. Wenn mir jemand die Frage stellen würde, was mich antreibt, dann wäre meine Antwort: »Die Frauen und eine Tasse.« Mit meinen sportlichen Leistungen wollte ich die Frauen beeindrucken und trieb mich deshalb zu Höchstleistungen, aber auch die Inschrift auf dieser Tasse motivierte mich. »Du bist höflich, großzügig, phantasievoll – ein guter Liebhaber. Du hast Mitgefühl mit anderen Leuten, die dich ausnutzen, bist oft unentschlossen und gehemmt. Deswegen wird aus dir nie etwas werden. Milchmann wäre kein schlechter Beruf für dich.« Diese negative Zukunftsprognose sollte auf keinen Fall eintreffen, das war meine große Motivation. Ich wollte der Tasse in ein paar Jahren zuflüstern, dass sie sich mächtig in mir getäuscht hat. Und dann wollte ich genüsslich und zufrieden meine heiße Schokolade aus ihr trinken.

Heute soll jene Tasse auch meine Oma stärken. Als sie erwacht, hebe ich ihren Kopf leicht an und versuche ihr etwas Kamillentee einzuflößen. Ihre blassen Lippen öffnen sich leicht, sie schaut mich groß an, versucht einen kleinen Schluck zu nehmen, sinkt aber gleich wieder mit schmerzverzerrtem Gesicht ins Kissen und schläft wenig später wieder ein. Wenn mich früher Schmerzen plagten, hat meine Oma mir immer etwas vorgesungen. Daran erinnere ich mich jetzt, öffne meinen Laptop und lasse leise die ›Comedian Harmonists‹ »Ein Freund, ein guter Freund, das ist das Beste, was es gibt auf der Welt … und wenn die ganze Welt zusammenfällt …« singen. Ich nehme ihre Hand und male mir aus, wie es wohl sein wird, wenn meine Omili-Welt zusammenfällt. Ich kann nicht anders, ich muss weinen.

»Weine nicht mein Engelchen«, höre ich meine Oma zu dem kleinen blonden Fratz sagen, dem sein Übermut mal wieder offene Knie oder eine Beule beschert hatte. »Alles wird gut. Lass uns lieber ›Mein kleiner grüner Kaktus‹ singen.«

Ich versuche mich von den traurigen Gedanken abzulenken, indem ich mich zum Fenster hin drehe und mir das Spinnennetz genauer betrachte. Ich bilde mir ein, dass seine Bewohnerin eindeutig ein Mädchen ist. Mit gezupften Augenbrauen und lackierten Fingernägeln putzt sie sich jeden Tag erneut heraus und wartet geduldig, dass ihr etwas ins Netz geht. Im Hintergrund passen sich die Tenöre dem Spinnrhythmus meiner achtbeinigen Freundin an, und die kleine Tanzvorstellung lässt mich wieder schmunzeln. Meine große Leidenschaft neben dem Sport und den Frauen ist die Musik. Mit ihr kann ich mehr ausdrücken, und durch sie kann ich mehr empfinden und erreichen als mit Worten. Manch ein Wettkampf wäre nicht so erfolgreich verlaufen, wenn ich nicht den richtigen Motivationsbeat dabei gehabt hätte. Ich bin ein Genießer und empfinde es als unverzichtbar, dass ich für jede Lebenslage und jeden Menschen ein musikalisches Pendant besitze.

Ich habe einen Traum: Eines Tages will ich mit meinem Auto die Welt umrunden. Auf meiner Reise möchte ich so viele und so unterschiedliche Menschen wie möglich kennenlernen. Für meine Mitfahrenden, die mich ein Stück begleiten, und jeden noch so ausgefallenen Geschmack, auf den ich dabei treffe, möchte ich die richtige Musik dabei haben. Wir fahren dann dem Sonnenuntergang entgegen, lauschen den Melodien und erzählen uns aus unseren Leben. Solche Augenblicke zu teilen ist einzigartig.

Meine Oma wälzt sich im Bett unruhig hin und her, und ich erwache aus meiner Traumweltreise. Ich fühle ihre Schmerzen, als seien es meine eigenen. Ich weiß, wie Schmerzen einen verändern können und wie gerne man sie einfach abschütteln würde.

Nach meiner zweiten Fußoperation flog ich zu meinen Eltern nach Florida, um etwas Heimat, die sich bei mir nicht an Orte, sondern an Menschen bindet, zu tanken. Ich lag am hellen Strand, Palmenblätter wiegten sich behaglich in der warmen Mittagssonne, vereinzelte kleine Wolken spiegelten sich im Meer. Ich ließ den feinen Sand durch meine Hände rieseln. Fortwährend war ich auf der Suche nach ein wenig Halt in meinem Leben, einer Form, in die ich den Sand schütten konnte, der dann umgestülpt ein schönes Bild ergeben würde. Ich fand nichts dergleichen. Ich hielt meine Füße ins Meer und wünschte mir, dass sie nie wieder aus dieser schwerelosen Welt heraustreten müssten. Ein kleiner Krebs, der aus dem Wasser herausgekrochen kam, krabbelte auf dem heißen Sand hastig vor mir weg. Laufe ich vor meinen Ängsten davon, wie der Krebs vor mir?, fragte ich mich.

Eine Stimme aus dem kleinen Transistorradio, das ich zum Strand mitgenommen habe, meldete einen Hurrikan, der auf den Keys viel Verwüstung angerichtet und vielleicht auch Menschenleben gekostet hatte. Diese Nachricht deprimierte mich noch mehr. Es war ein Moment, in dem ich mir sehr hilflos vorkam. Selbst wenn eine Fee zu mir gekommen wäre und mir drei Wünsche freigestellt hätte, ich hätte nichts tun können. Ich war bewegungslos erstarrt und konnte mich nicht aus meinem Gefängnis befreien. Ich suchte verzweifelt nach einem Ausweg. Ohne ihn gefunden zu haben und mit Schmerzen in meinem Fuß kehrte ich wieder heim.

An meiner Fußsituation änderte sich auch in den folgenden Wochen nicht viel. Weitere Kernspinbilder machten Operation Nummer drei notwendig, da erneut mein entzündetes Gleitgewebe entfernt werden musste. Mich schockte das schon gar nicht mehr, stattdessen machte sich träger Gleichmut in mir breit, unterbrochen von immer den gleichen Fragen: Warum ich? Warum schon wieder meine Achillessehnen? Ich fand keine Antworten und wartete auf den Einlass in den Operationssaal, den der Anästhesist mittlerweile schon scherzhaft nach mir benannt hatte.

Wenige Wochen nach der Operation begann ich wieder mit dem Aufbautraining. Den Weg zum Reha-Zentrum kannte mein Auto bald schon von alleine. Bis zu acht Stunden verbrachte ich dort täglich, baute meinen Fuß mit den speziellen Maschinen auf, aß in der Einrichtung zu Mittag, absolvierte danach ein Krafttraining, um am Nachmittag mit meiner Trainerin Claudia zu turnen. In diesen Monaten hätte ich mir eine Matratze neben die Geräte legen und dort einziehen können. Erneut warf ich all meine Motivation und Energie in den Sport und sah meine Verletzungen als Prüfung an.

In dieser Heilungsphase verbrachte ich auch wieder etwas Zeit mit meiner »Wette«, die mir in dieser Phase eine unverzichtbare Hilfe wurde, weil sie mich herumkutschierte, meine Einkäufe erledigte und DVDs vorbeibrachte. Unsere Beziehung war zwar beendet, aber wir konnten ganz offen miteinander reden, und sie sah, dass ich aus Langweile sehr verdrießlich wurde.

In einer Arztpraxis, die ich regelmäßig besuchen musste, um meine Reha-Fortschritte per Ultraschall zu überprüfen, machte sie mich auf eine Arzthelferin aufmerksam, die mir zunächst nicht aufgefallen war. »Wie wär's mit ihr?«, sagte sie und zeigte mit einem Zwinkern auf eine schmale junge Frau am Empfang mit glatt-dunklem schulterlangem Haar. Ihr ovales Gesicht zusammen mit ihren schönen Zähnen, die sie beim Lachen ganz entblößte, gefielen mir sofort. Sie hatte sehr viel Stress, aber das Telefon und die Patienten fest im Griff, und war sich auch für einen lustigen Spruch nicht zu schade. Ich bemühte mich die nächsten Wochen, etwas mehr über sie herauszufinden. Beim nächsten Besuch brachte ich frisches Obst für das Praxisteam mit und unterhielt mich lange mit ihrer wesentlich älteren Kollegin. Dabei erfuhr ich, dass Emily in einer Großfamilie als jüngstes Kind aufgewachsen war. Da ihre Eltern wenig Zeit für sie hatten, musste sie schon sehr früh auf eigenen Füßen stehen und war gewohnt, selbständig Entscheidungen zu treffen. Das imponierte mir. Ich erfuhr auch, dass sie mit ihrem Freund Schluss gemacht, weil er sie mit einer anderen betrogen hatte. Mit jedem Ultraschall wurde mein Verhältnis zu den Helferinnen herzlicher, und auch meine Auserwählte wurde mir gegenüber immer offener. Emily erzählte mir von den Verletzungen, die sie aus der Beziehung zu ihrem Exfreund davongetragen hatte, und ich verliebte mich in dieses süße waidwunde Geschöpf und wollte ihr beweisen, dass es auf dieser Welt auch noch aufrichtige Helden gibt.

Einmal im Monat verabredeten sich die jungen Praxis-Mitarbeiterinnen in einer Bar in der Stadt. Emily lud mich zum nächsten Treffen ein. Etwas verspätet traf ich ein und überraschte alle in ausgelassener Stimmung. Die drei Mädels hatten sich schon etwas Mut angetrunken und zeigten mir mit viel Gekicher ihr Spielchen. Mir fielen fast die Augen aus dem Kopf. Eine dunkelhaarige, zierlich gebaute Mittzwanzigjährige steckte sich einen Eiswürfel in den Mund und gab ihn beim Küssen an ihre brünette Nachbarin weiter. Mich beobachteten die Mädels immer wieder aus den Augenwinkeln. Sie wollten mich vollkommen durcheinanderbringen und testen, wie ich reagiere. Ich verfolgte die Runde und bemühte mich, keine Miene zu verziehen, was mir nicht leichtfiel. Die Dunkelhaarige, die den Anfang beim Eiswürfel-Küssen gemacht hatte, fragte nach einiger Zeit, ob ich mich auch trauen würde. Ich blickte sie an und setzte ein Grinsen auf. Sie beugte sich vor, um mich zu ködern und mir mit ihrem Mund entgegenzukommen, als ich ihr nicht näher kam, stand sie auf und setzte sich auf meinen Schoß. Ich bekam lange Zeit den Eiswürfel nicht zu spüren. Sie küsste intensiv und überreichte mir den Würfel nach einer gefühlten Ewigkeit schließlich doch noch. Ich gab das restliche kleine Stück Eis etwas verschüchtert schnell an die Brünette weiter und vermied dabei, Emily anzuschauen. Ein neuer Eiswürfel wurde ins Spiel gebracht, und als er zum wiederholten Mal über die Dunkelhaarige zu mir kam, hielt ich einen Augenblick inne. Dann drehte ich mich nach rechts zu meiner Auserwählten, zerbiss provokativ den Eiswürfel und küsste sie lange. Keine zwei Minuten nach dem Kuss bekam ich ein eindeutiges Angebot von der dunkelhaarigen Arzthelferin in mein Ohr geflüstert. »Ich gehe gleich auf die Toilette und würde mich freuen, wenn du mitkommst!« Ich lehnte charmant ab, denn Frauen, die leicht zu haben waren, sind nichts für mich.

Ein paar Tage später lud mich Emily zu sich nach Hause auf einen DVD-Abend ein. Ich mochte den Geruch ihrer Wohnung, die blitzsauber war. Jede Teppichfranse war korrekt gekämmt, Fernseh- und DVD-Bedienung exakt parallel zueinander auf dem Tisch platziert, und kein noch so kleiner Kalkfleck war in der Küche oder im Bad zu entdecken.

Während des Films »Instinkt« lag sie rechts von mir auf einem Einer-Sofa. Ich machte es mir auf dem Sessel links von ihr bequem und folgte meinem Instinkt. Emily rückte mit ihrem Kopf im Laufe des Filmes immer näher, was ich als Einladung auffasste. Ich fasste mir ein Herz und berührte mit meiner Hand ihre langen Haare und streichelte über sie. Einige Minuten blieb sie bewegungslos liegen, konnte aber dann nicht länger widerstehen. Irgendwann in der Mitte des Filmes stand sie behutsam auf, nahm mich bei der Hand und zog mich in ihr Schlafzimmer.

Ich lag bis in die Morgenstunden wach und genoss die friedliche Stimmung. Emily war längst in meinen Armen eingeschlafen. Bald musste sie aufstehen und zur Arbeit gehen. Es war für mich eine neue Erfahrung. Zum allerersten Mal war ich bei einer Frau in ihrer eigenen Wohnung aufgewacht. Es war ein schönes, freies Gefühl, das aber leider nicht lange anhielt.

Nach einem dreiviertel Jahr zog Emily nahezu ganz zu mir, weil sie diese Unruhe in ihrem Leben – ständig ihre Klamotten von zu Hause zusammenzupacken und mit zu mir zu nehmen – nicht länger ertragen konnte. Durch ihren Einzug verwandelte sich meine Wohnung in einen Sauberkeitspalast, und bald fühlte ich mich selbst wie auf Besuch. Außerdem war Emily aufgrund ihrer schlechten Erfahrungen ein sehr eifersüchtiger Mensch. Ich dafür war immer sehr flirtwillig, und obwohl ich ihr nie einen ernsthaften Grund zur Eifersucht gegeben hatte, führten wir endlose und wenig fruchtbare Diskussionen darüber. Emily veränderte sich in den nächsten Monaten, sie wurde immer angestrengter, und ihre einstige Schlagfertigkeit und fröhliche Spontaneität gingen unter dem Zwang, mich ständig zu kontrollieren und an sich zu binden, verloren.

Nach etwa einem Jahr mit Emily wurde ich von der Bundeswehr zu einem vierwöchigen Fortbildungslehrgang eingeladen. Meine Unterkunft bestand aus einem Bett, einem Schreibtisch und einem Schrank. Ich spürte, wie ich in diesen engen vier Wänden, die noch nicht einmal mir gehörten, endlich wieder atmen konnte. Ich fühlte mich frei und unbeschwert, und konnte mich plötzlich auch wieder über die kleinen Dinge des Lebens freuen. Nach dem Lehrgang wusste ich, dass ich meine Freiheit zurückhaben wollte. Emily zog wieder zu sich, ich war nicht der Held, den sie suchte.

Zu meinem 25. Geburtstag wünschte ich mir nichts sehnlicher, als wieder schmerzfrei joggen zu können. Dieser Wunsch erfüllte sich nicht, und so hoffte ich auf Weihnachten und schließlich aufs neue Jahr. Es vergingen genau 259 Tage, bis ich nach meinem Achillessehnenriss wieder allein laufen konnte. Meine Physiotherapeutinnen hatten mich über viele Wochen auf dem Laufband genau beobachtet und nun endlich entschieden, dass ich dazu bereit war. Den Tag werde ich nie vergessen, weil ich vor Glück strahlte. Ich fuhr in mein Stadion und lief meinen ersten Kilometer in freier Natur. Die Eindrücke stürzten nur so auf mich ein: Ich sah tänzelnde Schmetterlinge, nahm das Gezwitscher der Vögel wahr, roch diesen einzigartigen Duft des Tartans. In meinen Beinen fand ein stürmischer Sommerregen statt. In diesem Kribbeln konnte ich die wellenartige Durchblutung spüren, die sich nach so vielen Monaten, in denen ich mich ausschließlich mit dem Gehen begnügen musste und auf die ich Hunderte von Tagen gewartet hatte, wieder einstellte. Ich kam endlich richtig vorwärts und bewegte mich nicht mehr auf einem seelenlosen Laufband meinem Spiegelbild entgegen. Mir gingen die leidvollen Monate durch den Kopf. Es war so schwer gewesen, mich jeden Tag zu motivieren, das einfache Gehen neu zu erlernen. Nun hatte ich einen Etappensieg erreicht. Die Vorstellung, wieder richtig anzulaufen und zu springen, war so präsent in mir und gleichzeitig so weit weg. Ich stand wieder vor einem Anfang und wusste, dass ich noch viel arbeiten musste und viele Kilometer zu bewältigen hatte, bevor ich wieder einen Wettkampf bestreiten konnte. Mental war ich bereit, endlich wieder einen Stab in die Hand zu nehmen, aber Joggen ist eine Sache, zu sprinten und abzuspringen eine andere, und so kämpfte ich mich weitere drei Monate durch das Aufbautraining in meiner Rehaklinik.

Irgendwann wollte ich es wissen und mir auch sprinttechnisch beweisen, dass ich fit und bereit für mein Comeback war. In meiner Trainingshalle wurden die Lichtschranken aufgebaut und mein Puls schoss in die Höhe. Ich war kurz davor, das erste Mal seit meiner Verletzung wieder Vollgas zu geben. Würden meine Sehnen halten? Wie würde sich mein Lauf anfühlen? Wie viel Power hatten meine Beine noch? Diese Fragen machten meinen Körper schwer. Als ich jedoch die Spikes an meinen Füßen spürte, waren alle Zweifel wie weggeblasen. Meine Füße trugen mich schneller als erwartet und brachten mir ein Ergebnis, das mir endlich wieder etwas Zuversicht zurückgab.

Ich bereitete mich weiter auf die Sommersaison vor und wurde eines Tages vor eine wegweisende Frage gestellt. Mein Heimtrainer Herbert betreute auch einige Nachwuchsathletinnen und war an einem Wochenende nicht in der Lage, sich um alle gleichzeitig zu kümmern, da verschiedene Wettkämpfe der unterschiedlichen Altersgruppen an verschiedenen Orten stattfanden. So fragte er mich, ob ich nicht eine meiner jüngeren Trainingskameradinnen bei der Qualifikation zu der U18-Weltmeisterschaft coachen möchte. Eigentlich hatte ich mir vorgenommen, ein Stadion erst dann wieder offiziell zu betreten, wenn ich gesund und bereit zum Kämpfen war. Nun brauchte Tina meine Hilfe, und ich sprang über meinen Schatten.

Fast ein Jahr nach meiner Verletzung betrat ich wieder ein Wettkampfstadion. Es war ein Gefallen der besonderen Art, denn ich wusste um die vielen Fragen über meinen Gesundheitszustand, die mich dort erwarteten. »Wie geht es dir?«, »Wann kannst du wieder springen?«, hörte ich schon Kilometer vor meinem Eintreffen. Alles, was ich dazu sagte, war: »Seht selber, die Füße sind noch dran«. Über alles andere hüllte ich mich in Schweigen, denn meine Aufgabe bestand darin, meinen Schützling zur Weltmeisterschaft zu bringen. Es war ein heißer Tag, und die angestauten Emotionen einer solchen Qualifikation brachten die Luft noch schwerer in die Lungen. Unser Team war trotzdem cool und souverän, denn alles war genau geplant.

Die Sonne im Rücken und einen motivierenden Beat als Begleitung, gelang jede Höhe schon im ersten Sprung und bald standen die Namen der U18-WM-Teilnehmer nicht mehr in den Sternen, sondern auf den Flugtickets nach Marrakesch, die Tina eine Woche später in ihren Händen halten durfte. Obwohl ich nicht selbst springen konnte, war es eine ganz besondere Erfahrung. Als Coach hat man zwar den Sprung nicht in der Hand, dennoch ist es ein machtvolles Gefühl. Aus meiner eigenen aktiven Vergangenheit wusste ich genau, was gute Trainer*innen mitbringen müssen. Sie müssen innerhalb kürzester Zeit Entscheidungen über Stabhärten, Ständerabstände, Wind und Anlaufentfernung treffen und dies stets mit den Emotionen und dem augenblicklichen Leistungspotenzial der Athlet*innen in Einklang bringen. Sie müssen die optimalen Voraussetzungen schaffen und den Springer*innen Sicherheit und ein positives Fluggefühl vermitteln. Ich ging an diesem Tag ganz in meiner Aufgabe auf und spürte, wie mein Herz sich dabei öffnete. Wie sehr mir das Springen und die Wettkämpfe doch gefehlt hatten. Meine Hoffnung allerdings, bald selbst wieder in die Wettkämpfe eingreifen zu können, schwand von Tag zu Tag. Auch bis zum Ende der Sommersaison schaffte ich es nicht, zurückzukommen, da ich immer noch Schmerzen in den Sehnen hatte. Ich nahm mir eine zweiwöchige Kreativpause, kam zurück und sah einen neuen Weltrekord. Was die Königin der Lüfte bisher tat, hatte mich wenig interessiert. Aber dieser neue Weltrekord von Jelena Issinbajewa, die am 22. Juli 2005 als erste Frau über die fünf Meter sprang, tat weh. Die Russin sprang meine Traummarke, die nicht nur mein Autokennzeichen MZ XX-501 schmückte, sondern mein Fernziel war, seit ich mit dem Stabhochsprung begonnen hatte. Dafür lebte ich. Nun war mir jemand anders zuvorgekommen. Ich war schockiert und traurig und immer noch verletzt. Das Jahr ging dem Ende zu, und ich wünschte mir nichts sehnlicher, als dass das nächste besser verlaufen würde.

Das erfüllte sich zumindest in einem Punkt. Ich war bereits ein paar Monate Single, da ich mich in der vergangenen Zeit ausschließlich um meine Heilung gekümmert hatte, aber langsam breitete sich wieder die Sehnsucht in mir aus: Ich wollte endlich wieder lieben.

Auf einer Stabhochsprung-Fortbildung, zu der Hunderte

von Athleten, Trainern, Flugexperten zu einem dreitägigen Austausch eingeladen waren, erweckte schon am ersten Tag eine sehr schöne Frau meine Aufmerksamkeit. Ihre Augen verrieten Tiefe, ihre Lippen, ihr Mund waren vollkommen. Sie war eine Göttin für mich, der etwas Geheimnisvolles, das ich nicht genauer deuten konnte, anhaftete.

Am Abend stand für alle Kongressteilnehmenden eine Karaoke-Party auf dem Programm. Ich forderte einige Frauen zum gemeinsamen Singen auf und fragte schließlich auch jene Unbekannte, die mich tagsüber so in Bann gezogen hatte, ob sie nicht einen speziellen Song mit mir singen wolle. Sie ließ sich überreden, und wir stimmten ein Liebeslied an, das die ganze Bandbreite einer Beziehung behandelte. Es ging um Liebe, um Schmerz, um Fehler und um Gründe, sich zu ändern, bis hin zum Glauben, eines Tages den Menschen zu finden, der für immer bleiben würde. Es war ohne Zweifel mein absolutes Highlight der ganzen letzten Zeit, als wir Wange an Wange so gefühlvoll sangen.

Nach dem Karaoke zog ein Teil der Truppe durch die Clubs der Stadt. Eigentlich hätte ich mich normalerweise spätestens hier verabschiedet, doch als ich hörte, dass auch sie dabei war, konnte selbst meine Abneigung gegen die Kommerzmusik in den Clubs mich nicht aufhalten mitzukommen. Schnell kamen wir ins Gespräch und tanzten sogar ein wenig zusammen. Dabei vergaßen wir den Rest der Welt und spürten unseren Zauber auf der Tanzfläche, blieben aber auf respektvollem Abstand. In einer Tanzpause fragte sie mich, ob ich die Dunkelheit des Steppenwolfes kenne. Ich antwortete nicht, aber ihr echtes Interesse an mir durchlief mich wie ein warmer Schauer. Ihre Worte und ihre Augen haben mir an diesem Abend den Kopf verdreht, und ich war mir tief

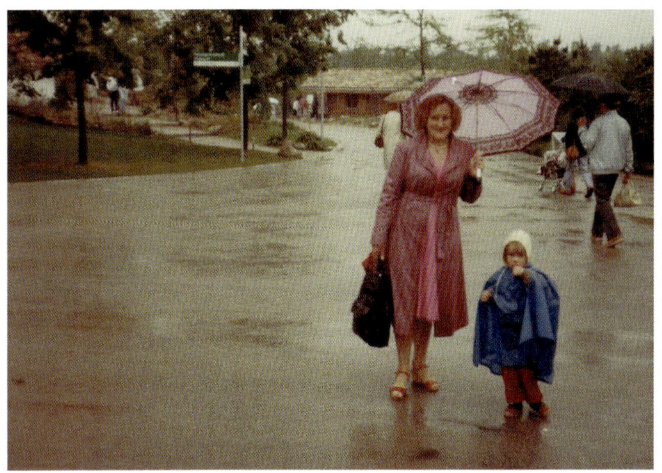

1984 mit meiner Oma während eines Ausflugs nach München

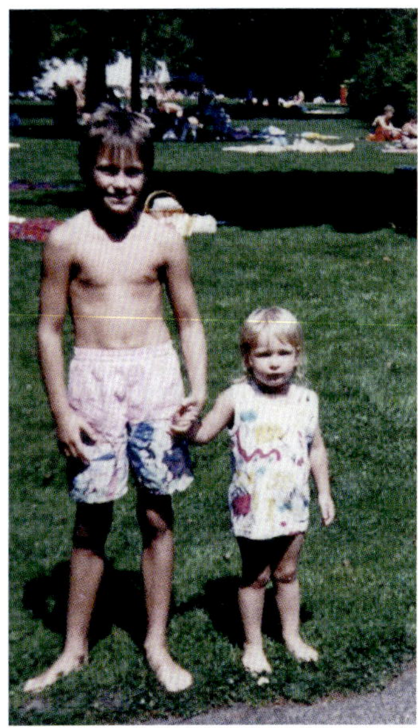

Mit ungefähr neun Jahren
mit meiner sieben Jahre
jüngeren Schwester

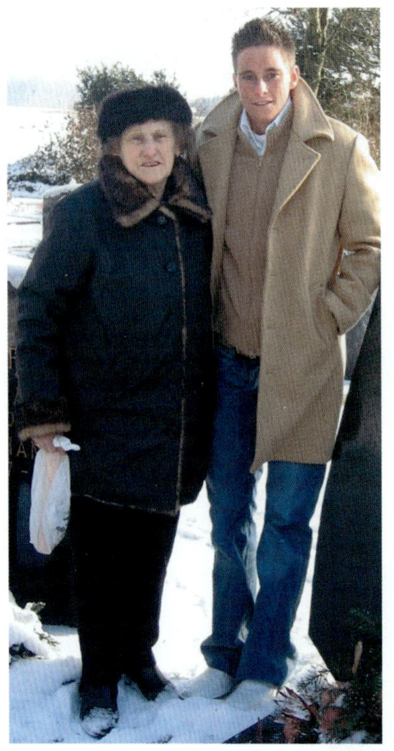

Mit meiner Oma am
Grab meines Opas

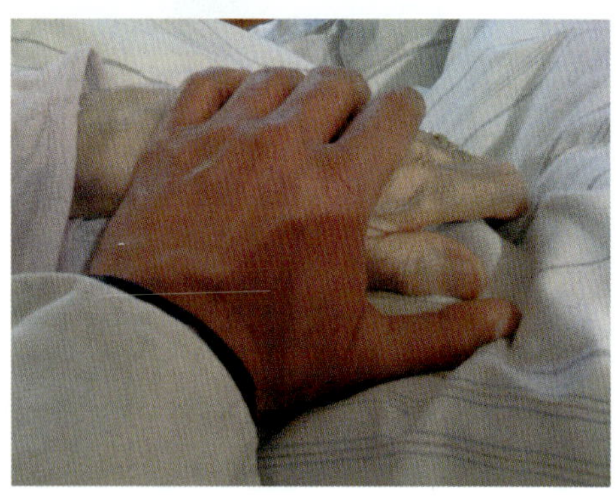

Unser letzter
Augenblick 2009

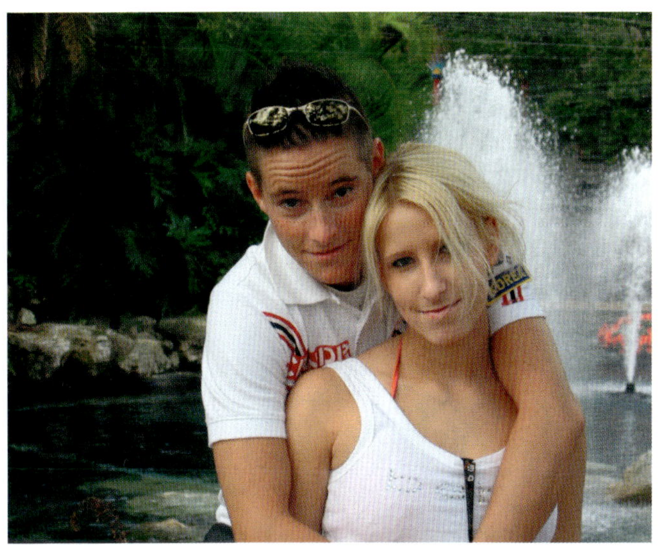

Gemeinsam mit meiner Schwester in Florida 2001

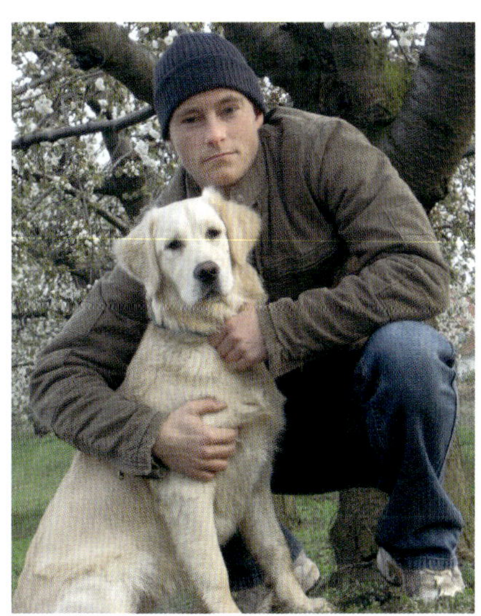

Mit Philli-Philosophy

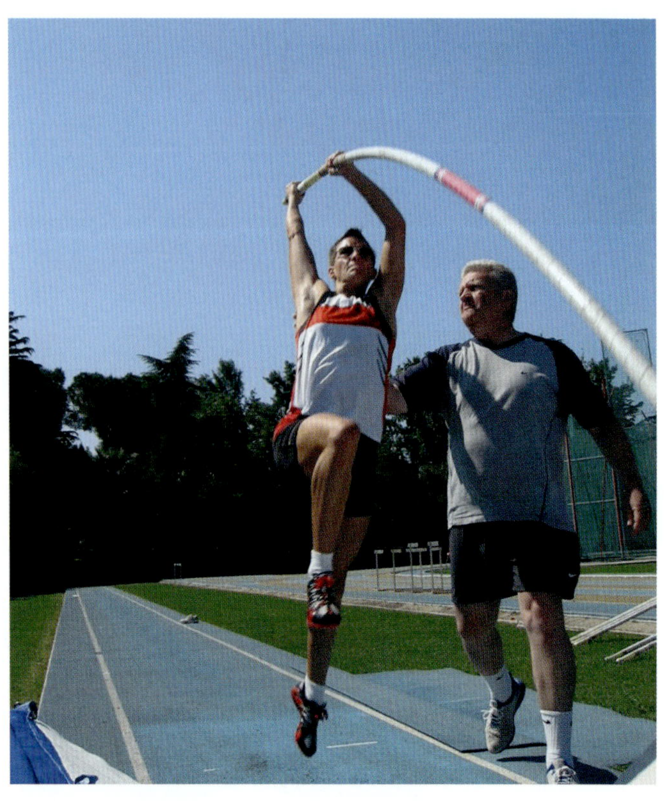

Im Trainingslager in Italien mit meinem Heimtrainer Herbert

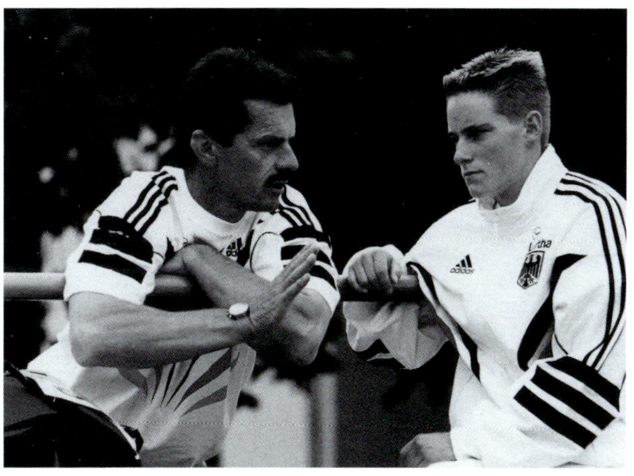

Mit meinem Trainer Ivan in Sevilla 1999 (© Iris Hensel)

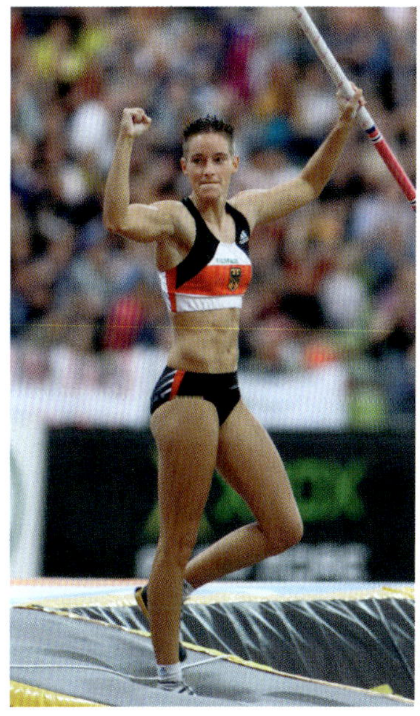

Europameisterschaften
2002 München
(© Iris Hensel)

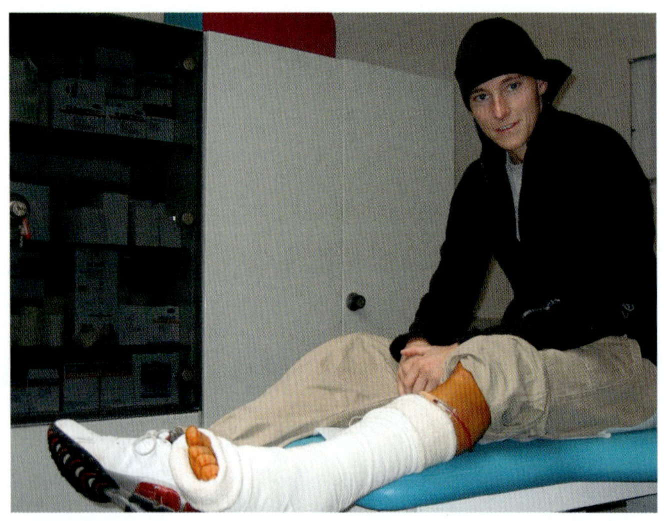

Nach meinem Achillessehnenriss 2004

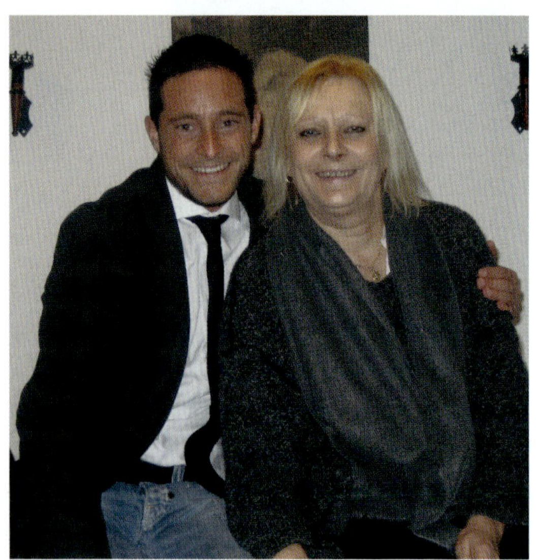

Mit meiner
Mutter

Nach der letzten Operation

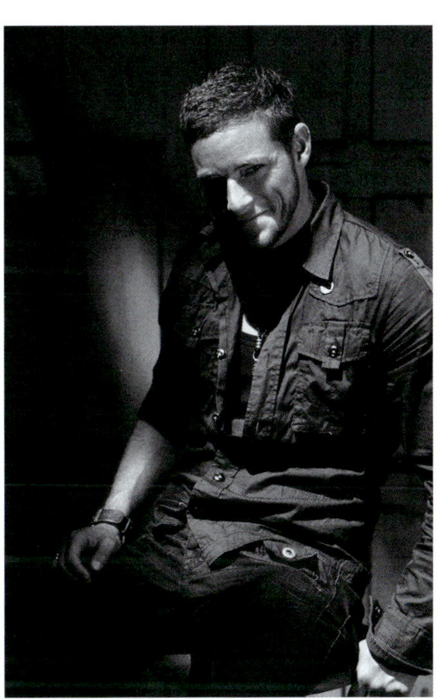

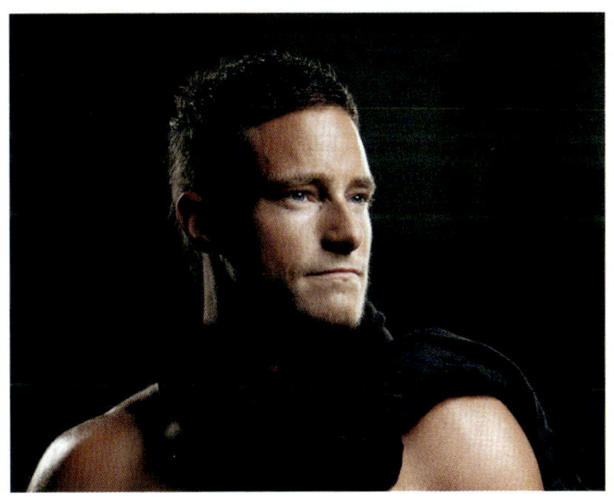

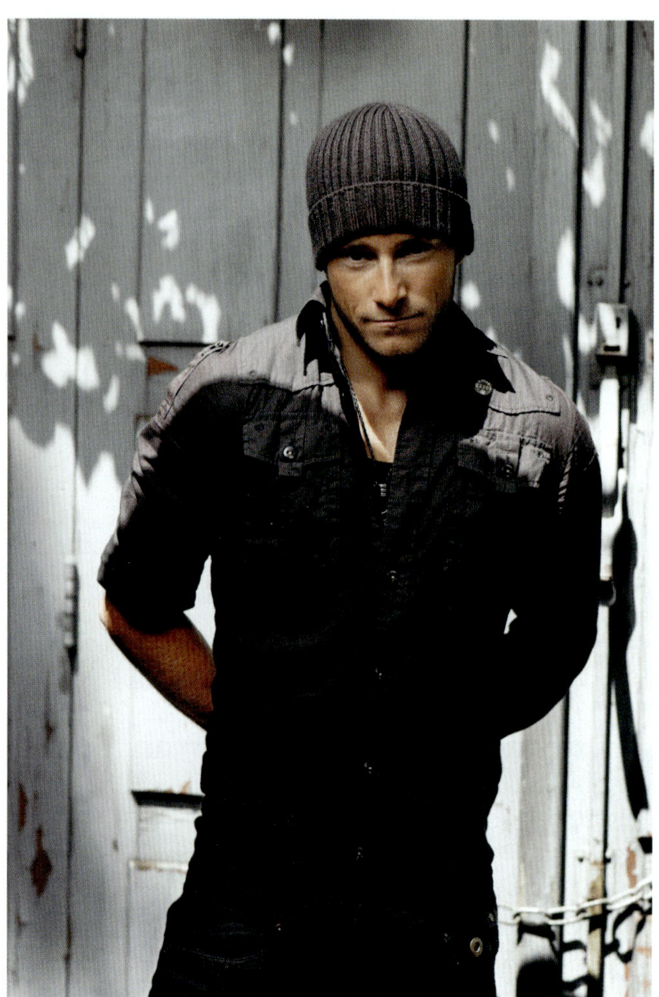

in meinem Herzen sicher, einen ganz besonderen Menschen gefunden zu haben.

Die nächsten beiden Tage blickten wir uns unzählige Male an, fanden aber keine Zeit, uns allein zurückzuziehen. »Pass auf dein Herz auf!«, sagte ich ihr zum Abschied und schaute ihr dabei tief in die Augen.

In den darauffolgenden Wochen schrieben wir uns unzählige Briefe und E-Mails. Ich schickte ihr meine Musik und erzählte ihr, was mir beim Hören durch den Kopf gehe. Sie antwortete mit ihren Lieblingsbüchern, die mir ihre Gedanken verrieten. Es waren auch meine Gedanken. Ich hatte zum ersten Mal das Gefühl und die Hoffnung, dass ein Mensch mich in meinem komplexen Sein ganz verstehen könnte. Mit ihr war ich bereit, durch Höhen und Tiefen zu gehen, das wusste ich vom ersten Augenblick an. War sie der Mensch, der mir den Weg aus dem Tunnel zeigen konnte?

Die Sommersaison begann, und ich traf meine Göttin bei einem der anstehenden Wettkämpfe am Vorabend in einem Hotel wieder. Ich spürte sofort, wie diese Frau Energien und Ideen in mir freisetzte, die ich lange herbeigesehnt hatte. Wir saßen noch etwas mit anderen Sportler*innen zusammen und gingen dann getrennt auf unsere Zimmer. Es war eine heiße Sommernacht, und das Wissen um die Anwesenheit des anderen ließ uns nicht schlafen. Um unsere Zimmernachbarn nicht zu stören, schrieben wir uns im Dunkel SMS. Auch in diesen kurzen Mitteilungen fanden wir eine gemeinsame Sprache, tiefgründig und verständnisvoll.

Ich hatte mir etwas ganz Besonderes ausgedacht und fragte sie, ob ich sie entführen dürfte. Sie willigte ein. Das Ziel dieser Nacht sollte das Ziel des folgenden Tages sein. Weit nach Mitternacht stiegen wir in mein Auto und fuhren zu der Stabhochsprunganlage. Dort kletterten wir über den Zaun und legten uns an die Absprungstelle, jene Stelle, die im Stabhochsprung über alles entscheidet. In dem Stadion lagen wir beide mit drei Zentimetern Höflichkeitsabstand auf dem Rücken und schauten in die sternklare Nacht. Wir redeten über die Sterne und über den Stabhochsprung, über den Sport und über uns. Nach vielen Worten folgte einfach nur Schweigen. Es ist wichtig, mit einem Menschen schweigen zu können. Wenn die Chemie nicht stimmt, gibt es so viele Situationen, in denen Schweigen unangenehm oder peinlich werden kann. Wir schwiegen endlose Minuten, sahen ins Universum und wussten eine vertraute Seele neben uns. Wie gerne hätte ich sie berührt und gestreichelt. Wie gerne hätte ich ihren Kopf auf meinem Brustkorb gespürt und ihn liebkost. Doch ich wollte meine Gefühle zurückhalten, denn diese Enthaltsamkeit war das gewisse Etwas. Die vielen gemeinsamen Augenblicke vor dem ersten Kuss sind wie Dynamit, eine hochspannungsreiche Zeit, in der man genau spürt, dass man es fast nicht mehr aushalten kann, doch immer wieder den Moment der Erlösung etwas weiter hinauszögert. Ich zügelte mich und hatte plötzlich ein edles Springpferd vor Augen, wie es auf ein Hindernis zugaloppiert. All seine Masse und seine Kraft bringt es auf einen kontrollierten Punkt, sammelt seine Energie, tritt unter sich, um dann mit stolzer Haltung locker über die Hürde zu springen. Ich fühlte mich unbesiegbar und trug diese innere Leichtigkeit in mir. Ich spürte diesen Lichtstrahl in der Nähe meines Herzens, gefüllt mit sensibler, hochfrequenter Energie. Dieses Licht ist zu Beginn nur ein kleiner Punkt, binnen Sekunden expandiert es und wird immer größer, bis es schließlich seine Energie explosionsartig auf den ganzen

Körper ausstrahlt. Dieser Punkt ist der Flow in der Liebe und der Sieg bei jedem Wettkampf.

Eine Sternschnuppe flog vorbei. Wir sendeten zwei Wünsche in die Ferne. Ich brachte Violetta zurück ins Hotel, verabschiedete mich und ging zufrieden und alleine ins Bett.

Der nächste Tag war ein Wettkampftag, wie ich schon viele erlebt hatte. Ich war motiviert, doch angeschlagen, weil meine Achillessehnen keine gute Trainingsvorbereitung zuließen. So schaffte ich es nicht aufs Treppchen und haderte wie so oft in dieser Zeit mit meinem Schicksal. Zornig zog ich mich ans andere Ende des Sportplatzes zurück und ließ dort meiner Wut freien Lauf. Violetta war mir gefolgt und brachte mir an jenem Tag meine erste Lektion bei. »Grenze dich nicht ein. Du bist mehr als der Sport und trägst mehr in dir, als du im Moment zeigen kannst. Alles, was du brauchst, ist in dir. Trage deinen Kopf immer gleich hoch, ob du siegst oder verlierst.« Ich nahm mir noch einen Augenblick allein Zeit, bevor ich zum sportlichen Geschehen zurückging, und als hätte ich an diesem Tag nicht schon genug gelernt, bekam ich noch eine Lektion erteilt.

Ich verfolgte das Wettkampfgeschehen und saß etwas außerhalb auf dem Boden. Meine Schuhe lagen ausgezogen vor mir, um den Sehnen keine weitere Reibung zuzumuten. Ein Mädchen von etwa acht Jahren mit quirligen Locken und großen Kulleraugen kam auf mich zu und kniete sich vor mir nieder. »Man kann nicht immer der Beste sein, sei nicht traurig. Ich finde dich trotzdem toll«, sagte sie, stand auf und zog mit ihren fröhlichen Locken weiter. Es traf mich wie ein Orkan, Tränen stiegen mir in die Augen. Ein kleines Mädchen hat mich an diesem Tag so tief berührt, dass ich weinen musste. Ich war fassungslos und darauf bedacht, dass es niemand sehen konnte. Sie hatte recht.

Mit Violetta war ein besonderer Mensch in mein Leben getreten, der meine Gedanken verstand, und so war ich, was die Liebe betraf, glücklich. Die sportliche Seite meines Lebens quälte mich nach wie vor. Ich bestritt einen Wettkampf nach dem anderen, hatte aber nach vier Wochenenden nur eine magere und enttäuschende Ausbeute an guten Leistungen vorzuweisen. Kein Wettkampf ließ mich über meine Anfangshöhe kommen. Es war wie verhext, und innerlich schäumte ich vor Wut wie ein brodelnder Kessel. In einer ruhigen Minute fasste ich klare Gedanken: War ich zu fixiert darauf, alles auf einmal zu wollen? Sollte ich mich nicht lieber über das Schöne im Leben freuen, als ständig mit den Fehlschlägen zu hadern?

Dann geschah, was keiner erwartet hatte. Es war ein heißer Sommertag, und in einem kleineren Ort fand ein Wettkampf statt. Beim Aufstehen hatte ich schon Schmerzen und traf, wütend auf meine kaputten Sehnen und auf meine bisher erbrachten Leistungen, im Stadion ein. Ich wusste aus meiner Vergangenheit, dass ich mit diesem Gefühl aus Wut und Trotz sehr gut springen kann. Doch die Schmerzen in meiner Achillessehne steigerten sich und wurden fast unerträglich, hätte die Liebe mir nicht die Kraft gegeben, sie zu überspringen. Violetta saß in geringer Entfernung auf einem kleinen Grashügel, von wo sie das Geschehen gut beobachten konnte. Ich sah ihr Lachen. Ich hörte ihre Worte. Ich spürte ihre Seele. Ich fühlte ihre Augen. Ich nahm den Stab in die Hand und legte einfach los, ohne zu denken. Getragen von ihrer Liebe wollte ich meinen Zorn hinausspringen und sprang von Höhe zu Höhe einfach schwerelos weiter. Ich war in der Lage, meine Wut und Enttäuschung in Freude umzuwandeln, und stellte zum ersten Mal nach meinem Achillessehnenriss die Rangordnung im Stabhochsprung wieder her. Meine erbrachte Leistung lag an diesem Tag nur knapp unter meiner persönlichen Bestleistung. Kein Arzt hätte gedacht, dass ich je wieder an diese Höhe heranspringen könnte. Ich tat es mit der Kraft der Liebe und der Verwandlung: Zorn zu Freude. Schmerz zu Liebe.

Natürlich ging dieser Einsatz nicht ungestraft an mir vorbei. »Deine Achillessehne ist angerissen«, bestätigte mir ein Arzt nach der MRT am nächsten Tag meine Befürchtungen. Ich schloss die Augen, atmete tief durch und war schließlich relativ gefasst. Die vierte Achillessehnenoperation stand mir bevor.

Nach der Operation brach eine erneute Zeit der Langeweile und der Hilflosigkeit über mich herein. Ich bewegte mich auf Krücken und war bei der Bewältigung meines alltäglichen Lebens auf die Hilfe anderer angewiesen. Diesmal aber ging ich etwas gelassener mit der Situation um und nahm mein Handicap sportlich. Nicht Hochleistungssportler*innen, sondern ältere Menschen und Rollstuhlfahrer waren in dieser Zeit meine liebste Konkurrenz. War ich irgendwo unterwegs, trug ich mit ihnen geheime Krücken- oder Rollstuhl-Rennen aus, die meist sehr knapp ausfielen. Wenn ich aber im Auto saß und die Felder beobachtete, entging kein Joggender meinen neidischen Blicken. Ich hätte alles gegeben, um für ein paar Minuten alle Fußgedanken zu vergessen und mich unbefangen frei bewegen zu können. Meine Sehnen machten zwar Fortschritte, dennoch hatte ich wegen der vielen Fuß-

Operationen innere Verklebungen an den Narben. Diese Verklebungen verursachten weitere Schmerzen und mussten gelöst werden, sonst bestand die Gefahr, dass erneute Entzündungen auftreten würden.

Im darauffolgenden Sommer wollte ich mich wieder von meinem Wunderheiler in den Alpen behandeln lassen. Ich war dieses Mal mit meiner Freundin Violetta dorthin gefahren, um mir die Zeit angenehmer zu gestalten. Auf einem Ausflug kamen wir an einem Sportgeschäft vorbei. Da es sehr heiß und ein großer See in der Nähe war, kauften wir uns spontan ein gelb-blaues Gummiboot. Wir ließen es aufblasen und transportierten es auf dem Dach unseres Kombis zum See. Wir legten ab, paddelten in die Mitte des Sees, ließen uns treiben und genossen ein Mittagsschläfchen. Es war ein schöner Nachmittag, doch plötzlich, binnen weniger Minuten, zogen viele schwarze Wolken auf, und in der Ferne sahen wir Blitze und hörten den heftigen Donner. Wir machten uns schleunigst auf, um an unsere Anlegestelle zurückzurudern. Es setzte böiger Wind ein und begann, fürchterlich zu regnen. Wir hatten keine Chance, der Wind trieb uns immer weiter in Richtung Seemitte. Gott sei Dank hatte die Besatzung eines kleinen Ausflugsdampfers unseren Kampf beobachtet und beschlossen, uns zu helfen. Sehr zum Gefallen der meist älteren Passagiere, die das Rettungsmanöver bei Kaffee und Kuchen durch die verregneten Scheiben des kleinen Schiffes beobachteten, zog uns der Kapitän samt Schlauchboot auf sein Schiff. Da saßen wir nun in unserem Gummiboot auf einem Schiff und wischten uns lachend die Regentropfen aus dem Gesicht. Der Dampfer legte am anderen Ende des Ortes an, wir bedankten uns für die Rettung, und da es immer noch aus Kübeln goss, hoben wir das Boot über unsere Köpfe, zogen die Schuhe aus und rannten barfuß durch den Ort zu unserem Auto. Wir waren die Einzigen auf der Straße, da die Dorfbewohner*innen und die Tourist*innen in die Häuser bzw. die umliegenden Cafés und Restaurants geflüchtet waren. Sie winkten uns von dort lachend zu, und wir winkten mit der einen Hand und hielten mit der anderen Hand das Boot fest. Triefend nass und vor Lachen erschöpft, erreichten wir unser Auto. Wieder im Trockenen fragten wir uns, warum solche ungeplanten Ereignisse und ein bisschen verrückte Taten einen immer wieder so aufrütteln und warum sie so guttun? Vor allem dann, wenn man sich eigentlich in einer ausweglosen Situation fühlt. Plötzlich lebt man wieder, ganz nah, ganz ungefiltert, man ist einfach, wie man ist und tut das, wonach einem ist. Für mich, der ich bereits in guten Zeiten immer meine falsch ausgebildeten Geschlechtsmerkmale irgendwie überwinden musste, um authentisch sein zu können, waren solche kurzen Momente der Leichtigkeit und der Unbeschwertheit in einer schwierigen Situation, wie während meiner fast zweijährigen Verletzungsphase, überlebenswichtig.

Nach einem geregelten Leben ist mir noch nie zumute gewesen. Ich war mir stets sicher, dass meine Lebensaufgabe mich finden wird. Der Gedanke, nach meinem Fachabitur eine Ausbildung zu beginnen, war für mich schon immer sehr abstrakt gewesen. Dieser Schritt schien mir unendlich weit weg von meiner Realität und meinem wahren Leben. Zu diesem Zeitpunkt lief auch meine Karriere gerade an, und ich konnte gut von meinen sportlichen Einnahmen leben.

Aber selbst nach meinem Achillessehnenriss und dem damit prophezeiten Aus meiner sportlichen Laufbahn behielt ich dieses Gefühl der Sicherheit, ich kann es schlecht beschreiben, es war einfach da. Natürlich wurde ich von meinen Mitmenschen gelegentlich gefragt: »Was wird aus dir nach dem Sport werden?« Darauf konnte ich immer wieder nur dieselbe Antwort geben: »Es wartet etwas auf mich und wird mich zum richtigen Zeitpunkt finden, weil ich meine Signale aussende.« Doch weil die Kommentare und Ratschläge von außen nicht verstummen wollten und weil Nichtstun nicht mein Ding war, begann ich mich umzuhören, um für mich eine Alternative zum Sport zu finden. Ich durchforstete das Internet, suchte nach seltenen Berufen und interessanten Ausbildungswegen und informierte mich über meine Möglichkeiten. Ich hatte schlaflose Nächte, weil nichts zu mir zu passen schien. Nirgendwo konnte ich mich gedanklich wiederfinden. Ich sah damals nicht, dass das Passende für mich doch so nahe lag, und es sollte auch noch eine Weile dauern, bis ich es entdecken würde.

Erst einmal stieß ich einige Zeit später auf ein Studium, das mein Interesse weckte. Internationales Management wurde für Spitzensportler*innen an einer Fernuniversität in Ansbach angeboten. Ich setzte alle Hebel in Bewegung und war binnen weniger Tage Student. Ich fühlte mich hin und her gerissen. Zum einen wusste ich eigentlich schon zu Beginn meiner Uni-Zeit, dass ich kein typischer Student war und, ehrlich gesagt, auch keiner werden wollte. Auf der anderen Seite war ich stolz darüber, über meinen eigenen Schatten gesprungen zu sein und ein konkretes Ziel für die Zukunft, nämlich dieses Studium zu beenden, gefunden zu haben. Ich belegte in meinem ersten Semester vier Kurse, auf einen freute ich mich besonders: freies Schreiben in Anlehnung an ein Selbstmanagement-Buch, das Fragen über die Zeit und die persönliche Zukunft aufwarf. Es waren intelligente Fragen, mit denen ich mich bisher noch wenig beschäftigt hatte.

Durch die anderen Kurse quälte ich mich. Ich konnte zwar in einem Team ganz gut arbeiten und lieferte am Ende auch eine gute Arbeit ab, war aber dennoch unzufrieden. Ich hatte den Eindruck, dass ich meine Zeit mit dem Studium vergeude und mir dort Dinge beigebracht werden, die ich im echten Leben vielleicht nicht so detailliert, aber schneller lernen könnte. Ich kam zu dem Schluss, dass ich mit der Entscheidung zu studieren zum ersten Mal in meinem Leben etwas getan hatte, wovon ich nicht hundertprozentig überzeugt gewesen war. Ich hatte mich von den Zweifeln und Zukunftsängsten anderer anstecken lassen und halbherzig dieses Studium begonnen. In Wirklichkeit wusste ich aber genau, dass die richtige Aufgabe noch auf mich wartete. Das Studium Internationales Management war es nicht. Als ich mir das bewusst machte, hatte ich keine Angst mehr und brach leichten Herzens das Studium ab.

Ich wendete mich wieder meinen sportlichen Zielen zu, spürte aber, dass meine Zeit als aktiver Sportler sich dem Ende zuneigte und eine große Veränderung vor der Tür stand. Was das genau war, konnte ich nicht sagen.

Aufgrund der Heilungsphase konnte ich bis kurz vor der Deutschen Meisterschaft keine Wettkämpfe bestreiten und mich wegen meiner Achillessehnenschmerzen auch nicht ausreichend vorbereiten. Um aber nicht noch eine Saison ohne Höhe stehen zu haben, meldete ich mich bei der Deutschen Meisterschaft in Erfurt an. Es sollte ein Wettkampf »aus der kalten Hose« werden und dabei blieb es auch. Ich erinnerte mich, als ich damals vor acht Jahren im gleichen Stadion der Deutschen Meisterschaft entgegenlief und gleichzeitig meine große Liebe unter den argwöhnischen Blicken ihrer Eltern verlor. Dieses Mal lief ich meiner Form hinterher und verlor dabei mich selbst. Es war die schwierigste Prüfung für mich, zu erkennen, dass ich am Ende war. Ich kehrte nach diesem Wettkampfwochenende vollkommen erschöpft und leer nach Hause zurück und beendete meine Saison frühzeitig.

Den restlichen Sommer war ich orientierungslos, wollte die Schmerzen loswerden, wusste aber nicht wie. So kam mir die Aufgabe als Hilfscoach gerade recht. Ich reiste als Betreuer einer Athletin zu der Junioren-Europameisterschaft. Dort angekommen, verkrachte ich mich wegen ihrer unverständlichen und unmenschlichen Einstellung mit der gesamten Leichtathletischen Delegation. Die anwesenden Häuptlinge des Deutschen Leichtathletik Verbands wollten mir nämlich verbieten, diese Athletin zu coachen. Ich kannte diese Sportlerin in all ihren Facetten um einiges besser als die auserwählten Trainer vor Ort, die sie betreuen sollten. Es musste aber ein DLV-Mützenträger sein, der den offiziellen Auftrag bekam, der Athletin die Anweisungen und Verbesserungen zuzurufen. Ich wollte und konnte diese Mütze nicht tragen. Aber ich war hoch motiviert, meinen Schützling zu einer Medaille zu bringen, und ihre Vorleistungen schrien danach. Doch leider waren die Funktionäre trotz langer Diskussion und logischer Argumentation alles andere als LEICHT und trugen überdies kein Gramm ATHLETIK mehr in sich, sonst hätten sie uns verstanden. Gesetze und Vorschriften im Sport sollten dazu da sein, sinnvoll einzugrenzen und zu schützen, sie sollten aber nicht verhindern, ab und zu über den Tellerrand hinauszublicken und sich den Gegebenheiten anzupassen, um das Beste für die Sportler*innen, um die es ja schließlich geht, zu erreichen.

Wäre ich nicht auf meinen ehemaligen diplomatischen Extrainer Ivan gestoßen, der dort ebenfalls eine Athletin coachte, wäre es wahrscheinlich zum Eklat gekommen. Wir entschieden uns, Theater zu spielen. Ich wollte mir meinen Auftrag nicht nehmen lassen, und meine Athletin hatte auch zu keinem anderen Trainer zu dieser Zeit Vertrauen. Ivan trug also die offizielle DLV-Mütze. Ich stand neben ihm und coachte meinen Schützling. Damit es so aussah, dass alles mit rechten Dingen zuging, teilte ich meine Anweisungen und Verbesserungen meiner Athletin mit, Ivan nickte ihr zu, und soufflierte meiner Athletin, dass sie es genauso machen sollte. Die offiziellen Beobachter waren zufrieden, und ich war auf der einen Seite amüsiert über das uns aufgezwungene Schauspiel, auf der anderen Seite aber fand ich es skandalös und absolut unverständlich, zu welch lächerlichen Handlungen sie uns trieben.

Meine Stimmung änderte sich erst, als ich abends meine Journalisten-Freundin Tine traf, die Rebellionen liebte und immer neue und überraschende Worte fand, um die Menschen und Situationen zu beschreiben. Nun saß sie mir gegenüber, ihre wilden braunen Haare blond gesträhnt, und ihre überdimensional große Sonnenbrille hielt mich davon ab, in ihre strahlend blauen Augen zu fallen. Wir redeten über die Ereignisse des Tages; ihre Leichtigkeit und ihre Fröhlichkeit gaben mir sofort wieder etwas Gelassenheit zurück. Schnell kamen wir vom Sport ab und unterhielten uns über eines unserer Lieblingsthemen: Hunde. Tine hatte sich nach meiner misslungenen Kidnapping-Aktion in Griechenland selbst eine Hundedame gekauft. Lou lag in unseren Gedanken an diesem Abend zufrieden neben uns, und man hätte meinen können, dass der Hund und seine Besitzerin zum gleichen Friseur und zum gleichen Visagisten gehen. Die Augen der Briard-Mischlingshündin zierten von Geburt an ein schwarzer Lidstrich, und die Fellfarbe wechselte je nach Saison. Als Tine und ich uns vorstellten, wie Lou ganz stolz im Salon sitzt und die Angestellten herumdirigiert, gerieten nahezu alle Probleme vor Ort in Vergessenheit.

Ende des Jahres besuchte ich mit Violetta meinen Stiefvater und meine Schwester in Florida. Meine Eltern hatten sich inzwischen getrennt, und meine Mutter war nach Deutschland zurückgekehrt, um sich um meine an Demenz erkrankte Oma zu kümmern. Ich wusste, dass meine Freundin Veronika gerade in New York war, und schlug Violetta eine spontane Autoreise dorthin vor. Ich schrieb Veronika eine Kurzmitteilung, dass wir sie besuchen kommen. Wir fuhren knapp tausend Kilometer an einem Tag, schliefen in einem Hotel, standen auf und fuhren erneut achthundert Kilometer, um zur Mittagszeit die Freiheitsstatue zu sehen. Veronika hatte sich bis dahin noch nicht gemeldet, und ich hatte weder einen Hotelnamen noch irgendeinen anderen Anhaltspunkt, wo sie sich aufhalten könnte. Am Nachmittag endlich meldete sie sich ganz aufgelöst: »Habe eben erst mein Handy angeschaltet, ihr seid ja vollkommen verrückt.« Wir trafen uns in Downtown und verbrachten einen aufregenden Tag miteinander. Am nächsten Morgen verließen wir diese einzigartige Stadt um viele Eindrücke reicher und machten uns nach einem Abstecher in Washington wieder quer durch die Südstaaten auf die Rückreise zu meinem Stiefvater.

Florida ohne Strandtage ist wie Liebe ohne Sex. Schön, aber nicht befriedigend. Violetta zuliebe verbrachten wir einen ganzen Tag am Meer. Doch mir ging es nicht gut. Ich sehnte mich nach unbeschwerten Kindheitstagen zurück, nach meinen Fischen und den tauchenden Augen, die nicht genug bekamen von diesem klaren Unterwasserreich. Ich wollte einfach nur normal sein und mich mit meiner Freundin unbeschwert in die Wellen stürzen. Stattdessen saß ich wie so viele Male zuvor auf meinem Handtuch und spürte diese abgrundtiefe Wut in mir hochkommen.

Ich beobachtete am Strand einen Vater mit seiner kleinen Tochter. Sie bauten Burgen, gruben sich gegenseitig ein und hatten eine Menge Spaß. Wütend und traurig dachte ich, der Vater, das ist meine Rolle, und er verkörpert meine Sicht des Lebens, die ich aber nicht ausleben kann. Ich hatte damals einen Traum, der mich verfolgte und mich fast aufgefressen hätte. Ich liege mit geschlossenen Augen im Sand, die Sonne bräunt ohne einschnürende Hindernisse meinen Rücken, ich erwache und springe in das kalte Nass, tauche auf und spüre einen Fremdkörper, den ich in ein Top gezwängt habe, an mir. Von Sonnenstrahl zu Sonnenstrahl werde ich aggressiver, möchte nicht länger in diesem Körper hausen. Könnte sterben vor Wut, könnte mein Top nehmen, darauf rumtrampeln, es zerreißen, es anzünden, und doch setze ich mich resigniert hin und warte, bis ich aus dem Traum erwache. Welch Albtraum. Das Schlimmste daran war, dass ich ihn lebte und weit davon entfernt war, aufzuwachen.

Mein falsches Sein machte mich immer depressiver, und viele unterdrückte Gedanken und Gefühle, die ich lange Zeit in mir eingesperrt hatte, suchten sich nun ihren Weg an die Oberfläche. Äußerlich ließ ich mir wenig anmerken. Menschen auf Distanz zu halten, selbst wenn sie gesteigertes Interesse an mir zeigten, war immer eine leichte Aufgabe für mich gewesen, hatte ich diese Distanz doch seit Kindheitstagen nicht anders gewahrt. Ich ließ niemanden an mich herankommen, war fortwährend gut gelaunt und trug meine Melancholie versteckt in der Jackentasche. Aber plötzlich funktionierte dieser Schutzschild nicht mehr. Meine Freundin Violetta hatte sich mühsam und hartnäckig zu mir hindurchgearbeitet, und endlich sprach ich zum ersten Mal über meine Sehnsüchte.

DER AUSBRUCH

Wie können wir wissen, wer wir sind, wenn wir nicht wagen, was in uns steckt?

PAULO COELHO

Alles war real. Ich war nah. Ich war fern. Die Wahrheit befreit. Die Lüge bewegte nichts. Ich stand still, bis ich langsam aus mir herauskroch.

»Warum lässt du dich nicht operieren?« Diese so selbstverständlich gestellte Frage war der Beginn meines neuen Lebens. Seitdem Violetta und ich aus Florida zurückgekehrt waren, redeten wir sehr viel, und mein männliches Selbstbild bröckelte von Gespräch zu Gespräch, wobei sie mir klarmachte, dass ich mich in der Öffentlichkeit nicht mehr verstellen müsste und endlich so leben und lieben könnte, wie ich fühlte. Im Herbst besuchten wir gemeinsam ihre Mutter in Frankreich. Sie ist Klavierlehrerin und hilft autistischen Kindern, unter anderem mit den Mitteln der Musik eine Verbindung zu anderen Menschen und in die »normale« Welt zu finden. Sie hatte Violetta diese Frage in einem Gespräch zwischen Mutter und Tochter gestellt, und Violetta hatte sie bei der nächsten Gelegenheit direkt an mich weitergegeben.

Es war, als hätte jemand in mir eine verschlossene Tür aufgestoßen, die so groß war, dass King Kong, Goliath und Godzilla gemeinsam durch sie gepasst hätten. Noch am gleichen Abend fand ich im Internet bei meiner Recherche endlich einen Namen für das, was mich jahrelang von der »normalen« Welt trennte: Transidentität. Alles, was ich auf verschiedenen Websites und Foren las, konnte ich auf mich projizieren. Mein Problem war real, es existierte, ich war nicht allein, und das Allerbeste daran war: Es gab eine Lösung. Dafür war ich bereit, mein ganzes bisheriges Leben über Bord zu werfen, selbst die anstehende Teilnahme an den Olympischen Spielen in Peking war ich ohne Zögern bereit, für meine Befreiung zu opfern.

Die Liste der benötigten Anträge und Gutachten für eine geschlechtsangleichende Operation war lang und die Umsetzung sehr zeitintensiv. Für jemanden wie mich, der am liebsten gleich mit der Behandlung begonnen hätte, bestand nun die größte Herausforderung darin, mich in Geduld zu üben.

Mit achtzehn hatte ich schon einmal einen Bericht über eine geschlechtsangleichende Operation gelesen. Darin wurde aber ein Horrorszenarium entworfen, der medizinische Standard wurde als höchst unzureichend beschrieben und die Ergebnisse, die zum Teil auf kleinen unscharfen Schwarz-Weiß-Abbildungen zu sehen waren, waren einfach nur abschreckend. So abschreckend, dass ich mir damals eine solche Maßnahme für mich nie hätte vorstellen können. Außerdem hatte damals gerade meine sportliche Karriere begonnen, und ich musste sehen, dass ich sie am Laufen hielt, damit ich genug Geld verdienen konnte, um meinen Lebensunterhalt bestreiten zu können. In den darauffolgenden Jahren beschäftigte ich mich nicht mehr mit den Möglichkeiten, meine Geschlechtsmerkmale zu korrigieren, ich wollte einfach nur funktionieren. Jetzt aber fiel es mir wie Schuppen von den Augen, und nichts sollte meiner Entscheidung im Weg stehen.

Nach meinem Achillessehnenriss hatte mir eine unbekannte Frau geschrieben und sich nach meiner Rekonvaleszenz erkundigt. Sie war Ärztin, verfolgte meinen sportlichen Weg und wollte mir Mut machen. Über die Jahre blieben wir in einem losen Kontakt. Bis zum Zeitpunkt meines Erwachens wusste ich noch nicht einmal, wie sie aussah. Nun schrieb ich ihr eine lange E-Mail, in der ich ihr klar strukturiert und sachlich erklärte, was ich vorhatte, und sie rundheraus um ihre Unterstützung bat. Ihre Reaktion auf meine Offenbarung war sehr professionell und hilfreich, schon wenige Tage später hatte ich einen Termin bei einer ihr bekannten Psychologin, auf den ich normalerweise Wochen hätte warten müssen.

Mit dem Vorhaben, auf jeden Fall noch eine letzte Hallensaison zu bestreiten, fuhr ich zu meinem psychologischen Erstgespräch. Während ich die Anmeldungsformulare ausfüllte, sah ich mir meine zukünftige Begleittherapeutin an. Sie trug leicht gewelltes Haar, war in einem fortgeschrittenen Lebensalter und verbreitete eine Aura aus Ruhe und Verständnis. Ihre Einschätzung würde über die Hormonsubstitution entscheiden, und ich musste sie deshalb davon überzeugen, dass es sich bei mir um keine vorübergehende seelische Labilität handelte, sondern dass ich schon mit den falschen Geschlechtsmerkmalen auf die Welt gekommen war und unter diesem Zustand litt, seit ich denken konnte.

Nach unserem ersten Gespräch bekam ich schreckliche Kopfschmerzen. Langsam begriff ich, dass all die aufgestauten Tränen jetzt geweint werden wollten. Jeder Tropfen Traurigkeit, der aus einem tiefen schwarzen See der Verzweiflung nun schmerzvoll den Weg nach draußen fand, reinigte und heilte mich mehr als jede Behandlung eines Achillessehnenarztes. Mir ging es gut, mir ging es schlecht. Ich wollte mich erklären und wollte schnell vorankommen.

Ich schrieb meiner Therapeutin einen fünf Seiten langen Brief, in dem ich ihr ehrlich und ohne Scham von meinem Sexualleben, meinen Freundinnen, meiner schönen Kindheit und der schrecklichen Pubertät berichtete. Ich erwähnte alles, was ihr zu meinem Verständnis dienen konnte. Meine offene Kommunikation und Schlagfertigkeit, gepaart mit meinen ehrlichen Empfindungen sollten mich belohnen.

Die nächsten Tage waren sehr aufregend. Ich teilte meine zukünftigen Schritte meiner Familie, meinen Freunden mit und informierte meinen Heimtrainer. Ich begann mit meiner Schwester, die gerade zufällig und nichtsahnend aus Amerika zu Besuch in Deutschland war. Wir saßen am Rheinufer und unterhielten uns über unsere Vergangenheit, die Beziehung zu unseren Eltern und ihr aktuelles Liebesleben. Als ich begann, von meinem Vorhaben zu erzählen, und immer weiter und weiter redete, hatte nicht nur ich den Eindruck, dass sich nun alle Puzzleteile meines Lebens, dass ich nur mit heterosexuellen Freundinnen zusammen war, dass ich immer als Junge angesehen wurde usw., zusammenfügten. Wir hielten uns im Arm und weinten vor Schmerz und Freude. Nie waren wir uns so nah wie in diesem Augenblick.

Meine Mutter war sehr cool. Sie sagte, dass ich wissen müsse, wie ich leben möchte, und wünschte sich nur, dass ich glücklich bin. Meine Oma hat leider nur wenig von meiner Entscheidung mitbekommen, weil ihre Krankheit schnell voranschritt. Mein Stiefvater war gerade in Deutschland, als ich meine Entscheidung meiner Mutter mitteilte. Er verstand mich, weil er mich aufwachsen sehen und dabei meine Männlichkeit schon früh wahrgenommen hatte, war aber misstrauisch, was die Operation betraf. Einen so tollen Penis, wie wir Männer ihn haben, kann man doch nicht nachbauen, versuchte er mir durch die Blume zu sagen. Nachdem ich ihm aber alles genau erklärt hatte, war auch er begeistert und hoffte, dass alles gutging.

Meine Freund*innen waren nicht sehr überrascht von meinem Outing, eher erleichtert. »Endlich«, sagten sie und dass es für sie nur eine Frage der Zeit gewesen sei, wann ich diesen Schritt wagen würde. Jeder hatte sich seine Gedanken gemacht, sich aber nicht getraut, mich darauf anzusprechen. Nun war es raus, das fanden sie gut, und ich erfuhr auch, warum meine Freundin Veronika nie mit mir über ihre Periode sprach. Sie sah mich als Mann, und Männer verstehen davon nichts.

Meinen Trainer Herbert traf ich abends nach einer Trainingseinheit in seinem Büro. Wir saßen uns vis-à-vis, die Atmosphäre und unsere Körpersprache waren ruhig und bedacht. Fast feierlich aufrecht und mit strahlenden Augen erzählte ich ihm von meinen Plänen. Als ich mit einem Blick auf meine männliche Zukunft endete, hatte er Tränen in den Augen. Er war hin und her gerissen. Einerseits war er sehr traurig, dass es die Sportlerin, wie er sie kannte und die er trainierte, bald nicht mehr geben würde, anderseits freute er sich darauf, einen neuen und doch vertrauten Menschen kennenzulernen. Seine Reaktion rührte mich sehr, weil Freude und Schmerz bei ihm so eng beieinander lagen, aber auch, weil mein Trainer sofort verstand, dass dies der einzig richtige Weg für mich war, mein Leben glücklich weiterzuleben, und er noch nicht mal im Ansatz versuchte, mich davon abzubringen.

Natürlich hätte ich auch einen anderen Weg wählen können, als meine Transidentität öffentlich zu machen. Ich hätte mich einfach aus gesundheitlichen Gründen vom Spitzensport zurückzuziehen können, um irgendwo auf der Welt unerkannt ein neues Leben als Mann beginnen zu können. Doch das kam nicht in Frage. Für mich gab es kein Versteckspiel mehr.

In Rekordzeit, schon nach der dritten Sitzung – bei manchen Betroffenen vergehen Jahre, bis sie das Okay für die Hormonsubstitution bekommen – bekam ich grünes Licht für die Einnahme des Stoffes, aus dem meine Träume bestanden. Die schnelle Entscheidung resultierte wahrscheinlich auch daher, weil ich so konsequent und offen mit meiner Situation und meinen Plänen sowohl bei meiner Therapeutin als auch in meinem persönlichen und sportlichen Umfeld umgegangen war. Der Termin bei einem Endokrinologen, einem Facharzt für Hormon- und Stoffwechselthematiken, der in meinem Fall die Hormonsubstitution durchführen würde, stand fest.

Mit dem Beginn der Hormonbehandlung zerschlug sich auch der Plan, noch eine weitere Hallensaison zu bestreiten. Doch zweifelte ich keine Sekunde an meinem Vorhaben, ich spürte noch nicht einmal einen Funken Wehmut, obwohl die Hormoneinnahme ja immerhin das Aus meiner sportlichen Karriere bedeutete – Testosteron ist Doping, und für nichts empfinde ich mehr Abscheu im Sport als für Doping. Ich war auf dem Weg zu einer Freiheit, die größer war als meine Liebe zum Fliegen. Ich begriff, dass ich endlich in mir fliegen konnte. Die nächsten Tage tüftelte ich zusammen mit Tine an einer Presseerklärung. Darin sah ich die Chance, mich in der

Öffentlichkeit das allererste Mal so zu zeigen, wie ich wirklich bin.

Ich wende mich heute an die Öffentlichkeit, um meinen Rücktritt vom Leistungssport bekanntzugeben. Meine andauernde Verletzungsmisere trägt ihren Teil dazu bei. Im Wesentlichen erfolgt meine Entscheidung aber aufgrund meines seelischen Ungleichgewichts. Seit vielen Jahren befinde ich mich gefühlsmäßig im falschen Körper. Wer mich kennt, erkennt einen klaren Makel. Ich fühle mich als Mann und muss mein Leben im Körper einer Frau leben. Die Jahre der Diskrepanz zwischen Schein und Sein haben ihre Spannungen hinterlassen und körperlich Ausdruck gefunden in Form meiner verletzten Achillessehnen. Eine chronische Verletzung ist immer die logische Konsequenz, dass es der Seele nicht gut ergeht. Ich möchte nicht länger verkannt werden und mir dadurch weiter innerlich und äußerlich schaden. Ich bin mir der Tatsache bewusst, dass Transsexualität ein Randthema ist. Ich möchte nicht für seinen weiteren Rand verantwortlich sein, geschweige denn ein Versteckspiel spielen. Ich appelliere an das Verständnis und Einfühlvermögen eines gesunden, reinen und charakterstarken Menschenverstandes, meinen Schritt zu respektieren und keine falschen Schlüsse daraus zu ziehen. Ich dope nicht. Daraus und aus der bevorstehenden Hormonbehandlung resultiert meine Entscheidung, dass ich dem Hochleistungssport den Rücken kehre. Die Welt des Sports ist klein. Umso dankbarer bin ich dafür, dass mich Größeres erwartet. Ich gehe diesen öffentlichen Weg bewusst. Niemand soll sich belogen oder betrogen fühlen. Aus biologischer Sicht haben meine bislang errungenen Erfolge ihre natürliche Berechtigung. Ich habe zu zeigen gewagt, was in mir steckt. Es ist normal, anders zu sein. Nicht der Strom allein ist normal, sondern auch die Wellen, die zu ihm gehören. Ich bin froh, diesen Weg zu gehen, und erfreue mich an der Tatsache, bald ganz im Reinen mit mir zu sein.

Eine Stunde später, nachdem wir die Erklärung in die Welt hinausgeschickt hatten, klingelte das Telefon und hörte erst viele Tage später wieder auf. Was in den darauffolgenden Tagen und Wochen geschah, hätte ich mir nie vorstellen können. Das Medieninteresse war enorm, ich suchte mir, um noch mehr Menschen aufzuklären, eine quotenreiche, seriöse Fernsehsendung und sprach offen und frei darüber, was es bedeutet, mit den gegengeschlechtlichen Geschlechtsmerkmalen geboren zu sein. Die Reaktionen auf diesen Fernsehauftritt waren gewaltig, zwischenzeitlich brach aufgrund der vielen Glückwünsche und Grußbotschaften in meinem Gästebuch meine Website zusammen. Was mich aber am meisten freute und überraschte, war das Verständnis und die ehrliche Anteilnahme, die mir so viele Menschen entgegenbrachten. Mich erreichten sehr persönliche E-Mails und lange Briefe. Als mitfühlendes Zeichen schickten die Menschen mir Bücher, Gedichte und Musik. Ich bekam Nachrichten aus Vietnam, den USA, Frankreich, Portugal, Spanien, Holland und vielen anderen Ländern. Natürlich haben sich auch Betroffene gemeldet und Sportkollegen. Aber der überwiegende Teil der Absendenden hatte weder etwas mit Sport am Hut noch war er selber von Transidentität betroffen.

Christiane, 29 Jahre alt, fand meinen Satz »Es ist normal, anders zu sein«, gut und wünschte mir ein schönes zweites Leben. Elmar, ein 64-jähriger Rentner, erfreute sich an der authentischen und ehrlichen Art meiner Worte. Ute, Ende 40, fand schon immer meinen Sixpack toll und wollte mir frauenfeindliche Witze für meine zukünftigen Stammtischabende mit auf den Weg geben.

Der ergreifendste Brief kam von Hans aus der Nähe von Frankfurt. »Ich habe Parkinson, schreibe aber trotzdem noch gerne mit der Hand.« Allein dieser erste Satz, verfasst auf gelbweißem Briefpapier, ließ mich erschauern. Wie viel Fleiß, Anstrengung, Verzweiflung, Interesse und Kunst darin steckte, vermag ich mit meinen Worten nicht zu beschreiben. Jeder Buchstabe erzählte eine Geschichte seines Lebens. In seiner zittrigen Handschrift sah ich seinen Schmerz, seine gleichzeitige Leichtigkeit und die Anstrengung, seinen Worten, seinen Gedanken das Persönliche, das Besondere zu geben. Ich malte mir aus, wie er an seinem Tisch sitzt und mühsam jeden Gedanken und jede Frage auf Papier bringt.

Es fällt ihm schwer, den Stift zu halten. Das Zimmer ist dunkel. Er aber scheint hell aus sich heraus. Was er nicht braucht, besitzt er nicht. Er braucht Platz. Sei es der Raum in ihm oder das Zimmer um ihn herum, schlicht aber stilvoll nur mit dem Nötigsten eingerichtet. Einen Hauch zu dünn schreibt der blaue Kugelschreiber, der unruhigen Hand fehlt der nötige Druck, seine Gedankengänge niederzuschreiben.

Doch nicht nur aus der Ferne erreichten mich die Reaktionen auf mein Outing. Auch direkt vor meiner Haustür war ich Thema. Seit sechs Jahren stand ich jeden dritten Tag an der Wursttheke eines kleinen Supermarktes bei mir ums Eck und bestellte 250 Gramm Geflügelwurst. Von der Filialleiterin des Marktes, die gelegentlich an der Theke aushilft, wurde ich schon mit einem »Wie immer?« begrüßt. Oft redeten wir dann eine Weile, ihre selbstverständliche Art, wie sie einerseits Chefin sein konnte und anderseits Wurstverkäuferin und dabei immer sie selbst blieb, imponierte mir. Sie ihrerseits verfolgte meine sportliche Karriere, gratulierte mir zu Siegen und tröstete mich bei Niederlagen. Als ich nach einer halben Ewigkeit und einer langen Schlange im Rücken zum ersten Mal, nachdem ich meine Transidentität öffentlich gemacht hatte, an ihrer Theke stand, beglückwünschte sie mich zu meinem größten Sieg. Sie wünschte sich, dass auch ihre Kinder später so aufrichtig und mutig ihren Weg gehen, um ihr persönliches Glück zu finden. Gleichzeitig ärgerte sie sich über die vielen unzufriedenen Seelen um sie herum, die sich nicht trauten, aus ihrem unglücklichen Leben auszubrechen, ob aus Angst oder aus Bequemlichkeit. Ich merkte schnell, es ging ihr nicht um Transidentität, und fragte nach, was sie genau meinte. Sie erzählte mir von der Reaktion im Laden, als mein Outing groß in der Zeitung stand. »Hast du schon gelesen, die Buschbaum wird jetzt ein Mann!?« – wie ein Lauffeuer hatte sich die Nachricht verbreitet, und Unverständnis und Spott waren zu hören gewesen. Darauf hatte die Chefin ihre Angestellten zusammengetrommelt, und ihnen eine ordentliche Standpauke gehalten. »Warum hast du nicht den Mut, deinen Mann zu verlassen?«, hatte sie die Kassiererin gefragt, die ihre blauen Flecken montags immer mit einem Halstuch versteckte. »Und warum stehst du nicht zu deiner Tochter, wenn sie dich braucht, egal, was die Nachbarn dazu sagen?«, hatte der Lagerarbeiter zu hören bekommen, und die Mitarbeiterin, die ihr ständig ihre Antriebslosigkeit und Depression klagte: »Warum suchst du dir nicht endlich Hilfe, beginnst eine Therapie. Euch allen geht es schlecht, aber ihr habt keinen Mumm in den Knochen, das zu ändern?«, hatte sie sie gefragt und von meinem Mut gesprochen und von meiner Verantwortlichkeit, für mein eigenes Glück zu kämpfen. Sie hatte es verstanden, und ihre Angestellten sollten es auch verstehen.

Die Hormontherapie stand kurz vor ihrem Beginn, und ich war gespannt auf die Wirkungen des Testosterons in meinem Körper. Man hatte mir gesagt, dass ich frühestens nach der dritten bis vierten Spritze etwas bemerken würde. Aber jeder Körper reagiert anders, und so fieberte ich dem Termin bei meinem Endokrinologen entgegen.

Testosteron wird – aber nicht nur – in großen Mengen in den Hoden, als auch in den Nebennieren produziert. Mir fehlten zwar die Hoden bei meiner Geburt, deshalb sollte ich das Hormon intramuskulär in meinen Allerwertesten gespritzt bekommen. Innerlich gespannt auf das Gefühl, die Flüssigkeit endlich in meinem Pomuskel zu spüren, saß ich in der Praxis und hörte meinen Aufruf: »Herr Buschbaum, bitte.« Im Arztzimmer erwartete mich ein großer, selbstbewusst wirkender Mann. »Nun, Herr Buschbaum, Ihr Ruf eilte Ihnen voraus. Sie können es nicht erwarten.« Er erwähnte, dass meine Begleittherapeutin ihn schon über mich informiert hatte, und erklärte mir, dass ich die ersten drei Spritzen im Abstand von drei Wochen bekommen würde. Danach würde der Zyklus auf alle zwei Wochen verkürzt werden. Zufrieden nickte ich, doch dann kam der Genickstoß. »Die erste Spritze erhalten Sie aber erst bei Ihrem nächsten Besuch. Heute müssen Sie noch mal zur Nadel, ich brauche weitere Blutwerte von Ihnen.«

Drei endlose Tage vergingen, bis endlich der Anruf kam, dass alles in Ordnung sei und ich nun für die Spritze vorbeikommen könne. Ich ließ alles stehen und liegen und rauschte meinem Wundermittel entgegen.

»Ihr erstes Mal?«, fragte die Arzthelferin grinsend, als sie die Spritze aufzog.

»Wenn Sie es so sehen wollen, ja!«, antwortete ich.

»Es ist eine ölige Flüssigkeit, ich werde sie langsam spritzen, damit es nicht so weh tut. Die nächsten Tage werden Sie eine Art Muskelkater verspüren. Versuchen Sie Ihren Pomuskel entspannt zu lassen.« Ich hörte aufmerksam zu, konnte ihr aber nicht länger in die Augen sehen, weil die Spritze meine ganze Aufmerksamkeit beanspruchte.

»Machen Sie sich bitte frei«, hörte ich sie sagen, zog wie fremdgesteuert meine Shorts halb herunter, stellte mich auf ein Bein, machte die Augen zu und atmete tief ein. »Achtung, ein kurzer Pieks«, warnte sie mich und stach ein.

Eine Welle der Emotionen brach über mich herein, weil ich mit diesem kleinen Stich ein erstes Ziel erreicht hatte. Ich spürte einen großen Druck an der Einstichstelle, es erinnerte mich an damals, als meine Achillessehne gespritzt wurde. Heute aber war es anders. Heute heilten mich die Spritzen, damals machten sie mich nur noch kränker. Als ich aus der Praxis heraustrat, verspürte ich direkt mehr Energie und Kraft in mir, allerdings auch einen merkwürdigen Druck in meinem Hinterkopf. Es schien etwas in Bewegung gekommen zu sein in jener Gehirnregion, die die Hormone steuerte. Jedenfalls nahm ich das an.

Meine Freund*innen schickten mir nach der ersten Hormonspritze eine Happy-Birthday-Karte. Aus Geburtstagen hatte ich mir noch nie viel gemacht, ich fand, es waren Tage wie andere auch. Der Tag meiner ersten Hormonspritze allerdings war für mich ein wirklicher Geburtstag, den es zu feiern galt.

In den darauffolgenden Wochen spürte ich deutlich die

ersten körperlichen Veränderungen. Meine Haut juckte fürchterlich, ich hatte ungeheuren Appetit auf Fleisch und Eier und unsagbar großen Durst. Mitten in der Nacht erwachte ich mit trockener Kehle und geschwollenem Adamsapfel, leerte Gläser und Flaschen, konnte meinen Durst aber nicht stillen. Ich träumte sogar von Wasser in allen möglichen Variationen.

Morgens sah ich mich im Spiegel immer ganz genau an, konnte aber keine sichtbare Veränderung an mir entdecken. Freunde hingegen, die mich erst wieder nach ein paar Wochen sahen, bemerkten meine Erneuerung. Die meisten Veränderungen traten schleichend ein. Es war, wie mir meine Psychologin in der ersten Sitzung vorausgesagt hatte: Ich entwickelte mich in meiner Entwicklung. Damit hatte sie mich getröstet, weil die Prozedur meinem stets unruhigen Geist zu langsam voranschritt, und ich selbst davon wenig mitbekam, weil ich mich jeden Tag auf jedes Anzeichen der Veränderung kritisch beäugte. Es war, als wollte ich meinen Haaren beim Wachsen zuschauen.

Nach rund drei Monaten und sechs Spritzen sah und hörte auch ich einen deutlichen Unterschied. Anfangs konnte ich meine Stimme nicht kontrollieren und klang wie eine viel befahrene Autobahn, auf der die Autos mit meinen Buchstaben im Gepäck vorbeisausten. Ich wollte sprechen, aber ich hatte einen Frosch in der Kehle sitzen, und erst, wenn ich Kraft in meine Stimme legte, verschwand dieser, und ein krächzender Ton sprang heraus. Das hatte zwar den Vorteil, dass ich meine Stimme in der Öffentlichkeit nicht mehr verstellen musste, doch hörte ich mich in den ersten acht Wochen der Behandlung eher erkältet als männlich an, was sich auch daran zeigte, dass mir ständig eine »gute Besserung« gewünscht wurde. Allerdings machte mir das nicht viel aus, mir war wichtig, dass meine Stimme sich überhaupt veränderte, und ich wusste, dass dies eine Zwischenstation auf dem Weg zu meiner richtigen Stimme war.

In der fünften Klasse mussten wir einmal ein Gedicht vortragen und wurden dabei mit einem Tonbandgerät aufgenommen. Obwohl ich damals schon wusste, dass man sich anders anhört, als man sich selbst hört, und mir auch schon öfter beim Sprechen einen Finger ins Ohr gesteckt hatte, um eine Vorstellung davon zu bekommen, wie sich meine Stimme für andere anhört, war ich entsetzt. Die Stimme, die durch das Klassenzimmer schallte, war die eines Fremden. Sie war mir aber nicht nur fremd, sondern auch vollkommen unsympathisch. Wenn man bedenkt, dass die Stimme und nicht das Gesagte fast vierzig Prozent des persönlichen Erscheinungsbildes ausmacht, war das kein gutes Omen für eine harmonische Persönlichkeitsentwicklung. Ich war der Fremde in mir, und ich konnte mich erst wieder hören, als ich mit siebenundzwanzig Jahren endlich in den Stimmbruch kam. Heute sind Telefonate kein Problem mehr für mich, ich werde immer als Herr Buschbaum identifiziert. Allerdings sind mir immer noch persönliche Gespräche lieber, vor allem dann, wenn es um mehr als nur reinen Informationsaustausch geht. Ich brauche die ganze Performance meines Gegenübers, seine Gestik, seine Mimik, seinen Geruch, um mit ihm warmzuwerden und richtig reden zu können.

Meine Seele jedenfalls hat ihre Stimme gefunden. Wenn ich früher ein einfaches Klavier mit nur einer Oktave zur Verfügung hatte, so habe ich heute Zugriff auf einen glanzvollen schwarzen Flügel, der die schönsten Stücke spielen kann. Ich bin in mir stimmig. Außerdem hört mein Hund nun wesentlich besser auf mich.

Parallel zu meinem akustischen veränderte sich auch langsam mein optisches Erscheinungsbild. Mein Körper wurde noch fester. Ich spürte förmlich, wie sich mehr Muskulatur entwickelte. Das zeigte sich auch daran, dass ich kontinuierlich zunahm, bis ich zehn Kilogramm mehr auf die Waage brachte als zu meinen Wettkampfzeiten. Früher wäre ich bei solch einer Gewichtszunahme davon ausgegangen, dass ich mich mit meinem Körper am Stab und am Reck nicht mehr so flink bewegen könnte. Das Gegenteil war jedoch der Fall. Ich schoss, flog und hob mich durch die Lüfte, dass es eine Pracht war. Übungen, die früher ein Problem darstellten, absolvierte ich jetzt ohne vorheriges Training.

Doch als meine Muskeln wie von alleine weiterwuchsen, kam der Moment, an dem ich mir ungelenkig wie ein überzüchteter Pitbull vorkam. Ich war nicht in der Lage, meine neugewonnenen Kräfte in geschmeidige Bewegung umzusetzen, dazu fehlte mir das nötige Körpergefühl, das ich nur mit der Zeit und über genau abgestimmtes Training zurückgewinnen konnte. Es dauerte einige Monate, bis ich es schaffte, den deutlich erhöhten Muskeltonus in Bewegung umzusetzen. Meinen Trainingsplan reduzierte ich in dieser Zeit um etwa zwei Drittel meines früheren Pensums und absolvierte keine Sprinteinheiten, um das Verletzungsrisiko einzuschränken. Nach dieser Anpassungszeit waren meine sportlichen Ergebnisse erstaunlich. Für Stabhochspringerverhältnisse war ich früher schon nicht gerade langsam, musste aber für meine Schnelligkeit hart trainieren. Nach der mehrmonatigen Pause war ich beim ersten Sprint schneller als jemals zuvor. Um es anschaulicher zu machen: Ich konnte meine Sprintschritte um etwa zwanzig Zentimeter erweitern, was wahrscheinlich auf die gestiegenen Kraftwerte, die sich ebenfalls unglaublich schnell verbesserten, zurückzuführen war.

Wenn ich vorher eine Bestleistung im Bankdrücken von fünfundsiebzig Kilogramm vorweisen konnte, lag sie nun bei neunzig Kilogramm. Bei anderen Übungen, wie Kniebeugen oder Umsetzen, war meine Leistungssteigerung ähnlich: hatte ich früher beim Reißen eine Hemmschwelle bei fünfzig Kilogramm, riss ich dieses Gewicht nun spielend und davon acht Wiederholungen hintereinander.

Ich glaube, dass Testosteron auch zur Verbesserung meiner Ausdauer beitrug. Vielleicht nicht primär, da es eher die Kraft aufbaut. Dennoch merkte ich, dass ich Tempoläufe besser wegsteckte und vor allem länger und schneller joggen konnte als früher. Dies fiel mir vor allem bei den Tempolaufeinheiten, die wir über eine maximale Distanz von bis zu 250 Metern liefen, auf. Früher war ich nach fünf Läufen übersäuert und bekam keinen Fuß mehr vor den anderen. Jetzt steckte ich zehn Läufe mit links weg. Früher war meine Muskulatur in den Beinen ausgepowert, und ich brauchte zwei Tage zur Regeneration. Nun stand ich am nächsten Morgen auf und konnte das gleiche Programm wieder trainieren. Ich erholte mich erheblich schneller und intensiver, dadurch verringerte sich auch mein Verletzungsrisiko wesentlich.

Ein weiteres sichtbares Zeichen der hormonellen Umstellung waren die kleinen Härchen, die überall an Armen und Beinen sprießten. Ich hatte schon immer eine etwas stärkere Körperbehaarung. Als ich in die Pubertät kam, wuchsen mir am Kinn, an der Brust und am Bauch vereinzelt Haare, aber nun formten sie auf meinem Oberkörper ein richtiges Muster und selbst meinen Bauch musste ich regelmäßig rasieren. Dem enormen Haarwuchs konnte ich irgendwann nur noch mit einem Körperhaartrimmer begegnen, der Verschleiß an Rasierklingen war einfach zu groß. Dieses Gerät war die beste Investition des Jahres. Gegen einen dezenten Haarwuchs auf Männerbäuchen und -brüsten habe ich nichts einzuwenden, einen Haarbusch am Oberkörper allerdings empfinde ich den Frauen gegenüber als Zumutung. Auch die Haare auf meinem Kopf veränderten sich. Es wurden zwar immer wieder Witze über Geheimratsecken gemacht, doch das Kopfhaar bildete noch keine lichten Stellen, es wurde lediglich dunkler und fester. Eines Morgens entdeckte ich, dass Haare auf meinem großen Zeh und auf dem Fußrücken emporwuchsen. Ich empfand das als ziemlich unsexy, auch sie fielen sofort dem Rasierer zum Opfer.

Stolz dagegen war ich, dass meine sonst so schmächtigen Waden sich zu zwei wohlgeformten Männerwaden entwickelten. Deutlich wahrzunehmen waren auch das verminderte Unterhautfettgewebe und die heraustretenden Adern. Mein Stabhochsprung-Stiernacken wurde zu einem immer größeren Fleischberg, und ich hatte sogar den Eindruck, dass meine Füße aufgrund der Muskulatur größer geworden waren. Turnschuhe, die mir früher passten, konnte ich nicht mehr tragen, da ich vorne und seitlich anstieß.

Wovor ich zu Beginn der Therapie aber wirklich Befürchtungen hatte, war die angebliche Veränderung des Körpergeruchs, die mit vielen Hormonsubstitutionen einhergeht. Ich wollte nicht anders riechen als vorher, und es wäre für mich der blanke Horror gewesen, wenn ich plötzlich streng nach Männerschweiß gerochen hätte. Doch dazu kam es nicht. Zwar schwitzte ich in der Tat ein wenig mehr, empfand das aber als gut, da ich früher bei Hitze oder Anstrengung zu wenig geschwitzt hatte, mein Geruch veränderte sich zum Glück aber nicht. Zusätzlich hatte ich den Eindruck, dass ich nicht mehr so schnell fror, und fühlte ein angenehmes Feuer in mir brennen, das mich von innen wärmte. Das männliche Sexualhormon wirkte sich natürlich auch auf den Trieb aus. Zwar schaute ich schon früher gern schönen Frauen hinterher, allerdings wurde meine Körpermitte davon weniger beeinflusst. Auf die Frage »Warum Männer mehr Sex brauchen?« habe ich auch für mich eine Erklärung gefunden. Es sind wirklich die Hormone. Testosteron zündet bei einem Orgasmus wesentlich schneller und kürzer. Was heißt, dass das befriedigende Gefühl nicht so lange anhält. Daher verstehe ich die Männer, die einen hohen Testosteronwert haben, heute um einiges besser. Sie brauchen viel Sex, um diesen Druck loszuwerden. Auch ich, als ich anfing Hormone zu nehmen, kam mir vor, als hätte ich eine Dauererektion. Ich musste das Testosteron in mir abbauen, erledigte das aber in dieser Zeit in erster Linie über den Sport.

Nach drei Monaten im Stimmbruch und deutlichem Bartwuchs benötigte ich endlich einen neuen Namen. Ich sammelte alle Vorschläge, die mir gefielen, hatte aber schnell meinen Favoriten gefunden. Die Geschichte von Balian von Ibelin, der im zwölften Jahrhundert die Heilige Stadt Jerusalem von den Christen befreite, hatte mich schon als Jugendlicher fasziniert, und den von Ridley Scott gedrehten Monumentalfilm »Königreich der Himmel«, der lose auf seiner Lebensgeschichte beruht, hatte ich gerade im Kino gesehen und war sehr beeindruckt gewesen. Balian von Ibelin verlor darin alles, was im Leben eines Mannes wichtig ist. Er verlor seine Frau, sein Heim und begab sich auf eine Reise, um sich selbst und seine wahren Aufgaben zu finden. Balian – ich hatte meinen neuen Namen gefunden. Viel länger allerdings als für diese Entscheidung benötigte ich dafür, die ganzen Formalitäten zu erfüllen, die eine solche Namensänderung mit sich bringt. Im Gegensatz zur Änderung des Personenstandes, die erst nach der geschlechtsangleichenden Operation möglich war, kann der Name schon nach Vorlage der Gutachten umgeschrieben werden. Dieser Prozess dauerte knapp ein halbes Jahr. So musste ich noch etwas mit meinem alten Namen leben, bekam aber dadurch immer mehr den Eindruck, nicht mehr zu existieren, da nun auch meine äußere Erscheinung immer weniger zu den auf Pässen, Ausweisen und Kreditkarten gedruckten Personalien passte.

Ein weiteres Trainingslager, bei dem ich meinem Coach unter die Arme greifen sollte, stand an. Am Abend vor der Abreise fiel mir beim Kofferpacken ein Männersprinteranzug in die Hände, mit dem ich mich bereits vor acht Jahren für die Olympischen Spiele in Sydney hatte ausstatten lassen. Schon damals war ich mir sicher, dass ich ihn eines Tages tragen könnte. Wie und wann das möglich sein würde, wusste ich allerdings nicht.

In dieser Nacht träumte ich, dass ich den Anzug bereits trug. Mein Oberkörper war endlich so, wie ich ihn immer haben wollte. Ganz flach. Kein unnötiger Ballast. Nichts, was nicht zu mir gehörte. Ich war beim Bund und lief durch die Soldatenunterkünfte in der Kaserne und suchte mein Zimmer. Hilflos irrte ich durch die Gänge. Weder bei den Männern fand ich mein Zimmer noch bei den Frauen, wo ich zuletzt suchte. Alle sahen mich an, konnten mir aber nicht helfen. Verschwitzt und gequält wachte ich auf, trank einen großen Schluck, schlief wieder ein und träumte erneut. Ich befand mich in einem Güterwagen. Um mich herum standen schmutzige Stahlkisten, dazwischen mein Schlafplatz, bestehend aus meinem Rucksack, den ich für mein weiteres Leben gepackt hatte, und einer schwarzen Isomatte. Ich stand nackt, abgemagert, ohne Brüste und mit steifem Penis auf der linken Seite der offenen Schiebetür und sah hinaus. Ich versuchte mir einen runterzuholen und wollte einen Orgasmus spüren. Der Zug rauschte derweil an der Welt vorbei und schien nirgends anzukommen. Ich konnte in meinem Traum auch nicht kommen, weil ich noch nicht angekommen war.

Ich bin mir heute ziemlich sicher, dass diese Träume etwas mit meiner Angst vor dem Trainingslager zu tun hatten. Ich wusste, was auf mich zukommen würde, und fuhr dessen ungeachtet mit. Ich dachte, dass ich stark genug wäre. Ich war es nicht.

Wo ich auch hinblickte, sah ich athletische Männer mit freiem Oberkörper trainieren und sich am Strand frei bewegen. Ich saß wie immer mit Hose und T-Shirt daneben und fraß meine Wut in mich hinein. Wenn ich versuchte, mich damit zu trösten, dass sich dieser Zustand bald ändern würde, kam wieder dieser Hass in mir hoch, der sich gegen alles und jeden richtete, der mich noch daran hinderte. Das ganze Trainingslager war eine reine Tortur. Nachts schlief ich schlecht. Tagsüber quälten mich Kopfschmerzen. Mein Körper veränderte sich, meine Muskulatur gedieh durch die Hormone und das tägliche Training prächtig. Aber mein abgrundtief gehasstes Top wuchs nicht mit, es schnürte immer mehr meinen Brustkorb ein.

Aus Verzweiflung verfiel ich in alte Muster. Ich trainierte bis in den unerträglichen Schmerz hinein, um den anderen Schmerz zu vergessen. Ich wollte laufen und unbeschwert springen, doch mein Ballast zog mich zu Boden. Am liebsten hätte ich mir mit einem langen scharfen Messer meinen Oberkörper aufgeschlitzt und ihn so eigenhändig von der jahrelang getragenen Last befreit. Ich stellte mir diese Tat bis ins Detail vor, hörte das tonnenschwere Bündel Fleisch, wie es blutig und schwer auf den Boden platscht, und ich endlich davonfliegen konnte.

Mit meinem Namen hatte ich meine alte Identität abgegeben. Mein altes Selbstbild wurde zerstört. Ich war nun Balian und genoss eine kurze Zeit die Fortschritte der Hormonbehandlung, doch reichten mir diese Veränderungen nicht. Ich steckte in einem Zwischenstadium fest, ich war unfertig, nicht Fisch, nicht Fleisch. Dieser Zustand ist einzigartig und kaum auszuhalten. Möchte man einen Menschen wirklich in den Tod treiben oder foltern, dann stecke man ihn ins gegengeschlechtliche Geschlecht. Ich bin mir sicher, dass dieser Mensch nach kurzer Zeit sich freiwillig das Leben nehmen oder jede noch so geheime Information preisgeben wird.

Ich stand an meinem persönlichen Ende und doch gleichzeitig an meinem Anfang. Ich befand mich in einem leeren Raum, in dem nichts zusammenpasste, und musste die Situation mit Geduld und Ablenkung meistern.

Nach meiner Rückkehr aus dem Trainingslager versuchte ich mich unsichtbar zu machen und führte ein sehr eingeschränktes Leben. Ich vermied Situationen, in denen ich mich ausweisen musste, lieh mir keine DVDs mehr aus, verzichtete auf Ausflüge mit einem gemieteten Motorrad und benutzte sogar mein Auto weniger, weil ich nicht in eine Führerscheinkontrolle geraten wollte, und bezahlte nur noch mit Bargeld. Kam ich doch einmal in die Bredouille und musste mit Karte zahlen, spielte sich immer das gleiche ab. Meine Freundin solle doch bitte reinkommen und selbst unterschreiben, wurde ich aufgefordert. Nach dem einsetzenden Stimmbruch und meinem nicht mehr zu übersehenden Bartwuchs war es keine Kleinigkeit mehr, den genauen Sachverhalt an einer vollen Kasse zu erklären.

Parallel zu meiner Namensänderung musste ich mich um die Kostenübernahme für die anstehenden Operationen kümmern. Ich benötigte zwei unabhängige psychologische Gutachten, die von meinem zuständigen Amtsgericht ausgewählt wurden. Knapp eine Woche vor dem ersten Gutachtertermin schickte ich den beiden Gutachtern einen sechs Seiten langen Brief und eine DVD mit Fotos, die mit passender Hintergrundmusik meine äußerlichen Veränderungen dokumentierten. Das erwies sich als sehr hilfreich, denn so konnten sich die beiden Psychologen schon ein Bild von mir und meiner Motivation machen. Meine erste Gutachterin war Ende dreißig, sehr attraktiv und aufgeschlossen. Der Termin dauerte zehn Minuten. Ruhig erzählte ich ihr, dass ich noch nie das Leben einer Frau gelebt hätte, dass ich seit meinem sechzehnten Lebensjahr Beziehungen zu heterosexuellen Frauen habe, dass ich, seit ich denken kann, Männerklamotten und Männerschuhe trage, After Shave und Männerparfüm benutze und mein Duschgel schon immer nach männlichem Geruch und Verpackung auswähle – nicht bewusst, sondern weil ich gar nicht anders kann. Sie unterbrach mich nach diesem Satz, sie hatte genug gehört, alle

Zweifel waren ausgeräumt, und das Gutachten, das ganz in meinem Sinn ausfiel, musste nur noch abgetippt werden. Der zweite Gutachter war ein Mann. Er wollte wissen, wie ich als Frau meine heterosexuellen Frauen kennengelernt habe und wie ich dabei mit meinem falschen Körper zurechtkam. Ich sagte, dass ich mein Schicksal als meinen Weg ansehe. »Ich bin eine Laune der Natur. Ich bin wie das Leben, wie die Liebe – unvollendet. Ich habe die Aufgabe, mich ganz zu machen.« Ich versuchte ihm zu erklären, dass ich an das seelische Geschlecht glaube. Die Frauen, die sich in mich verliebten, hätten sich nicht in mein Geschlecht, sondern in den Menschen, in meine Energie verliebt. Und manchmal war mein Anderssein auch etwas Besonderes, das einen gewissen Reiz ausstrahlte und Neugierde erweckte. Auch sein positives Gutachten lag nach drei Wochen in meinem Briefkasten.

Zusätzlich zu den beiden Gutachten benötigte ich noch ein weiteres Gutachten von einem Bundeswehr-Psychologen, da es um die Kostenübernahme der Psychotherapie und später der Operationen ging, der die Bundeswehr zustimmen sollte. Als ich am Anfang meines Weges stand, nach meinem Outing bei meiner Familie, meinen Freunden und meinem Trainer, schickte mich mein zuständiger Truppenarzt in das nächste Bundeswehrkrankenhaus. Ich sollte dort mit einem Kollegen von ihm sprechen, der angeblich Ahnung »auf diesem Gebiet« hatte. »Stabsunteroffizier Buchsbaum bitte«, begrüßte er mich mit falsch ausgesprochenem Namen und sah mir dabei keinen Augenblick lang in die Augen, was er auch im darauffolgenden Gespräch die meiste Zeit tunlichst vermied. Das Schockierendste an der Situation aber war, dass er die ganze Zeit, während wir uns an einem kleinen Tisch gegenübersaßen, mit extrem überkreuzten Beinen stocksteif ganz vorne auf seinem Sessel saß und ich mich fragte, wo er seinen Penis versteckt hielt. Er hatte ohne Zweifel ein Problem, das mächtiger war als meines. Am Schluss erklärte er mir kurzerhand, dass ich meine Pläne aufgeben sollte, denn die Bundeswehr werde mir niemals Testosteron verschreiben, die Herzinfarktgefahr sei zu groß.

Für das nun zu erstellende psychologische Gutachten bat ich die zuständige Stelle innerhalb der Bundeswehr, mich nicht mehr zu dem »Penisabdrücker« zu schicken. Diesem Wunsch wurde entsprochen. Dieses Mal war es eine Frau, wir arbeiteten gut zusammen, und ich nahm ihr Gutachten gleich in einem Briefumschlag mit.

Nachdem die Namensänderung endlich rechtskräftig war, änderte ich alles, was ich vorher nicht einfach ohne richtige Papiere ändern konnte. Telefonrechnungen, Personalausweis, Reisepass, Führerschein, EC- und Kreditkarten. Ich hatte nun auch einen Pass mit meinem richtigen Namen und konnte ihn schon bald benutzen.

Zwischenzeitlich hatte ich verstanden, dass das Trainerdasein für mich eine erfüllende Tätigkeit mit Zukunftsperspektive war. Als sich mir die Chance bot, den Job meines Heimtrainers Herbert als Stützpunkttrainer zu übernehmen, nahm ich erwartungsfroh das Angebot an. Hier konnte ich all mein sportliches Wissen und meine Erfahrung einbringen und die neue Generation auf ihrem Weg begleiten. Ich hatte im Gegensatz zum Studium Menschen vor mir und musste mich nicht mit kalter Theorie, Daten, Zahlen und Fakten auseinandersetzen.

Im ersten Jahr als Trainer bekam ich gleich eine schwierige Aufgabe zugewiesen. Ich musste eine vielversprechende Athletin, die schon sehr jung sehr erfolgreich gewesen war, dazu bringen, sich weiterzuentwickeln. Oberflächlich bewältigte sie ihre Aufgaben gut und diszipliniert, sie ging dabei aber nie an ihre Grenzen, sondern erfüllte immer nur gerade so viel, wie von ihr verlangt wurde. Selten ging sie im Training einem verlorenen Spielball nach oder lief beim Stabhochsprung mit all ihrer Kraft und Überzeugung an. Sie befand sich in einem Zustand, den ich Komfortzone nenne, der zwar sehr ökonomisch zu sein scheint, aber wenig erfolgreich ist.

Viele Menschen bewegen sich in dieser Zone, nicht nur im Sport. »Ich finde keinen Partner, weil ich nicht gut aussehe.« »Meine Idee schlage ich nicht vor, weil mir ohnehin niemand zuhört.« »Warum soll ich mich dafür anstrengen, klappt doch sowieso nicht.« Das sind für mich keine Gründe, sondern Ausreden. Wer wirklich etwas verändern möchte, muss seinen inneren Schweinehund überwinden und handeln. Es ist ganz einfach, vorausgesetzt, man hat ein klares Ziel vor Augen und ist bereit, mit Fleiß, Ehrgeiz und Disziplin dafür zu kämpfen.

Die wirklich erfolgreichen Sportler*innen haben alle etwas gemeinsam: Sie können und wollen kämpfen, weil sie schon früh gelernt haben zu kämpfen. »Räume deinen Kindern nicht alle Steine aus dem Weg, sonst rennen sie einmal mit dem Kopf gegen eine Mauer«, hat Robert Kennedy einmal gesagt, und ich finde, er hat recht. Die meisten Eltern meinen es nur gut, wenn sie ihre Kinder in ihrer Entwicklung unterstützen wollen. Aber manche Schritte muss ein junger Mensch allein machen, um erfahren zu können, dass es Anstrengung kostet, sein Ziel zu verfolgen, aber auch, um zu erleben, wie schön und befriedigend es sein kann, wenn man es erreicht hat. Kindern und Jugendlichen, die in der Komfortzone leben, bleibt diese Erfahrung verwehrt, und es wird ihnen später schwerer als anderen fallen, an schwierigen, aber entscheidenden Punkten weiterzukämpfen. Hilft man einer Raupe, ihren Kokon abzustreifen, wird sie später als Schmetterling nie richtig fliegen können. Sie muss den schwierigen Prozess der Metamorphose allein bewältigen, damit sich ihre Flügel richtig ausbilden können.

Auch in den Biographien großer Persönlichkeiten findet sich dieses Muster. Der Mongolenkämpfer Dschingis Khan war der liebste Sohn seines Vaters. Aufgrund dieser Tatsache war der Vater wesentlich strenger zu ihm als zu seinen anderen Söhnen. Sein Vater sah in ihm großes Potenzial, vertraute auf seine Intuition und forderte ihn zu Höchstleistungen.

Das beste Beispiel ist für mich der Werdegang von Hermann Hesse. Er wuchs in einem strengen pietistischen Elternhaus auf. Für ihn war es eine Folterkammer, denn seine Eltern wollten seinen Willen brechen und ihm ihren aufzwingen. An diesem jahrelangen Druck hätte er zerbrechen können. Sein Charakter und sein Wille waren jedoch stark genug, um diese zerstörerischen Impulse in schriftstellerische Größe umzuwandeln, so dass am Ende nicht Wahnsinn und Selbstmord, sondern eine hochproduktive geistige Verfassung stand.

Das heißt jetzt nicht, dass man seine Kinder züchtigen soll, damit sie hart werden, um später erfolgreich sein zu können. Schläge und psychischer Druck gehören in keine Erziehung und auch nicht in die Begleitung junger Sportler*innen. Ich meine nur, dass man den Heranwachsenden nicht vor allem schützen darf und kann. Misserfolge und Niederlagen gehören dazu, denn nur wer sie erlebt hat und aus dieser Erfahrung heraus nicht aufgibt, wird am Ende wirklich siegen.

Meine Entwicklung beschreibt das Bild des Schmetterlings sehr gut. Es erforderte viel Kraft, mich aus meiner einengenden Hülle zu befreien. Aber ich musste diesen Weg alleine gehen. Weder meine Familie noch meine sportlichen Förderer und auch nicht meine Freundinnen hätten mich darin unterstützen können. Jede Hilfe hätte dazu geführt, dass ich mich vielleicht in einen Schmetterling verwandelt hätte, aber unfähig gewesen wäre zu fliegen. Doch nicht die Verwandlung ist das Ziel, sondern das erfüllte Leben danach. Dazu muss man stark und überzeugt sein – gegenüber sich selbst und anderen –, sonst gelingt es nicht oder wird nur halbherzig ausgeführt. Viele transidente Menschen bewegen sich in einer Grauzone, sind Familienväter, Mütter, Ehepartner und leben ihr wahres Ich nur an geschützten Orten und in großer Heimlichkeit aus, begleitet immer von der Angst, entdeckt zu werden. An einem solchen Leben wäre ich zerbrochen. Nach meiner Entscheidung, nun die von mir ersehnte Korrektur meiner weiblichen Geschlechtsmerkmale durchführen zu lassen, war ich mit mir vollkommen im Reinen. Natürlich hörte ich auch die Zweifler, Menschen, die meinen Weg nicht nachvollziehen und die für meine Veränderungen kein Verständnis aufbringen konnten, die nach einer Erklärung suchten, ein traumatisches Erlebnis in meiner Kindheit für mein Leid verantwortlich machten, das aufgearbeitet und behoben werden konnte, oder die meiner Persönlichkeit eine seelische Labilität attestierten, der man mit irgendeiner Therapie begegnen konnte. Ich aber wusste, dass es für mich keinen einfachen Mittelweg gab, mich wieder hinzubiegen, dass ich aufs Ganze gehen musste, um mich zu befreien. Hilfreich dabei war, dass ich schon immer klare Entscheidungen bevorzugt hatte, und das Hindurchlavieren und der Kompromiss mir immer ein Graus waren. Schwarz und Weiß, diese Töne, waren und sind meine Farbwelt. Das Bunt dazwischen sehe ich zwar, empfinde die Farbenpracht jedoch als langweilig für mich. Ich habe einmal einen befreundeten Künstler befragt, was es mit den Farben auf sich habe. Er antwortete: »In Schwarz und Weiß sind alle Farben enthalten, wenn du diese Farben lebst, lebst du auch alle anderen. Es wird dir in der Kunst wie im Leben nicht aufgezwungen, wie farbenreich oder trist du dein Bild oder deine Tage gestaltest. Zwar wird dir beigebracht, auf der Autobahn des Lebens links zu überholen, diese Seite ist rein und weiß. Wenn du auf der rechten Seite, abseits der Norm und des Erlaubten, überholst, bist du ein schwarzes Schaf. Aber die Mittelspurfahrer bringen uns nicht weiter, denn sie erfahren nichts Neues, nichts Aufregendes. Sie bringen uns nur so weit, wie bereits ein anderer vor ihnen gekommen ist. Sie kennen nur die Mitte und können auch nur diese weitervermitteln. Diese Mitte ist wohl der langweiligste Punkt in der Geschichte der Menschheit.«

Nach der Erfüllung meiner Papierträume in Form meines neuen Namens hatte ich das Gefühl, dass ich mich auch räumlich verändern musste. Zusammen mit meiner Freundin entschied ich mich für eine neue Wohnung. Wir waren uns einig, dass wir auf Luxus verzichten wollten, die neue Bleibe sollte nur das Nötigste besitzen. Unsere Suche endete in einer Anderthalbzimmer-Maisonette, mit vielen Schrägen und einem duftend-blühenden Kirschbaum direkt vor dem Fenster.

Als der Umzug beendet war, fiel ich in ein emotionales Tief.

Innerhalb eines halben Jahres hatte ich meine Karriere beendet, mein Anderssein öffentlich gemacht, sprach mit mir anfangs fremden Menschen über mein Sexualleben, wechselte meinen Namen, kam in meine richtige Pubertät und zog in eine neue Wohnung. Mehr konnte ich augenblicklich nicht tun, ich saß auf einer langweiligen Zwischenstation fest und musste auf den nächsten Schnellzug warten, der mich zum nächsten Ziel bringen würde.

Ich bin der Bundeswehr sehr dankbar. Wäre ich nicht dort versichert gewesen, hätte ich wahrscheinlich viel länger auf den ersten Operationstermin warten müssen. Für jeden Behandlungsschritt musste ich zwei Kostenvoranschläge einreichen, die auf Herz und Nieren geprüft wurden. Zuerst bekam ich grünes Licht für die Kostenübernahme der Brustoperation. Da ich keine Lust hatte, auf die Übernahme einer All-in-one-Operation zu warten, machte ich mit einer Ärztin, die sich auf die plastische Chirurgie spezialisiert hatte und mein vollstes Vertrauen genoss, einen Termin aus. Meine Therapeutin hatte sie empfohlen, und man hörte ausschließlich Gutes von ihr. Außerdem fand ich irgendwie, dass Frauen für Brüste zuständig sind und Männer für Penisse.

Ich hatte den Operationstermin in meinem Kalender eingetragen und stellte mich freudig darauf ein. Als der Tag näher rückte und zwei Tage vor der Operation immer noch keine schriftliche Zusage für die Kostenübernahme von der Bundeswehr vorlag, wurde ich nervös und telefonierte einen ganzen Tag in der bürokratischen Welt herum.

»Es tut uns leid, aber Sie können sich auf den Kopf stellen: Wenn Sie nur eine mündliche Zusage haben und nichts Schriftliches bei Ihrer Ärztin vorliegt, könnte es passieren, dass Sie Selbstzahler werden. Außerdem geht hier strikt alles nach Reihenfolge. Ich habe Krebspatienten, die ebenfalls auf eine wichtige Operation warten«, bekam ich von der zuständigen Bundeswehrbehörde zu hören. Obwohl es mir schwerfiel, schwieg ich. Mir taten die Patient*innen leid, deren Schicksale auf solchen Schreibtischen entschieden wurden und die auf eine lebensrettende Operation warten mussten. Ich wollte mich nicht vordrängeln oder Menschen warten lassen, denen es schlechter ging als mir, und verpasste somit meinen ersten Operationstermin. Einen Tag später traf die Kostenübernahme ein.

Bis zum nächsten Operationstermin musste ich die Urlaubszeit überbrücken und fuhr mit der mir anvertrauten Athletin zu einem Wettkampf nach Portugal. Dort angekommen, gab es bei den Zimmern Buchungsprobleme, und sie und ich mussten uns ein Doppelzimmer teilen. Für mich war das aus verschiedenen Gründen undenkbar: Zum einen war ich ihr Trainer. Außerdem hatte ich eine Beziehung und tat mich folglich schwer, mit einer anderen Frau in einem Zimmer zu schlafen. Sie war ebenfalls liiert, und ich hätte es als ihr Freund auch nicht gut gefunden, wenn sie mit einem anderen Mann auf dem Zimmer geschlafen hätte. Ich machte aber weiter keinen Stress, nahm Kissen und Decke mit in unseren Leihwagen und fuhr die Gegend erkunden. Faro, Monte Gordo und die umliegende Landschaft kannte ich von unseren Trainingslageraufenthalten ganz gut. Draußen dämmerte es bereits, als ich einen Strand nach dem anderen abfuhr, und mir den schönsten aussuchte, bei dem man möglichst nah mit dem Auto ans Meer fahren konnte. Ich legte die Rücksitze um, bereitete ein provisorisches Bett für die kommende Nacht vor und genoss den Regen, der auf das Autodach fiel. Schlaf fand ich nur wenig, aber nicht, weil es sehr kalt war. Es war wieder eine dieser Situationen, in der ich die Freiheit spürte und vor Aufregung nicht einschlafen konnte. Die regelmäßig am Strand anschlagenden Wellen beruhigten zwar, aber das Meer hörte nicht auf, mir seine Geschichten zu erzählen.

Am nächsten Morgen erwachte ich mit den ersten Sonnenstrahlen. Ich lief barfuß in T-Shirt und Jeans zum Meer und streckte alle Glieder aus. Der Strand zog sich Kilometer lang in beide Richtungen. Es war keine Menschenseele zu sehen. Vollkommen zufrieden mit meinem Schlafplatz, machte ich mich auf ins Hotel, um meine wilden Haare zu ordnen und etwas Anständiges in den Magen zu bekommen. Der Wettkampf stand an. Es war ein schöner Tag, doch leider zog sich meine Athletin wieder in ihre Komfortzone zurück und absolvierte keinen gültigen Sprung. Auch ich erlebte in meiner Karriere solche Tiefschläge und wusste, was für Fragen sie sich jetzt stellte. War all der Aufwand der Reise, all die Zeit des Trainings und der Vorbereitung umsonst gewesen? Doch ich wusste inzwischen, dass man auch aus solchen Situationen Gewinn ziehen und eine Menge für die Zukunft lernen kann. »Du bist in deiner Flugerfahrung weitergekommen, hast erfahren, dass du dich in Zukunft noch besser auf den Punkt konzentrieren und aus dir herauskommen musst, und ich kam nebenbei in den Genuss, am Strand zu schlafen und das Meer zu sehen«, versuchte ich sie zu trösten.

Zu Hause angekommen, hatte ich einen Termin für ein Vorgespräch zur Operation, um mir alles genau erklären zu lassen. Mich interessierte alles, was diese Spezialisten dort zu sagen hatten, und ich führte ein Gespräch über das faszinierende Thema Geschlechtsangleichung.

Interview mit Dr. Paul Daverio

(Ich kann diesen Arzt und sein Team vorbehaltlos aus eigener Erfahrung empfehlen, deshalb nenne ich ihn hier auch namentlich. Begünstigungen sind mir dadurch nicht entstanden. Ich rate aber allen, die eine solche Operation in Erwägung ziehen, sich an eine ausgewiesene Fachklinik zu wenden und sich in Vorgesprächen genau über die Ergebnisse, Erfahrungen und Erfolgsstatistiken informieren zu lassen und ebenfalls noch eine Zweitmeinung einzuholen.)

Weiß man inzwischen, wie Transidentität entsteht?

Manche Ärzte und Wissenschaftler gehen davon aus, dass Transidentität eine genetische Veranlagung ist. Einige Studien weisen darauf hin, dass ein hormonelles Ungleichgewicht in der Embryonalentwicklung dazu beitragen kann, dass ein Mensch transident wird. Wissenschaftliche Beweise oder Untersuchungen, die zu einem eindeutigen Ergebnis gekommen wären, gibt es leider nicht. Fakt ist, dass Transidentität unabhängig von Religionen oder Herkunft überall auf der Welt und seit Menschengedenken vorkommt.

Wie verbreitet ist die Transidentität?

Es ist relativ schwer, zu verlässlichen Zahlen zu kommen: Geht man von den operierten Fällen aus, wird in etwa die Zahl 1:20000 angegeben (nur: viele Patienten lassen sich nicht operieren). In den USA werden Zahlen von 1:2500 diskutiert – was uns aber zu hoch geschätzt erscheint.

Welche Voraussetzungen muss man für eine geschlechtsanpassende Operation erfüllen?
Zusätzlich müssen zwei psychologische Gutachten vorliegen, die die Transidentität bestätigen. Damit ist die Indikation zu einer geschlechtsanpassenden Operation gegeben.

Wer zahlt eine solche Operation?
Patienten haben das Recht auf eine Operation, und die Kosten werden in der Regel von der Krankenkasse übernommen. Allerdings besteht für die Krankenkassen keine Verpflichtung, die Kosten für eine Privatklinik zu übernehmen. Die überwiegende Mehrzahl der Patienten sind gesetzlich versicherte Patienten und haben dennoch bisher auf dem Wege der Einzelfallentscheidung eine (Teil-)Kostenübernahme für eine Operation auch in einer Privatklinik bekommen.
Leider wird es zunehmend schwerer, die Kostenträger von der freien Arztwahl zu überzeugen. Das operative Verfahren der Phalloplastik ist sehr aufwändig und erfordert hohes Können der beteiligten Chirurgen. Wegen geringer Fallzahlen haben nur wenige Operateure ausreichende Erfahrungen mit einem *Standard of Care.*

Was ist der Vorteil Ihrer OP Technik?
In meiner entwickelten All-In-One Methode operieren wir alles in einer Sitzung. Brustentfernung, Gebärmutter-, Eierstock- und Vagina-Entfernung, sowie den Aufbau des Penis führen wir vorzugsweise in einer Sitzung durch, was die Gesamthospitalisationszeit, Stress für den Patienten, Anzahl der Narkosen, Arbeitsunfähigkeit etc. minimieren lässt … und übrigens die Gesamtoperationszeit nicht verlängert! Wir erreichen dies durch gleichzeitiges Operieren mit drei Operationsteams.

Um die Komplikationsrate eines solchen Eingriffs gering zu halten, sollte dieser Eingriff spezialisierten Zentren mit ausreichenden Erfahrungen vorbehalten sein.

Wie wird ein Penis kreiert?
Mikrochirurgisch gewinnen wir ihn aus einem sogenannten Vorderarmlappen (meist vom linken Unterarm), der neben Haut Unterhautfettgewebe, Nerven und Blutgefäße enthält, und bilden daraus den Penis. Der Hautlappen wird so »gerollt«, dass innen eine Harnröhre entsteht, die dann an die verlängerte Harnröhre angeschlossen wird. Wie auch die Nerven und Blutgefäße des Phallus an die ortsständigen Nerven und Blutgefäße in der Schamregion angeschlossen werden.

Wie sieht ein solcher Penis aus?
Die Penisse unterschieden sich optisch kaum von anderen Penissen.

Wie sieht es mit der Orgasmusfähigkeit aus?
Das ist von Patient*in zu Patient*in unterschiedlich. Wir wissen, das Orgasmen nicht nur etwas mit den Geschlechtsmerkmalen selbst zu tun haben, sondern vor allem auch in bestimmten Gehirnregionen entstehen. Wir versuchen natürlich die Orgasmusfähigkeit rein aus chirurgischen Aspekten zu behalten. Sofern ein Patient*in in ihrem wahren Geschlecht ankommt, ist ein befreiter Umgang mit Sexualität gegeben.

Wann kann ich penetrierenden Geschlechtsverkehr haben?
Das ist von Patient zu Patient unterschiedlich. Es gibt Patienten, die ein paar Wochen nach der Operation ihren ersten Orgasmus haben, bei manchen dauert es Monate.

Wann kann ich richtigen Sex haben und mit meinem steifen Penis in eine Frau eindringen?
Nach etwa sechs bis zehn Monaten und rückkehrender Sensibilität im Phallus wird eine sogenannte Erektionsprothese eingebaut. Sie können sooft Sie wollen Geschlechtsverkehr haben. Das Beste daran ist, dass Sie oder Ihre Partnerin keine große Vorarbeit leisten müssen. Auf Knopfdruck steht er, und der Penis bleibt so lange steif, wie Sie es wollen. Der Spontaneität sind daher keine Grenzen gesetzt.

Wie lange dauert die Operation, und wie risikoreich ist sie?
Normalerweise benötigen wir ungefähr neun bis zehn Stunden. Wir haben inzwischen deutlich mehr als fünfhundert Phalloplastiken nach der von uns entwickelten All-in-one-Operation durchgeführt. Die Gesamtkomplikationsrate ist sehr gering. Gelegentlich kommt es zur Fistelbildung (Leckage) im Bereich der Anschlussstelle der Neoharnröhre.
Meist schließen sich diese Fisteln aber spontan oder werden in einem kleinen Eingriff geschlossen. Stenosen der Harnröhre – Engstellungen – kann man dehnen, oder sie werden – ebenfalls in einem kleinen Eingriff – operativ geweitet.
Die üblichen Risiken einer Operation sind natürlich auch zu berücksichtigen wie z. B. Thrombose, Lungenembolie.

Wie kann man sich so lange als Operateur konzentrieren, und, Herr Dr. Daverio, stimmt es, dass Sie klassische Musik hören, während Sie operieren?
Uns ist bewusst, dass von unserer Arbeit das Glück, die Zukunft und vielleicht sogar das Leben der Patienten abhängen. Deshalb muss man jede Sekunde topfit und konzentriert sein. Ich persönlich höre, während ich operiere, gerne klassische Musik,

da sie mich entspannt und meinen Geist frisch hält. Nach vier Stunden mache ich eine kurze Pause.

Ein paar Wochen später stand endlich meine Brustoperation an, und ich fuhr mit Violetta nach München. Wenn ich es vermeiden kann, in Krankenhäusern zu übernachten, dann tue ich es. Also verließ ich nach dem Informationsgespräch mit der Narkoseärztin wieder die Klinik und schlief mit meiner Freundin bei ihrer Verwandtschaft. Am nächsten Morgen um halb sechs stand ich im Bad und rasierte meine Brust, durfte zu meinem Bedauern nichts zum Frühstück essen und fuhr ins Krankenhaus, um zwei Stunden später auf dem OP-Tisch zu liegen.

Eine Maske ließ mich in einen Dämmerzustand versinken, bis ich wenige Sekunden später einschlief. Ein paar Stunden später wachte ich etwas verkatert, aber um Tonnen erleichtert wieder auf. Die Schmerzen, die ich sofort spürte, waren mir egal. Das Einzige, was mich wirklich störte, war der feste Brustgurt, den ich nun sechs ganze Wochen Tag und Nacht tragen sollte, um Druck auf das Operationsgebiet auszuüben. Am nächsten Morgen nach der Operation sollten die Drainagen gezogen und eine Wundkontrolle gemacht werden. Ich hatte wenig Blut verloren, fühlte mich sehr gut und war unglaublich gespannt auf den Anblick meiner neuen Brust.

Frau Dr. Hoffmann hielt die erste Drainage in der Hand. »Tief Luft holen«, befahl sie mir und zog sie mit einem Ruck unterhalb der Achsel heraus. Der Schlauch machte ein saugendes Geräusch, und ich wusste augenblicklich, warum ich tief Luft holen sollte, weil mir für Sekunden die Luft zum Atmen fehlte. Dieselbe Prozedur vollzog sie auf der anderen

Brustseite. Dann entfernte die Ärztin die Mullkompressen und das Heftpflaster und präsentierte mir ihr Werk. Was ich sah, konnte ich erst nicht glauben und griff, wie um mich zu vergewissern, dass es wahr war, sofort an die Stellen, wo sich früher meine gehassten Körperteile befunden hatten. Ich fühlte nichts, weil die Nerven noch irritiert waren, und gleichzeitig alles, was ich fühlen wollte, nämlich nichts mehr. Frau Dr. Hoffmann hatte ganze Arbeit geleistet. Zehn Tage nach der Brustoperation fuhr ich erneut in den Süden. Die Ärztin zog die Fäden und begutachtete meine Wundheilung. Es waren nahezu keine Narben geblieben. »Wenn erst ein paar Monate vergangen sind, wird auch von den geröteten Stellen nichts mehr zu sehen sein.« Sie war zufrieden, und ich war es auch.

Einen Monat später bekam ich nach dem erfolgreichen Vorgespräch mit Dr. Daverio grünes Licht für die große Operation. Der Anruf von meiner Sanitätsstaffel kam früh am Morgen, dass die Kostenübernahme von der WBV (Wehrbereichsverwaltung) aus Bonn eingetroffen sei. Ich begab mich sofort auf den Weg in die Kaserne, um das wichtige Papier abzuholen. Nachdem ich es in Händen hielt, zückte ich mein Handy und rief in der Klinik an, um mich für den nächsten Operationstermin anzumelden, der auf den kommenden Monat fiel. Ich hatte mich nach Vergleichen mit anderen Kliniken relativ schnell entschieden. Da es ein sehr langer und risikoreicher Eingriff ist und ich den Rest meines Lebens mit dem Ergebnis glücklich sein muss, war aus meiner Sicht nur Dr. Daverio mit seinem Team die beste Wahl.

Ich saß in einem Stuhl auf der Terrasse der Klinik, hielt mein Gesicht den warmen Sonnenstrahlen entgegen und atmete tief ein. Die angrenzenden Bäume, die wilden Büsche und zarten Pflanzen sorgten für klare und frische Luft. Für mich war das nach stundenlanger anstrengender Autofahrt der erste Moment, an dem Ruhe einkehrte.

Ich beobachtete eine Elster, wie sie sich zwischen den Büschen ihre Mahlzeit zusammenpickte. Der Wurm in ihrem Schnabel wehrte sich nicht. Die Blätter an den Bäumen verfärbten sich und fielen zu Boden, es war Herbst. Der Kreislauf der Natur hatte seine festen Regeln.

Verändere ich die Gesetze der Natur? Greife ich in die Schöpfung ein? Spiele ich Gott? Sind nicht auch normabweichende Geschlechtsausbildungen eine Laune der Natur und daher natürlich? War meine Entscheidung selbstherrlich und würde ich sie deshalb irgendwann einmal bereuen? Das waren Fragen, die sich mir vor der großen Operation aufdrängten, auf die ich aber keine Antworten fand. Zu drängend war mein Problem, um es zu abstrahieren und moralisch zu bewerten, und ob ich meinen Schritt einmal bedauern würde, würde ich erst in ein paar Jahren beantworten können. Dann, wenn ich genauer abschätzen kann, was ich aufgeben musste, um das zu werden, was ich schon immer gewesen bin.

DER TAG X

Jeder dumme Junge kann einen Käfer zertreten. Aber alle Professoren der Welt können keinen herstellen.

ARTHUR SCHOPENHAUER

Mein Zimmer trug die Nummer 22 und wurde scherzhaft-liebevoll »Peniszimmer« genannt. In der Morgendämmerung war ich mit Violetta, die mich die erste Woche begleitete, von zu Hause aufgebrochen. Als ich den Eingang im Foyer der Klinik betreten hatte, fühlte ich mich direkt heimisch. Dies ist kein Ort, an dem Menschen sterben, redete ich mir gut zu.

In meinem Zimmer standen zwei leere Betten, ich entschied mich für das rechte an der Wand. Meine Tasche mit meiner Kleidung stellte ich in den Schrank, der Kulturbeutel kam ins Bad, Bücher, Musik und meinen Computer verstaute ich griffbereit in dem weißen Nachtschränkchen, mein Handy legte ich obendrauf. Ich wollte meine Umgebung für die nächsten schweren Tage so bequem wie möglich gestalten.

Plötzlich hielt ich beim Auspacken einen Augenblick inne, ging wie fremdbestimmt hinaus auf den Balkon und setzte mich auf einen der beiden Stühle. Was ist, wenn ich umsonst auspacke, weil ich morgen nicht mehr aufwache, schoss es mir durch den Kopf. Die Kehle schnürte sich mir zu. Mein Herz raste. Ich hatte Todesangst und fühlte mich plötzlich ganz allein damit. Um mir Mut zuzusprechen, aber auch um meine Angst zu unterdrücken, formulierte ich in meinem Kopf immer wieder den gleichen Satz: »Diesen Schritt musst du allein gehen.«

Seit ich mich für die Operation entschieden hatte, war sie zu meinem Lebensantrieb geworden. Nun stand ich ganz kurz davor, und die Angst, nicht mehr aufzuwachen, kam wellenartig wieder und wieder in mir hoch. Mein größter Traum, endlich zu leben, erschien mir so kurz vor dem Ziel unerfüllbar.

Zurück im Krankenzimmer, sah ich mir im Spiegel in die Augen und schöpfte wieder Mut. Ich fühlte mich wie vor einem entscheidenden Wettkampf. Doch dieses Mal sollte ich nicht zur nächsten Höhe springen, sondern in ein neues Leben, mit einem Körper, den ich nun auch mit all seinen Details lieben würde. Ich kam in dieses Zimmer als gesunder, junger Mensch und werde es mit ein paar Narben mehr und in vielerlei Hinsicht gereifter auch wieder verlassen, beschloss ich. Es ist nicht die Zeit zum Sterben. Ich werde leben. Mehr als je zuvor.

Vor einem Wettkampf gab es immer wieder Augenblicke, in denen ich ganz genau wusste, dass ich siegen würde. Morgen würde ich ebenfalls auf dem obersten Treppchen stehen. Ohne Medaille, ohne Urkunde, ohne Applaus. Ich würde allein für mich siegen.

Inzwischen war es Abend geworden. Um mich abzulenken, schlug ich Violetta vor, eine DVD anzusehen. Wir packten meinen Laptop aus, kuschelten uns zusammen ins Bett und stimmten uns auf den morgigen Tag mit »Königreich der Himmel« ein, jenem Film, der mir meinen Namen gegeben hat. Wir schliefen kaum. Als der Wecker klingelte, war ich bereits am ganzen Körper rasiert wie ein Babypopo.

Pünktlich um neun Uhr wurde ich in meinem Bett in den Operationssaal geschoben, bewaffnet mit lendenstärkender Operationsmusik. Diese hatte ich Dr. Daverio auf einer CD zusammengestellt, weil ich wusste, dass er während seiner Arbeit Musik zur Entspannung hörte. Ich nannte die Playlist »Die Penis-Kür« – gefühlvolle Pianoklänge von Chopin und Rachmaninov, von Miss Grimaud zart verwirklicht, in fließendem Übergang zu Anna Netrebko und »La Traviata« bis hin zur durchstoßenden Geigenpower von David Garrett. Wenn mein Kerl nur ansatzweise so schön wird wie diese Musik, werde ich der glücklichste Mann der Welt sein, dachte ich noch, als sich die Narkosemaske näherte und ich, begleitet von immer schwächer werdendem Stimmengesäusel, auf einmal frei von allen Sorgen und Ängsten war.

»Ist der alte Gauner nun endlich dran?«, waren die ersten Worte, die ich nach einer etwas mehr als neun Stunden dauernden Operation sagte. Ich war aufgewacht, was meine größte Sorge gewesen war, und mein Körper kämpfte mit den Folgen der Operation und den Narkosemitteln. Die Ärzte und das Pflegepersonal berichteten mir, dass die Operation gut verlaufen sei, doch ich war zu schwach, um meine Augenlider zu heben. Überall an mir waren Infusionsschläuche gelegt, und in der Körpermitte erhob sich ein riesiger Maulwurfshügel aus Mullbinden und einem Katheter, versehen mit weiteren Schläuchen. Die erste Nacht verbrachte ich in einem Beobachtungszimmer. Es war dunkel und gerade mal so groß wie ein Fahrstuhl. Für den Pfleger dort begann ein anstrengender Nachtdienst. Ich konnte zu diesem Zeitpunkt meine Finger nicht ruhig halten, weil ich wie Espenlaub zitterte und zuckte. Dieses Verhalten kannte ich aus meinen harten Trainingsphasen. Der Körper stand von den Anstrengungen unter Spannung und wenn ich mich dann schlafen legte, zuckte ich am ganzen Körper. Kaum hatte der Pfleger den Raum verlassen, drückten meine unkontrollierten Finger aus Versehen den alarmauslösenden Knopf. Der Pfleger stürmte herein, das Licht ging an, er kontrollierte Puls und Blutdruck und verabschiedete sich, um nach wenigen Minuten wieder an meinem Bett zu stehen.

Als ich endlich einschlief, träumte ich, dass ich wie von Geisterhand zu einem Fahrstuhl geschoben wurde. Es erklang eine alte Fahrstuhlglocke, und die schweren Türen öffneten sich. Im Inneren war der Fahrstuhl mit Gold verziert und mit einem roten wuchtigen Teppichboden ausgelegt, über der Fahrstuhltür befand sich ein altmodischer Fahrstuhlanzeiger. Ohne einen Knopf zu drücken, setzte sich der Fahrstuhl mit mir in Bewegung, bis der goldene Zeiger sich um neunzig Grad gedreht hatte. Die Tür öffnete sich, und ich stand mit Netzhöschen, riesiger Beule in der Hose und wehendem Krankenhemd im nächtlichen Wind auf dem Dach des schönen Klinik-Altbaus.

Zurück im Erdgeschoss und aus meinem Traum erwacht, hielt ich wieder den Pfleger bei Laune. Unzählige Male schnippte ich mit dem Finger den Notalarm, wehrte mich gegen die innere Kälte und freute mich über jeden Lichtstrahl. An mehr kann ich mich nicht erinnern. Der Pfleger war sichtlich erleichtert, als ich am nächsten Tag auf mein Zimmer verlegt wurde.

Mein erstes Genesungsziel bestand darin, dass ich mich von der Deckenfarbe abheben wollte. Es gelang mir nicht. Zum Erstaunen aller – »einen Buschbaum fällt man nicht so leicht« – und nach etlichen Prüfungen meines Hämoglobinwertes begann eine Diskussion, ob man mir eine Bluttransfusion anhängen sollte oder ob ich es allein schaffen würde. Meine roten Blutkörperchen wollten schon mal nach Bali fliegen und sich am Strand bräunen. Bei mir kamen sie tatsächlich erst viel später an. Ich wurde weißer und weißer und drohte wie ein Geist durch die Decke zu entschwinden. Einfach so. Ich war verzweifelt, aber zu schwach, um etwas dagegen tun zu können. Ich hörte viele Stimmen und vernahm eine gewisse Hektik im Raum, danach kann ich mich an nichts mehr erinnern. Als ich irgendwann wieder erwachte, sah ich über mir einen Beutel mit Blut hängen, das langsam in mich hineintropfte. Als ich mir dessen bewusst geworden war, wurde mir augenblicklich schlecht. Mit Medikamenten und anderen Fremdsubstanzen, die meinem Körper zugefügt werden, steht er auf Kriegsfuß. An dem Tag, als ich mich dazu entschieden hatte, mein Leben lang Hormone zu nehmen, hatte ich nur einen Gedanken: Hoffentlich verträgt mein Körper das Testosteron. Er tat es, denn es war jener Stoff, der ihm ein Leben lang gefehlt hatte. Die Blutinfusion war jetzt auch lebenserhaltend, und ich suchte nach einem Gedanken, der mich stabilisieren konnte. Das fremde Blut musste so schnell wie möglich in meinen Blutkreislauf aufgenommen werden, um es zu meinem eigenen werden zu lassen. Doch bis das erreicht war, verging die Zeit quälend langsam. Mir ging es immer schlechter, mein Magen war voller Luft, die nicht entweichen konnte. Mein Körper sehnte sich nach Ruhe, doch ich konnte vor Schmerzen kein Auge zutun, und die Ängste kehrten zurück. Hatte ich mich nicht gerade erst gefunden und noch so viel vor, schoss es mir durch den Kopf. Mit einem Motorrad zu verunglücken oder mit dem Flugzeug abzustürzen wäre ein Ende, dem ich etwas abgewinnen könnte, aber nicht sang- und klanglos in einem Krankenhaus den Löffel abgeben, das stand nicht auf meinem Plan, auch wenn die Zimmer noch so geschmackvoll gestaltet waren. Die Wände hatten einen dezenten Anstrich von Creme mit einem Spritzer Cappuccino. Die Decke war weiß gehalten und mit wunderschön ausgearbeitetem Stuck verziert. Latte macchiato trinkende Wellness-Typen würden sich hier wie im Paradies fühlen, in mir dagegen drehte sich alles, wie gerührter Schaum in heißem Milchkaffee.

Wegen der kaum auszuhaltenden Schmerzen ließ ich mir in der darauffolgenden Nacht doch Schmerzmittel verabreichen. Auch diese vertrug ich nicht sonderlich gut. Magenkrämpfe und Nierenschmerzen und zu viel Luft in meinem Bauch quälten meinen Körper. Ich überstand die Nacht irgendwie, schlief vor Sonnenaufgang ein und erwachte wieder, als die Ärzte und Schwestern um mein Bett herumstanden und mich besorgt anschauten. Um bei der Operation eine bessere Sicht zu bekommen und die Organe zur Seite schieben zu können, war mir Luft in die Bauchdecke gepumpt worden. Diese Luft musste jetzt wieder meinen Körper verlassen, direkt gesagt, ich musste sie auspupsen, doch meine Bauchdecke war steinhart, meine Verdauung auch nach Tagen noch nicht wieder im Takt.

Die Pflegrinnen versuchten alles, um mir meinen Zustand zu erleichtern. Sie brachten mir Tee und warme Magenwickel und Kompressen, die mir aber nur noch mehr Schweißausbrüche verursachten. Ich war so verzweifelt und von den Schmerzen gequält, dass ich nur noch schlafen wollte. Mich störte einfach alles. Das Licht im Zimmer war zu hell, die Schritte auf dem Flur zu laut und die Karotte, die meine

Freundin zum Mittag verspeiste, entpuppte sich als Meißel, der nicht enden wollte, eine Straße aufzureißen.

Langsam, ganz langsam besserte sich mein Zustand, und meine Gesichtsfarbe kehrte zurück. An Aufstehen allerdings war nicht zu denken, mein Kreislauf war noch höchst instabil und außerdem musste ich sechs Tage liegen, um die Arterien meines neuen Freundes nicht zu verletzen. Sechs Tage! Ich! Was ich in sechs Tagen alles schon angestellt hatte, und wohin ich in sechs Tagen überall gereist bin. Jetzt aber stand strenge Bettruhe in starrer Rückenlage bei Vermeidung aller seitlichen Bewegungen auf dem Programm. Ich wollte doch nicht gleich meinen neuen Lebensbegleiter mit dem Gewicht meiner Beine einquetschen, oder? Die Krankenschwestern schüchterten mich mit ihren Horrorgeschichten, was alles passieren könnte, so ein, dass ich meinen unruhigen und wiedererwachten Geist ans Bett fesselte.

In den Tagen im Liegen hatte ich genügend Zeit, jedes Detail meines Zimmers genau unter die Lupe zu nehmen und meiner Phantasie dabei freien Lauf zu lassen. Das Muster des Stucks an der Decke erinnerte mich beispielsweise an das olympische Feuer. Es war die Flamme, die sich in Sydney in meine Seele gebrannt hatte, und sie begleitete mich bis hierher. Neben dem Feuer war eine Art Fossil oder ein Schneckenhaus zu erkennen. Ich dachte an Muscheln und Strand und meinen nächsten Urlaub: nachts nackt auf Bali. Mein Blick wanderte hinunter zu dem Mullberg aus Verbänden, worunter sich mein neuer Freund versteckte. Das erinnerte mich an das Bild, das Saint-Exupérys kleiner Prinz von einer Riesenschlange malte, die einen Elefanten verschlang, in der die Erwachsenen aber nur einen Hut erkannten.

Meine Schmerzen verringerten sich zwar mit der Zeit, doch schubweise konnten sie noch sehr heftig sein. Ich probierte alles aus, was ich über Schmerzbekämpfung während meiner vielen Physiotherapiebesuche gelernt hatte. Triggerpunkte, ein Begriff aus der Osteopathie, z.B. lösen Schmerzen auf, wenn man sie eine Weile gedrückt hält. Wenn ich früher nach hartem Training »verklumpte, dicke« Waden hatte, weil die Muskulatur sich durch das Training verkrampfte, dann half mir mein Physiotherapeut durch das Drücken der Triggerpunkte. Bei Kopfschmerzen zum Beispiel wirkte das bei mir sogar besser und schneller als eine Tablette. Man versucht dadurch, den natürlichen Blut- und Energiekreislauf wieder in Gang zu bekommen. Nun setzte ich diese Technik ein und punktierte verschiedene Stellen an meinem Bauch, die bei Berührung besonders viel Schmerzen auslösten. Ich »erdrückte« sie somit quasi an ihrem Ursprung.

Auch Töne, die man vor sich her summt, können beruhigen und vom Schmerz ablenken. So schloss ich die Augen, atmete tief ein und hielt beim Ausatmen möglichst lange den Ton. Wurde der Schmerz besonders heftig, versuchte ich gleichmäßig weiterzuatmen und konnte ihn dadurch meist unter Kontrolle halten.

Ich erinnerte mich auch an eine Fernseh-Reportage über fernöstliche Medizin, bei der ein Arzt seinem Patienten ein halbvolles Glas Tee auf den Bauch gestellt und es mit einem Löffel angeschlagen hatte. Ich baute das Experiment in meinem Bett nach. Die Wärme des Tees breitete sich wohltuend in meiner Bauchregion aus, und der Klang des Glases, der noch Sekunden im Raum vibrierte, wirkte sehr beruhigend auf mich.

Das alles half mir etwas, die Schmerzen zu überstehen und

die Zeit bis zum Bettkantentag durchzustehen. So nannten die Schwestern den sechsten Tag nach der Operation, an dem die Patienten sich zum ersten Mal aufsetzen dürfen. Dabei warnten sie mich, mir nicht zu viel zuzumuten. Viele Patienten würden sich aufsetzen und wollten dann auch gleich aufstehen. Doch ihr Kreislauf mache das noch nicht mit, sie gerieten ins Schwanken oder fielen um.

Am Morgen des sechsten Tages wachte ich gegen vier Uhr in der Früh auf. Draußen auf Station gingen nach und nach die Lichter an, und nach einiger Zeit hörte ich entfernt in der Küche das Geschirr klappern. Endlich erwachte langsam auch der Rest der Welt. Als es draußen schon hell war, kamen die Schwestern mit Waschzeug ins Zimmer, strahlten mich an und fragten mich, ob ich es probieren wolle. Ich strahlte zurück, warf die Decke über das Bett und war bereit für meine ersten Schritte. Vorsichtig drehte ich mich über meine linke Seite, schob meine Beine von der Bettkante und richtete mich langsam auf. Ich beobachtete, wie meine Füße dem Boden nach und nach näher kamen und ihn endlich sanft berührten. Ich saß noch etwas gebückt da und stellte mir schon innerlich die Frage, ob das schon alles gewesen sei. Ich nahm mir vor, meine Beine im Boden zu verwurzeln und allen Unkenrufen der Schwestern zu trotzen. So richtete ich meine Wirbelsäule auf und erhob mich ohne Vorankündigung. Die Schwestern waren sofort alarmiert und beobachteten prüfend jede meiner Bewegungen. Ihre Hände hielten sie dabei ganz nah an meinen Körper, damit sie mich jederzeit auffangen konnten. Das hätte mir gerade noch gefehlt. Schwankend in die Arme einer Schwester zu fallen. Ich mobilisierte alle meine Kräfte, und obwohl ich in den vergangenen Tagen nichts Essbares zu mir nehmen konnte, weil es mir schlichtweg zu schlecht ging, besaß ich noch Kraftreserven, die ich an diesem Tag abrufen konnte.

Abwechselnd versuchte ich, die Unterschenkel hochzuziehen, und tapste erst ein wenig auf der Stelle und dann im Kreis umher. Nach einer Weile streckte ich die Arme empor, stellte mich auf die Zehenspitzen und entfaltete meinen tagelang zusammengekauerten Körper in seiner vollen Größe. Dann stellte ich mich auf ein Bein und versuchte mein Gleichgewicht zu halten, während ich mein Frühstück im Stehen einnahm. Ich hatte speziell für diesen Tag heiße Schokolade als Belohnung bestellt, und jetzt verschlang ich sie genüsslich, ohne darüber nachzudenken, ob mein Magen überhaupt schon bereit dafür war.

Mit der Warnung, nicht zu übertreiben, ließen mich die Schwestern einen Augenblick allein. Das war meine Chance. Ich griff mit der linken Hand nach meinem Katheter und trug in der rechten Hand die Maschine, die meinen Arm in einer Art Vakuumverband hielt, und machte mich auf den Weg Richtung Toilette. Kaum saß ich auf der Schüssel, klopfte schon Schwester Julia an die Tür und sagte nicht mehr ganz so freundlich, dass ich um Gottes willen sofort die Tür öffnen solle. Ich entschuldigte mich, aber eine solch intime Situation wollte ich mit keinem Menschen, vor allem nicht mit einer fremden Frau, teilen und bat sie eindringlich, sich etwas zu gedulden. Nach wenigen Minuten klopfte sie erneut, in ihrer Stimme erklang eine gewisse Panik. Sie machte sich Sorgen, und mein Verhalten war ziemlich unreif und unvernünftig, das wusste ich. Aber ich machte erst die Tür auf, als ich fertig war. Draußen musste ich mir einen langen Vortrag über die Gefahr von Nachblutungen anhören und ihr felsenfest versprechen, dass ich von nun an ihre Anweisungen befolgen werde. Für den Rest des Tages hatte ich Bettkantenverbot.

In den folgenden Tagen bekam ich nach und nach meine Bewegungsfreiheit zurück. Ich konnte alleine zur Toilette und ins Bad und meine Eigenständigkeit beim Ankleiden unter Beweis stellen.

Schon am zweiten Tag und am vierten Tag nach der Operation, als die Verbände gewechselt wurden, hatte ich meinen neuen Freund sehen können, allerdings war ich zu diesem Zeitpunkt einfach zu schwach gewesen, um in Freude auszubrechen. Ich konnte den Anblick erst genießen, als es mir körperlich besser erging. Es war der sechste Tag nach der Operation, als mein Lieblingsdoktor, ein sehr engagierter, immer gut gelaunter junger Assistenzarzt koreanischer Abstammung, mit seinem Mullbindenwagen den Raum betrat. Er entfernte vorsichtig den Mullberg, der meine Körpermitte belagerte, und bat mich, während er seine Arbeit verrichtete, den Katheter senkrecht nach oben zu halten. Ich saß aufrecht im Bett, hielt mit der rechten Hand den Schlauch, riss meine Augen ganz weit auf und streckte den Kopf so weit es ging nach vorne, um keine Details zu verpassen. Er entfernte die letzte Mullkompresse. Da stand er. Innerlich dachte ich nur: »Wow. Endlich sind wir zusammen.« Ich fragte den Arzt, ob ich ihn berühren darf, weil ich eine Entzündung durch Bakterien an meinen Händen vermeiden wollte. Ich durfte. Zuerst berührte ich mit meinem Zeigefinger und meinem Daumen seitlich die Spitze. Die Haut fühlte sich weich an, dann umfasste ich ihn mit meiner ganzen Hand und drückte etwas fester zu. Es war himmlisch, obwohl ich in ihm noch kein Gefühl hatte.

Nach zwölf Tagen wurde mir der Katheter gezogen. Nach gefühlten hundert Meter Tauziehen und höchster innerlicher Anspannung war er endlich draußen. Ich musste daraufhin viel trinken, und die Schwester stellte mir eine Flasche mit einer großen Öffnung neben die Toilette. »Erst einmal hierein, bevor du dir die Füße überschwemmst«, sagte sie, ich müsse erst wieder lernen, meine Blase zu kontrollieren, bevor ich mich auf eine richtige Toilette wagen könne. Wenige Minuten später war es soweit. Ich verschwand alleine im Bad, zog mir die Hosen auf halb acht, und sah an mir herunter. Da hing mein neuer Freund frei von Verbänden und Kathetern, und sein Anblick gefiel mir sehr. Beim Anheben erschien er mir schwerer als erwartet, und fast ehrfürchtig hielt ich ihn in die Flaschenöffnung und pinkelte los. Beim ersten Versuch glich mein Strahl eher einem plätschernden Springbrunnen, und es dauerte eine halbe Ewigkeit, bis ich meine Blase entleert hatte. Um das Ergebnis schnell zu verbessern, schüttete ich jede Menge Wasser in mich hinein und wiederholte die Prozedur an diesem Tag noch über ein Dutzend Mal, bis ich mit dem Ergebnis gänzlich zufrieden war.

Ab heute werde ich gerne auf die richtigen Toiletten gehen, sagte ich mir, diese alltägliche Pein, die ich seit Kindheitstagen ertragen musste, hatte endlich ein Ende.

Die erste Zeit zu Hause verfiel ich in einen erschöpften Schlaf, der mit kurzen Unterbrechungen vier Tage anhielt. Zwischendurch litt ich sehr. Ich fühlte mich nicht wohl, weil dumpfe Schmerzen mich rund um die Uhr begleiteten. Ich konnte immer noch nicht sitzen und nahm meine Mahlzeiten im Liegen ein. Zumindest hatte ich endlich meine innere Ruhe gefunden und konnte es genießen, Zeit zu haben. Stundenlang sah ich aus dem Dachfenster unserer Wohnung und konnte meinen Gedanken freien Lauf lassen.

Draußen hatte es zum ersten Mal in diesem Jahre geschneit, die Dächer waren sanft mit Schnee bedeckt, die Schornsteine rauchten, und es roch nach Leben, das sich auch in mir langsam wieder ausbreitete. Auf der Terrasse der Nachbarin sah ich eine Elster landen. Als ich vor Jahren »Die Möwe Jonathan« las, konnte ich mir dieses schwerelose Gefühl nicht vorstellen, jetzt bekam ich eine Vorstellung davon, wie es sein könnte, und war voller Vorfreude darauf, endlich fliegen zu können. Ich lag oft nackt im Bett, weil ich möglichst wenig Kontakt mit Klamotten haben wollte. Violetta spürte mein Glück und war ebenfalls fasziniert von der Peniskreation.

Als sich mein Zustand stabilisiert hatte, luden mich meine neun zu betreuenden Athleten und Athletinnen zu einer kleinen Überraschung in die Leichtathletikhalle ein. Ich stand vor dem Eingang der Halle, durch den ich schon so oft gegangen war, und alles kam mir ein wenig fremd vor. In den vergangenen drei Wochen, in denen sich für mich so viel verändert hatte, hatte meine alte Welt hier ihren gewohnten Lauf genommen, Trainingspläne wurden erstellt und erfüllt, Wettkämpfe vorbereitet und bestritten. Für meine Sportkameraden waren es Wochen wie viele zuvor, und im Gegensatz zu meinen Erfahrungen und Veränderungen, die ich in dieser Zeit erlebt hatte, hatte sich für sie wahrscheinlich nicht viel geändert.

Sah man mir meine Veränderung an? Wie würden sie auf mich reagieren? Würde unser Verhältnis sich ändern? Mit breitem, aber festem Schritt betrat ich die Halle. Zuerst sah ich niemanden, dann blickte ich nach rechts zur Stabhochsprunganlage und entdeckte sie. Mit angezündeten Wunderkerzen saßen meine Mädels und Jungs versammelt auf der Matte und skandierten, unterstützt von einigen Trainer-Tenorstimmen, das, was auch auf einem Spruchband hoch oben zwischen den Stabhochsprungständern stand: »Happy Birthday. Willkommen im neuen Leben.« Wir stießen auf meinen neuen Lebensabschnitt an, und ich bekam einen selbstgebackenen großen Hefemann überreicht. Er hatte stachelige Haare aus Schokomikadostäbchen und einen riesigen Marzipanpenis. Gemeinsam aßen wir Arme, Beine und Haare auf, dann schickte ich die Athlet*innen in ihre nächste Trainingseinheit. Die Körpermitte mit dem Marzipanpenis nahm ich mit nach Hause.

Es war ein wunderschönes und erleichterndes Gefühl, so angenommen zu werden, wie ich war. Niemals hätte ich mir vorstellen können, aus meiner Veränderung ein Geheimnis zu machen. Deshalb war es jetzt so wichtig zu sehen, dass die eigenen Gedanken und Empfindungen von den Menschen, die mir wichtig waren, verstanden und respektiert wurden.

Nach meiner großen Operation ging es mit dem Papierkram wieder von vorne los. Um den Personenstand ändern zu lassen, musste ich erneut eine Bestätigung von der Klinik und meiner Hausärztin an das zuständige Amtsgericht senden, damit er erst beschlossen und danach auch rechtskräftig gesprochen werden konnte. Erst nach dieser Zeit konnte ich meine Geburtsurkunde ändern und mein richtiges Geschlecht eintragen lassen. Mit der neuen Geburtsurkunde war ich jetzt in der Lage, auch die letzten Ecken meines formalen Lebens in Ordnung zu bringen. Ich bekam eine neue Rentenversicherungsnummer und konnte nun auch endlich das Geschlecht im Reisepass abändern lassen.

Von der Brustoperation bis zu dem Zeitpunkt, an dem ich in allen Punkten körperlich und auch rechtlich ein Mann war, hat es ein Jahr und sechs Monate gedauert. Ich habe von Transidenten gehört, die für diese Schritte mehrere Jahre brauchten, und von Menschen, die aufgaben, weil die Zeitspanne zwischen den einzelnen Rechtsprechungen, Beschlüssen und Operationsgenehmigungen zu lang und zu nervenaufreibend war.

Ich war jetzt auch mit auch meinen Geschlechtsmerkmalenein ein Mann, endlich, aber an einer Tatsache konnte ich nichts ändern. Mein neuer Freund würde niemals in der Lage sein, Kinder zu zeugen. Vor der Operation hatte mich das Thema nur am Rande beschäftigt, auch weil ich nicht die Frau an der Seite hatte, mit der ich mir hätte vorstellen können, eine Familie zu gründen.

Nun, als ich die Frau fürs Leben gefunden zu haben glaubte und sie auch lange Zeit in meinen Armen hielt, wurde dieser Wunsch unerträglich groß.

Violetta hatte schon immer den Wunsch, eigene Kinder zu haben. Es war ein Problem für mich, weil ich eben wusste, dass ich kein zeugungsfähiger Mann sein werde, egal, was ich anstellen mochte. Wir sprachen oft darüber, und sie tröstete mich damit, dass ich noch jung sei. »Wenn die Zeit reif ist, wird es eine Lösung geben«, sagte meine Freundin. Doch mich ließ dieser Gedanke nicht los, ich wollte eine Lösung, und zwar jetzt.

Viele Kerzen brannten nieder. Rote Wachstränen suchten ihren Platz auf dem hellen Parkett. Unzählige Streichhölzer entzündeten ihren Todesqualm und flogen mit meinen Gedanken durch Zeit und Raum. Meine Hilflosigkeit hatte mich wieder eingeholt. Erneut musste ich einen Weg finden, mich zusammenzuflicken, wie einst ein Ende der Achillessehne an das andere genäht wurde. Jetzt ist die Sehne stärker denn je, weil sie aus meiner Zerrissenheit dicker zusammengewachsen ist und weil ich aus meiner beschränkten Sicht einen erweiterten Horizont eröffnete. Stärker ist auch meine Seele geworden, als sie ihren Weg in die Freiheit gefunden hat. Ich suchte für mich einen Ausweg. Als ich in meiner größten Verzweiflung über den tiefsten Schmerz hinweggekommen war, fand er sich.

Mir half dabei ein Blick auf meine treue Hündin, die gerade zufrieden schmatzend auf dem Boden vor sich hin döste. Eines Tages hatte sie unerwartet mit ihren großen Augen vor mir gestanden, hatte sich heimlich in mein Herz geschlichen und blieb. Von diesem Hundewesen bin ich fasziniert. Es kennt kein Schauspiel, es freut sich ehrlich und fordert ohne Scham Liebe und Zuneigung ein. Es spricht mit seinen Augen, und das verrät oft mehr, als Worte sagen können. Ich liebe Philli-Philosophy vorbehaltlos und von Herzen, obwohl sie keines meiner Gene in sich trägt. Wieso soll das nicht auch bei einem Kind klappen, selbst wenn es nicht von mir ist?

Ein Kind zu zeugen, ist schnell passiert. Jeder naive Teenager ist dazu in der Lage. Ein guter Vater zu sein hingegen ist eine Lebensaufgabe. Es gibt viele Männer, die keine Kinder zeugen können. Sind sie dadurch weniger befähigt, Vater zu sein? Ist die Psyche oder das biologische Geschlecht entscheidend für das wahre Geschlecht? Fragen, die schon oft gestellt wurden und auf die es schon viele kluge Antworten gibt, doch die man, wenn man damit selbst konfrontiert wird, ganz persönlich beantworten muss. Mir half Philli dabei, auch wenn mir natürlich bewusst ist, dass ein Hund kein Kind ist. Aber ich konnte auf einmal eine Grenze in mir überschreiten, von der ich vielleicht vorher noch nicht einmal gewusst hatte, dass es sie gibt. Ich wusste auf einmal, dass es möglich wäre, irgendwann eine für mich perfekte Frau an meiner Seite zu haben und mit ihr auch eine Familie zu gründen.

Es war eine jener Grenzen, die wir uns selbst auferlegen oder uns einreden lassen. Sie schränken uns ein, machen uns unglücklich und zwingen uns irgendwann, wenn das Leid zu groß wird, auszubrechen und in die Freiheit zu springen. Hoffentlich. Freiheit definiert jeder Mensch nach seinem individuellen Verlangen. Freiheit ist für mich ein freier Geist in einem freien Körper. Freiheit wird für mich eines Tages mein Purzelbaum in der Wüste sein, den ich mit meiner Weltreise verbinde, oder eine eigene Stabhochsprunghalle, in der auch die kleinsten Leichtathlet*innen willkommen sind, um dort wichtige Dinge nicht nur für ihre sportliche Karriere lernen zu können. Oder eine Küche, in der das Chaos herrscht, weil die eine Hälfte Kinder noch mit großer Freude Spaghetti isst, während die andere verzweifelt versucht, drei Jahre Mathematikunterricht für die Arbeit am nächsten Tag nachzuholen.

Dazu fällt mir eine Geschichte ein. Ein winzig kleiner Sperling warf sich auf den Boden und streckte die Krallen in die Höhe, als es bei einem Unwetter donnerte. »Warum machst du das?«, fragte ihn der Fuchs. »Um die Erde zu schützen, die so viele Lebewesen trägt«, antwortete der Sperling. »Wenn unglücklicherweise der Himmel plötzlich herunterfällt, was meinst du wohl, was geschieht? Also hebe ich meine Beine, um ihn abzustützen.« »Deine mageren Beinchen sollen den riesigen Himmel stützen?«, fragte der Fuchs abschätzig. »Jeder auf dieser Welt hat seinen eigenen Himmel«, sagte darauf der Sperling.

Nachdem mir Philli so geholfen hatte, wollte ich mein Versprechen einlösen, das ich ihr vor meiner Operation gegeben hatte. In den letzten Monaten davor, wenn ich abends meinen Hund ausführte, waren wir auf unserem Rückweg von den Feldern immer an dem Seitenflügel eines Krankenhauses vorbeigekommen. Durch die Fenster hatte ich in die Krankenzimmer sehen können, hatte die Lichter an- und wieder ausgehen gesehen und hatte mich bei jedem Spaziergang auf meine bevorstehende Zeit im Krankenhaus gefreut. »Wenn ich wiederkomme, können wir gemeinsam pinkeln«, hatte ich zu Philli gesagt, die mich dabei wenig beeindruckt anschaute. Dieses Vorhaben wollte ich jetzt in die Tat umsetzen. Dass es nicht die feine Art ist, war mir bewusst, doch hatte ich nicht eben gerade im Schnelldurchlauf die Pubertät hinter mich gebracht, und ein bisschen Verrücktsein gehört wohl auch dazu. Als wir auf den Feldern ankamen, war es bereits dunkel. Philli philosophierte mal wieder sitzend der Weite der Felder entgegen, ich konnte nur Umrisse ihres hellen Fells erkennen. Plötzlich Action. Sie stand auf, tanzte ausgelassen hunderte Male um ihre eigene Achse, schlug vor Freude Purzelbäume, warf ihren Stock in die Höhe und holte sich dann eine Streicheleinheit bei mir ab. Vielleicht freute sie sich auf unsere bevorstehende gemeinsame Aktion.

Wir gingen ein Stück auf dem Feldweg, und Philli schnupperte die Büsche ab, dann setzte sie sich. Ich stellte mich zwei Meter weiter an einen Busch, öffnete den Knopf an meiner Hose, hielt meinen neuen Freund an die frische Luft und legte los. Ich brauchte ein wenig länger als meine Hundedame, denn sie wollte nur markieren. Als sie ihr Geschäft verrichtet hatte, spazierte sie, mich eines kurzen Blickes würdigend, an mir vorüber, als sei es das Normalste von der Welt. War es auch.

Knapp zwei Monate nach der großen Operation war ich das erste Mal nach Jahren richtig und lange krank. Ich hatte hohes Fieber und meine Nasennebenhöhlen waren entzündet. Etwas verunsichert rief ich in der Klinik an und wollte wissen, ob es vielleicht mit der Operation zu tun hätte. Schließlich musste mein Körper einiges an Veränderung verarbeiten. Ich lauschte aufmerksam der Stimme am Telefon, die mir riet, einen Urologen aufzusuchen, um eine Harnstrahlkontrolle machen zu lassen. Dabei sollte geprüft werden, ob ich meine Blase vollständig entleeren könne. Wenn das nicht der Fall sei, würden sich dort Keime und Krankheitserreger bilden, die durchaus die Ursache meiner langwierigen Erkrankung sein könnten.

Trotz Krankheit freute ich mich ehrlich gesagt auf meinen ersten Urologentermin, denn nun konnte ich endlich jemanden Unparteiischen, der am Tag einige Penisse zu Gesicht und in die Finger bekam, über meinen neuen Freund befragen. Zwei Tage später betrat ich die Praxis. Mit einem lauten »Guten Morgen« begrüßte ich die Patienten im Wartezimmer. Es waren überwiegend ältere Männer. Zwei davon hatten ihre Frauen als moralische Unterstützung mitgebracht. Ich hatte meine Frau zu Hause gelassen, denn es gab meiner Ansicht nach Wege, die man alleine gehen muss, und dieser hier war mit Sicherheit einer davon. Während ich wartete, stellte ich mir die unterschiedlichen Penisse vor, die der Arzt zu Gesicht bekommen sollte, bevor ich an der Reihe war. Ich will auf gar keinen Fall jemals Urologe werden, schoss es mir dabei mehrmals durch den Kopf. Der Patient vor mir wurde von dem Arzt, der sich in den Türrahmen stellte und seine Patienten betrachtete, aufgerufen. Ein Mann um die fünfzig stand auf und drehte auf halben Weg wieder um, weil er seine Brille liegen gelassen hatte. Mit dem nächsten Satz erwarb sich der Arzt augenblicklich meine Sympathie: »Nehmen Sie die Brille ruhig mit, dann können Sie genau zusehen, was ich gleich machen werde.« Ein verlegenes Schmunzeln ging durch den Raum, und nur ich musste laut loslachen. Als Nächstes war ich an der Reihe. Der Urologe führte mich durch einen langen Flur, in dem alle möglichen Geräte standen. Hier war es etwas dunkler als im Wartezimmer, und einen Augenblick später, als sich meine Pupillen den Lichtverhältnissen angepasst hatten, sah ich eine Arzthelferin, wie sie mit einem Urinbecher herumhantierte. Ich lachte sie an, um schon eine freundliche Atmosphäre herzustellen, bevor sie gleich in das Arztzimmer kommen würde.

Wir gingen weiter ins Sprechzimmer. Rechts von der Tür standen eine Liege und eine riesige Bücherwand. Ich steuerte auf den Schreibtisch zu und nahm auf dem davor stehenden Stuhl Platz. Der Urologe trug ein weißes Polohemd, auf dem das Symbol der Männlichkeit abgebildet war. Der Pfeil nach oben gerichtet und darunter stand: »Für gesunde Männlichkeit.« Wir redeten über Stabhochsprung, die Operation, und ich erzählte ihm von meiner langwierigen Krankheitsphase und gab den Auftrag der Klinik an ihn weiter.

Dann brachte er mich in das Behandlungszimmer und erklärte mir, wie die Harnstrahlkontrolle funktionierte: »Davor stellen, auspacken und mit Vollgas in den Trichter zielen. Den Rest der Auswertung übernimmt der Computer.« Sofort kam mir der unangenehme Gedanke, ob er vielleicht dabeistehen und den Strahl live begutachten würde. Doch mit den

Worten »Viel Spaß« verließ er zu meiner Erleichterung den Raum. Ich sah mich um und verstand erst ein paar Sekunden später seinen Witz. Ich befand mich im Spermazimmer, an der Wand hingen ein Erotikkalender und ein Bild von Marilyn Monroes aufreizendem Mund. Hätte ich die Schubladen durchwühlt, wäre ich bestimmt auf ein paar Pornohefte gestoßen. Doch vor mir stand der Harnstrahlmesstrichter und erinnerte mich daran, für was ich hier war. Ich platzierte mich, packte aus und legte los, während die Maschine neben mir ratterte und ratterte.

Der Doktor nahm das Blatt Papier mit in sein Büro und wertete die Kurve aus. »Je steiler der Anstieg, umso besser.« Je älter die Männer würden, umso flacher falle auch meistens die Kurve aus. Hätte ich eine Verengung gehabt oder glich meine Harnstrahlkurve einer Buckelpiste, wäre das nicht so gut gewesen, weil dies ein Anzeichen dafür gewesen wäre, dass ich nicht genügend Druck aufbauen konnte, um den Urin vollständig aus meiner Blase zu entleeren. Er schenkte mir die Auswertung mit dem Hinweis, dass meine Kurve besser sei als seine. Er lachte mich dabei an und verwies mich auf seine Liege. Jetzt wird es ernst, dachte ich mir und nahm erst einmal etwas verkrampft auf der Liege sitzend Platz.

»Legen Sie sich ruhig hin«, der Urologe kam auf mich zu, setzte sich neben mich auf die Liege und wollte mir sogleich den Gürtel öffnen. Ich bin mir sicher, dass er das bei seinen unsicheren Patienten immer macht, ansonsten würde ihm ziemlich viel Zeit verloren gehen. Doch bevor er auch mir dabei half, meine Verklemmungen zu überwinden, öffnete ich selbst den Gürtel, Knopf eins und vier meiner Jeans, griff in meine Shorts und holte meinen neuen Freund heraus. Der Urologe gab zu, neugierig auf sein Aussehen zu sein, nahm ihn gleich in die Hand und tastete den Verlauf der Harnröhre ab. Zugegeben, war es etwas merkwürdig, von einem Fremden und dazu noch von einem Mann, meinen Penis begutachtet zu bekommen. Als ich aber genauer darüber nachdachte, verstehe ich mittlerweile nicht mehr, warum es mir anfänglich so schwergefallen ist.

Mit der Tastuntersuchung war der Doc auch zufrieden, und seine Neugierde auf Aussehen, Größe und Erscheinung meines neuen Freundes waren gestillt. Er war begeistert von dem Ergebnis und hatte so etwas nicht für möglich gehalten. Nach dieser Tuchfühlung wurde er locker und stellte mir Fragen zum weiteren Prozedere, vor allem, was die Penispumpe betraf. Wir sprachen über die Vor- und Nachteile, und er endete mit einem leicht gönnerhaften Ton: »Sie Glücklicher, Sie brauchen dann keine Handarbeit mehr … Wenn es schnell gehen muss, können Sie einfach loslegen und dazu noch, solange Sie und Ihre Partnerin wollen. Wenn Sie mich als Mann fragen, dann macht das den Umstand, keine Kinder zeugen zu können, doch um einiges wett.« Zwei Wochen nach dem Arztbesuch fühlte ich mich wieder hergestellt. Vor meiner Erkältung hatte ich fast nicht mehr gewusst, was es bedeutet, krank zu sein, weil ich so gut wie nie krank war. Meine Abwehrkräfte waren aber durch die Operation so geschwächt gewesen, dass mich ein eigentlich harmloser grippaler Infekt umgehauen hatte.

Ein neues Jahr begann, und ich nahm meine körperliche Fitness wieder selbst in die Hand. Nach meiner ersten Trainingseinheit fühlte ich mich befreit von all dem Schweiß, der sich angesammelt hatte. Ich war schon immer süchtig nach körperlicher Betätigung und freute mich auf die kommenden harten Trainingseinheiten, die ich mir selber verpasste. Da ich nun offiziell Trainer und verantwortlich für die Erfolge meiner Athletinnen und Athleten war, beschloss ich, gelegentlich bei ihnen mitzutrainieren, und freute mich über die dadurch gewachsene Motivation bei meinen Schützlingen. Wenn mir danach war und es meine Arbeit verlangte, machte ich die morgendliche Einheit mit und absolvierte mit der Nachmittagsgruppe das nächste Programm. Später am Tag trainierte ich im Kraftraum weiter. »Nimm dir jeden Tag etwas vor, worauf du dich freuen kannst«, das ist ein guter Vorsatz, an den ich mich zu halten versuche. In dieser Zeit war es zum einen das Training und zum anderen das Schreiben, das mir ermöglichte, meine Erlebnisse und Gedanken der letzten Zeit zu verarbeiten.

Nach meiner befreienden Brustoperation musste ich ungefähr sechs Monate warten, um zu entscheiden, ob ich mit dem endgültigen Aussehen meiner neuen männlichen Brust zufrieden bin. In sechs Monaten tut sich muskulär und hauttechnisch noch sehr viel, und ich hatte einen Korrekturvorschlag. Nun war die Zeit fast vergangen, und ich telefonierte mit Frau Dr. Hoffmann in München, die mir kurzfristig einen Termin gab, bei dem sie meine Wünsche vor Ort und ambulant erfüllen konnte.

Ich reiste mitten in der Nacht los, um den Sternenhimmel und die leere Autobahn genießen zu können. Wieder hatte ich dieses unbändige Gefühl von Freiheit in mir und fuhr mit diesen Emotionen durch den aufsteigenden Frühnebel. Überpünktlich betrat ich die Praxis. Ich liebte dieses Wartezimmer, es war wie ein Wohnzimmer, in dem viele interessante Bücher standen. An diesem Morgen entdeckte ich ein Buch mit dem Titel »Nackt«. Es illustrierte in vielen Bildern den gesellschaftlichen Umgang mit nackter Haut. Für ein italienisches Modelabel wurden einmal eine ganze Reihe von Penissen in Nahaufnahme abgebildet. Das Plakat ist natürlich nie als Werbung an die Öffentlichkeit gelangt, sondern war nur in dieser Anthologie der Nacktheit zu finden. Mich erstaunte diese wilde Auswahl an Form und Größe. Mein Urologe hatte schon erzählt, wie viele verschiedene Penisse er im Laufe der Zeit zu Gesicht bekommen hatte und wie er manchmal die Männer psychisch aufbauen musste, weil sie überhaupt nicht mit ihren Freunden zufrieden waren.

Ich wusste ja, dass Frauen ständig und immer vergleichen. Bin ich dicker/dünner als die oder die, hat sie einen schöneren Po, sind ihre Brüste größer/kleiner etc. Endlosschleifen, auf die es nie eine richtige Antwort zu geben scheint. Männern ist das zu doof. Sie vergleichen sich nahezu nie. Mit einer Ausnahme: Wenn es um ihren Penis geht, können sie nicht anders.

Während ich darüber grübelte, warum das so ist, betrat meine Ärztin den Raum. Wahrscheinlich wegen meines zu früh begonnenen Trainings hatten sich die Narben um die Brustwarzen etwas vergrößert. Ich wollte diese Narben nicht mehr sehen, und verließ mich auf die Feinarbeit meiner Ärztin. Diesmal war ich entschlossen, bei der Operation wach zu bleiben, um dem Geschehen so weit wie möglich folgen zu können. Frau Dr. Hoffmann übergab mich ihrer Arzthelferin, die mir eine lange Hose und ein Hemd bereitlegte und mich anschließend in den Operationsbereich begleitete. Es war unglaublich kalt in diesem Zimmer, aber ich machte es mir auf der schmalen Liege so gut es ging bequem und führte einen netten Smalltalk mit der Helferin, um mir die Zeit zu verkürzen. Endlich betrat meine Ärztin den sterilen Raum und zog die Betäubungsspritze auf. Abdecktücher wurden um meinen Oberkörper gelegt, und zu meinem Bedauern musste ein Sichtschutz aufgebaut werden. Sie stach zur Betäubung zuerst in die rechte Brust ein. Das Gefühl kannte ich nur zu gut von den vielen Spritzen, die sich damals in meinem Fuß ihren Platz suchten. Ich atmete tief ein und machte mich ganz starr, um dem Schmerz keinen Platz zu lassen. Das vernarbte Gewebe wehrte sich gegen die Flüssigkeit, gab aber schließlich doch nach. Die lokale Betäubung setzte augenblicklich ein. Die Ärztin nahm ihr Skalpell in die Hand und legte los. Ich spürte dumpf ihr Vorgehen und stellte mir bildlich vor, wie sie in mein Fleisch schnitt und das Blut seinem Lauf folgte. Die Operationslampen schienen durch das grüne Tuch. Ich konnte die Schatten ihrer Hände sehen, die sehr ruhig und gezielt vorgingen.

Die Atmosphäre war trotz der filigranen Arbeit locker, und im Hintergrund spielten klassische Klaviermelodien. Wir redeten über meinen neuen Job und wie schwer es ist, Frauen zu trainieren, beziehungsweise wie einfach der Umgang mit Männern im Training dagegen sein kann. Sie sprach über ihr Glück, bald Mutter zu werden und gab gelegentlich der Arzthelferin ein paar Anweisungen. In der inneren Verklebungszone hatten sich ein paar Brusthaare breitgemacht. Diese zupfte sie kurzerhand raus, da sie vielleicht der Grund waren, warum ab und an ein Faden, der sich selber auflösen sollte, an die Oberfläche gekommen war und sich während der Narbenheilung entzündet hatte. Nach getaner Schneide- und Zupfarbeit ging es ans Nähen. Ich spürte, wie die Nadel ihre Kreise zog und Spannung auf meine Haut brachte. Nach knapp anderthalb Stunden war die Arbeit getan. Zum Glück, denn ich konnte nicht mehr still liegen und hatte Eisklumpen an den Füßen. Der Sichtschutz wurde entfernt, und ich konnte einen ersten flüchtigen Blick auf das Ergebnis werfen. Ich schmunzelte in mich hinein. Nichts, noch nicht einmal das kleinste störende Detail würde mich mehr an mein altes Leben erinnern.

Ich wollte unbedingt gleich meine Heimreise antreten, aber sie verfrachteten mich in das Ruhezimmer nebenan. Dort bekam ich die nächste Kälteschocktherapie. Damit ich keine Schwellung bekam, sollte ich mich ein bis zwei Stunden kühlen lassen. Die Arzthelferin legte eine kalte Wassermatte über meinen Brustkorb, wickelte den Rest meines Körpers in ein paar warme Decken und stellte meinen iPod zur Entspannung an. Zu Beginn zitterte ich am ganzen Körper und versuchte mich abzulenken, indem ich mich auf meine innere Freude konzentrierte. Alles war gut, weil mein Oberkörper nun mit der Heilung begann, dachte ich. Ich kam zur Ruhe und schloss die Augen. Die Helferin sah immer mal wieder nach dem Rechten und versorgte mich mit heißem Tee und Keksen. Nach etwas mehr als einer Stunde kam meine Ärztin von ihrer Mittagspause zurück und erkundigte sich nach meinem Befinden. Mir ging es fabelhaft. Es kam mir eher vor, als hätte ich einen etwas längeren Friseurbesuch hinter mir als eine einschneidende Operation. Ich dankte ihr von Herzen, weil sie mich wieder einen Schritt weiter in Richtung innere Zufriedenheit gebracht hatte. Sie tat es gerne.

In der Zeit meiner Veränderung trennten sich die Wege von Violetta und mir. Jeder ging in eine andere Richtung. Um ehrlich zu sein, wussten wir beide nicht genau, warum wir uns trennten. Es war, glaube ich, wie es oft in Beziehungen ist. Wir haben uns begleitet, haben voneinander gelernt und mussten nun Wege gehen, die man nur alleine gehen kann. Sie konnte mir nicht auf meinem Weg folgen, und ich konnte sie nicht auf ihrer persönlichen Reise begleiten. Wir trennten uns mit den besten Erinnerungen an den jeweils anderen und die Zeit, die wir miteinander verbracht hatten.

Meine Magie spiegelte sich in ihr, und ihr Zauber fand in mir Widerhall. Ihre Träume sind auch meine Träume gewesen, und meine Träume sind zu ihren geworden. Sie war in der Zeit meiner Veränderung an meiner Seite und ging mit mir die schwersten Schritte. Worte werden meinem Dank nicht gerecht. Wir waren einzigartig, weil wir einander nahezu bedingungslos verstanden. Wir lachten und weinten, wir redeten und schwiegen. Was uns verband, verbindet uns immer noch. Sie konnte meine Körpersprache lesen, wie auch immer ich versuchte, mich zu verstellen. Sie gab meiner Dunkelheit ein fassbares Wort. Ich gab ihrer Dunkelheit etwas Struktur. Wir befreiten uns auch voneinander. Nun waren wir reif, unsere Sehnsüchte zu stillen und uns jene Träume zu erfüllen, die man sich nur alleine erfüllen kann. Wir waren zum richtigen Zeitpunkt füreinander da und trennten uns, als es an der Zeit war. Die Sehnsucht nach Freiheit war stärker als die Liebe. Zwischen uns gibt es kein Ende. Nur eine Veränderung, die sich weiter veränderte.

DIE VERBORGENEN DREI TÜREN

Gibt es schließlich eine bessere Form, mit dem Leben fertig zu werden, als mit Liebe und Humor?
CHARLES DICKENS

Als ich meine lang ersehnten Hormone bekam, veränderte ich mich nicht nur äußerlich. Viel größer waren die Veränderungen in meiner Art zu denken und zu fühlen. Ohne überheblich klingen zu wollen, aber diese gravierende Wandlung, die mit dem Beginn meiner Hormontherapie ihren Anfang nahm, war eine Erfahrung, die nicht viele Menschen machen. Wer hat schon in beiden Geschlechtern gelebt?

Wenn ich versuche, diese Entwicklung und diesen Wandel in Kürze zu erklären, verwende ich gerne das Bild der drei verborgenen Türen. Mir ist durchaus bewusst, dass ich mit manchen Aussagen in eine Klischeekiste greife. Allerdings zeigen viele Verhaltensweisen meine Erfahrungen auf. Wenn ich daher die klassische Beschreibung von Frau und Mann verwende, dann schließe ich dennoch alle Geschlechter und Nicht-Geschlechter, alles Existierende von weiblich bis männlich und alles dazwischen und darüber hinaus ein. Ebenso sind alle Varianten der geschlechtlichen Orientierung in meinen Gedanken inkludiert, wenngleich sie sprachlich nicht explizit erwähnt werden, um den Lesefluss zu erhalten.

Stellen wir uns ein wunderschönes kleines Schloss im Stil Ludwigs II. vor, das sieben Zimmer hat. Jedes Zimmer ist einem speziellen Thema der Beziehung gewidmet, auf das ein messingfarbenes Türschild hinweist. Mann und Frau leben im Schloss, betreten die Räume gemeinsam oder ziehen sich jeweils allein in einzelne Zimmer zurück.

Das Durchschreiten und der Aufenthalt in den verschiedenen Zimmern, die ich auch gerne Orte der Begegnung nenne, beschreiben den Verlauf und den Stand ihrer Beziehung. Lassen wir die Liebenden zuerst in chronologischer Reihenfolge durch die Zimmer gehen.

Der erste Raum ist das Foyer. Hier ist es licht und hell, durch eine Glaskuppel kann man in den Himmel sehen. Die Wände sind hoch und weiß und an den Rändern reichlich mit Stuck verziert. Gegenüber der Eingangspforte führt eine zum Teil freistehende Treppe mit zwei Aufgängen rechts und links ins Obergeschoss, darunter der Durchgang zum Speisezimmer, von dem aus man durch eine große Flügeltür in den Garten gelangen kann. An den Seitenwänden befinden sich jeweils zwei weiß gestrichene Holztüren, zwischen denen Gemälde vom Glanz vergangener Tage zeugen. Auf dem hellen Marmorfußboden stehen sonst keine Möbel.

Wenn Partner*innen sich kennenlernen, sind sie von gegenseitigem Interesse und Neugierde geleitet. Im großzügigen Foyer findet sich alles, das diesem schwer zu fassenden Zustand des Zueinanderhingezogenseins genügend Freiraum gibt, sich zu entwickeln. Die Vergangenheit ist präsent, genauso wie eine mögliche gemeinsame Zukunft. Alles liegt noch im Bereich des Möglichen, des Unausgesprochenen, des Geheimnisvollen. Vom Foyer aus sind alle Räume des Schlosses zu erreichen – alle Wege stehen der Beziehung offen.

Durch die Flügeltür kommen wir in den zweiten Raum, den Speisesaal. Es ist der Ort der genauen Beobachtung und der ersten geordneten und bewussten geistigen Nähe. Dort »scannen« wir unser Gegenüber nach Schönheit, Bildung, Manieren, sozialem Rang, Status und Weltanschauung. Aber auch Charme, Esprit, Humor und Eitelkeit spielen eine Rolle bei dieser Form der Ouvertüre.

Rechts neben dem Speisezimmer führt eine Tür in das dritte Zimmer, das Schlafzimmer. Dort finden wir körperliche Nähe, Lust, Leidenschaft und Spiel. Der Ort, an welchem die Sehnsucht, die aus der Verführung geboren wurde, ihre Erfüllung findet. Ein Ort der Erlösung, des Gleichklangs, der Verschmelzung.

Das vierte Zimmer neben dem Schlafzimmer ist das Kaminzimmer. Hier werden die Gedanken und Gefühle im knisternden Feuer des Geistes geläutert. Es ist der Ort der Erkenntnis und der Philosophie, der Ort der guten Gespräche in schützender Wärme und mildem Licht. Dort werden Gemeinsamkeiten, geistige Nähe und Verständnis gesucht und gefunden. Dieses Zimmer verbindet die rationale und emotionale Ebene der beiden vorherigen Räume. Verliebtheit und Leidenschaft können sich hier zur Liebe entwickeln.

Gegenüber dem Kaminzimmer liegt das Arbeitszimmer. Nach den emotional aufregenden Ereignissen in den anderen Räumen sucht man im Arbeitszimmer die Übereinstimmung und den Austausch im kreativen und praktischen Bereich. Es ist der Ort der Erledigung alltäglicher Dinge bis hin zur Planung gemeinsamer Lebensentwürfe. Wo immer man kann, versucht man sich zu ergänzen, auszutauschen, Kompetenzen zu bündeln und neue gemeinsame Projekte zu gestalten.

An das Kaminzimmer schließt sich das Wohnzimmer an.

Gemütlich muss es dort sein, dicke Teppiche und breite Sofas strahlen eine wohlige Atmosphäre aus. Es ist der Ort des Familienlebens, der Freundschaften und Besuche, der Heiterkeit und des Austausches untereinander und mit anderen, summa summarum der Ort aller familiären und gesellschaftlich verbindenden Themen.

Das siebte Zimmer ist das Besprechungszimmer. Hier werden Konflikte ausgetragen, Lösungen gesucht und Kompromisse gestaltet.

Um sich gegenseitigen Raum zur Entfaltung zu lassen, begibt sich die Frau ab und an über die Treppe in die Gemächer des sonnigen Südflügels im ersten Stock. Der Mann genießt derweil im schattigen Arbeitszimmer im Nordflügel des Schlosses Augenblicke der Entspannung.

Wenn es in unserem Beziehungsschloss gut läuft, bewegen sich Mann und Frau in allen diesen Räumen, treffen sich dort und tauschen sich aus. Auch die ersten beiden Räume werden bewohnt, die Neugierde und Anteilnahme am anderen wird immer wieder neu belebt, damit die Leidenschaft und die sexuelle Anziehungskraft im dritten Raum nicht stirbt, die Atmosphäre im Wohnzimmer nicht vergiftet wird und Pläne für die gemeinsame Zukunft gemacht werden können. Und auch das Besprechungszimmer muss frequentiert werden, damit die Kommunikation aufrechterhalten bleibt und die Partner immer neu ihre Wünsche gegenüber dem jeweils anderen definieren können.

Wenn das Schlossleben so abläuft, ist das eine ideale Beziehung. Kommt es zu Problemen in einem Raum, hat das immer auch Auswirkungen auf den gesamten Beziehungshaushalt. Alle sieben Räume werden gemeinsam genutzt, sie wissen um ihre Funktion und kennen sich darin aus.

Nun gehört aber zu unserem Schloss auch ein viktorianisches Gartenhäuschen, das über einen schmalen Weg vom Speisezimmer aus zu erreichen ist. Das Gartenhäuschen besteht aus Stahl und Glas und hat drei Eingänge. Diese drei Türen bleiben nahezu jedem männlichen Individuum verborgen. Was hinter ihnen geschieht, ist aber sehr wichtig für das Verständnis der Frauen.

Das achte Zimmer ist der Ort der Verwirrung und Abwägung. Tausend Fragen schwirren wie Kolibris unruhig flatternd in der Luft herum und können sich nicht zu einer Lösung niederlassen, weil die nächste Frage schon entgegenrauscht. Es gibt tausend Möglichkeiten, und vielleicht ist ein anderer Weg doch der bessere. Ein »Ja« hat viele Varianten und kann bis zum »Nein, lieber nicht« reichen.

Frauen sind prinzipiell vielschichtiger als Männer und spielen alle nur erdenklichen Varianten, dazu gehören auch alle erdenklichen Hindernisse bei einer Entscheidungsfindung, durch. Ihr Großhirn gleicht einem großen Konzertsaal mit vielen Zugängen. Sie wägen alle Möglichkeiten ab und versuchen im Resultat ein inneres und äußeres Gleichgewicht herzustellen. Die Entscheidungsfindung ist kein gerader Weg, es gibt viele Verästelungen und Verschlingungen, es wird weggeschoben und wieder vorgetastet, es wird zurückgerudert und ins Boot geholt, immer den Atem der möglichen Konsequenzen im Nacken spürend.

Das neunte Zimmer ist der Ort der Gleichzeitigkeit. Hier beherrschen weibliche Individuen das Chaos, indem sie den tausend Einfällen und Ideen aus Zimmer acht Handlungen folgen lassen. In teils ungeregeltem Aktionismus werden die Papageien gefüttert, die Orchidee gegossen und der Nachbarin die Ableger der exotischen Palme versprochen. Frauen sind tendenziell multitaskingfähig und besitzen ein hohes Maß an Mehrperspektivität. Sie können sich gut in die Lage des anderen versetzen und aus seiner Perspektive sein Handeln nachvollziehen. Was Männern vielleicht auf den ersten Blick als heilloses Durcheinander vorkommt, besitzt eine innere Systematik, die aber nur aufgrund der weiblichen Fähigkeiten zum gleichzeitigen Handeln umgesetzt werden kann. Dadurch sind Frauen in der Lage, auch sehr komplexe und umfangreiche Aufgaben zu lösen.

Das zehnte Zimmer ist der Ort der Tiefgründigkeit. Dieser Teil des Gartenhauses wird durch grüne Faltstores beschattet. Innen ist es tropisch feucht und heiß. Eintreten kann nur, wer sich von seinen Emotionen leiten lässt und fortan nur noch seiner Intuition vertraut. Es ist ein Raum mit einer ganz speziellen geheimnisvollen Atmosphäre, aber auch der Ort der Traurigkeit, der Tränen und der Aufgabe. Hier gelangt man ungehindert an die tiefsten Gefühle, was zu einer Erschütterung der ganzen Person führen kann. Zum Beispiel durch die beiläufig von einem Kollegen gestellte Frage »Ist das eigentlich die neueste Statistik?«, kann eine perfekt vorbereitete und gelungene Präsentation als persönliches Versagen empfunden werden, das lange Zeit am Ego nagt. Männern wird tendenziell eine solche Verletzung nicht zugefügt, weil bei ihnen der direkte Zugang zu diesen persönlichen Empfindungen versperrt ist. Deshalb verstehen sie auch oft nicht die mitunter heftige Reaktion von Frauen, die sich rein an der Sache orientiert wähnt. Auf der anderen Seite gelangen durch die persönliche Sichtweise, den immerwährenden Zweifel und das ständige Infragestellen Frauen bisweilen in galaktische Sphären und erschließen sich enorme, niemals enden wollende Denk- und Möglichkeitsräume. Außerdem verfügen sie über die Fähigkeit, Situationen nicht nur faktisch-sachlich, sondern auch emotional-intuitiv besser einschätzen zu können, und sind deshalb vielleicht die besseren Realisten.

Mein Schloss mit den drei verborgenen Türen ist ein Modell, das wie jedes Modell, um es möglichst anschaulich zu gestalten, stark vereinfacht wurde. Natürlich gibt es auch Männer, die sich im Gartenhaus aufhalten, und Frauen, die nur seltene Besuchende dieser Räume sind. Man könnte vielleicht auch eher vom weiblichen und männlichen Prinzip sprechen. Wie auch immer, ich bin kein Wissenschaftler oder Psychologe und beanspruche auch keine Allgemeingültigkeit.

Ich wünsche allen liebenden Menschen, dass es keine verborgenen Türen mehr gibt und dass sie sich überall begegnen können.

DAS WAHRE LEBEN

Wenn wir bedenken, dass wir alle verrückt sind,
ist das Leben erklärt.

MARK TWAIN

Es war Frühsommer, die Sonne besaß schon reichlich Kraft, und nachmittags nach dem Training zog es mich auf meine kleine Dachterrasse. Ich schloss die Terrassentür, legte mich auf den Bauch und wollte ein Buch lesen. Die Bauchlage war eine kritische Position, weil ich aufpassen musste, meinen neuen Freund nicht unter meinem Gewicht einzuquetschen. Es gab zwei Möglichkeiten, wie ich diesem Problem begegnen konnte. Entweder ich legte mir etwas unter den Bauch, so dass er etwas mehr Platz bekam, oder ich platzierte ihn vorsichtig zwischen meine Oberschenkel. Ich probierte beide Stellungen aus und entschied mich dann für die erste Variante. Nachdem ich ein paar Seiten in meinem Buch gelesen hatte, hob ich verträumt den Kopf. In der Terrassentür spiegelte sich die Silhouette eines jungen nackten Mannes. Seine Arme und Beine waren muskulös, die Schulterblätter stachen leicht hervor, seinen Kopf hatte er mir zugewandt. Es war ein schöner, ästhetischer Anblick, erst wenige Sekunden später realisierte ich, dass dieser Mann ich war.

Ich drehte mich um, legte mich auf den Rücken, sah in den wolkenlosen Himmel und war nackt wie bei meiner Geburt. Allerdings stimmte dieses Mal mein Geschlecht. Es war mir egal, dass in der gegenüberliegenden Wohnung die Dachfenster geöffnet waren. Es machte mir nichts aus, dass mich eine Frau von ihrem Balkon aus beobachtete. Diese natürliche Freizügigkeit, die ich nun genießen durfte, war kaum zu beschreiben. Kleider hatten mich schon immer eingeengt, doch in der Vergangenheit waren sie auch mein einziger Schutz gewesen, jene Körperteile nicht zeigen zu müssen, die ich an mir so sehr hasste. Meinen Hass konnte ich nun mit meinen Kleidern abstreifen. Es war einzigartig, durch die Wohnung zu spazieren und nichts anhaben zu müssen, weil ich nichts mehr zu verstecken hatte. Das anfänglich ungewohnte Gebaumele störte mich nicht im Geringsten. Im Gegenteil, ich war stolz auf meinen Körper und liebte es, mich nackt im Spiegel anzusehen.

Zum ersten Mal sollte ich als verantwortlicher Trainer ein Trainingslager im Norden Italiens organisieren und durchführen. Wir waren eine Gruppe von sieben Athletinnen und zwei Athleten im Alter zwischen siebzehn und vierundzwanzig, einem Physiotherapeuten und mir als Trainer. Die Mädchen flogen mit dem Physiotherapeuten gen Süden. Mit den Jungs zog ich einen Tag früher mit einem kleinen Bus los, um die Stäbe zum Trainingslager zu transportieren. Auf der rund zehnstündigen Fahrt führten wir Männergespräche.

In erster Linie ging es um den Unterschied zwischen Männern und Frauen. Die Jungs äußerten ihr Unverständnis gegenüber manchem Verhalten ihrer Freundinnen, Sportkameradinnen und Schwestern. Sie schilderten mir Situationen, in denen Frauen für sie ein komplettes Rätsel darstellten. In mir sahen sie wohl einen Experten, der ihnen dieses für sie nicht nachvollziehbare Verhalten übersetzen konnte.

Ob ich nun auch auf der Toilette im Stehen pinkeln würde, fragte mich einer der Jungs. Es war ein Thema, das mich schon länger beschäftigte. Ich wusste, dass meine Antwort manchen nicht gefiel, denn ich hatte schon im engsten Freundeskreis recherchiert. Obwohl ich dabei auf eindeutige Ablehnung gegenüber Stehpinklern gestoßen war, sah ich nicht ein, dass ich, nach achtundzwanzig Jahren zum Sitzen verdonnert, jetzt, da mir mein neuer Freund den aufrechten Stand ermöglichte, aus Gründen der *political correctness* mich weiterhin setzen zu müssen. Im Bus traf ich auf Zustimmung und Opportunismus. Zu Hause folgten die Jungs den mütterlichen Hygienestandards und setzten sich, bevorzugten aber ansonsten, sich im Stehen zu erleichtern, weil es schneller gehe und angenehmer sei.

Mit den Kilometern, die wir mit unserem Bus langsam zurücklegten, fielen auch die letzten Hemmungen, und wir redeten frei über Sex und alle peinlichen Situationen und Unfälle, die drumherum passieren konnten. Wir vertrauten einander, weil wir uns seit Jahren kannten und ich nun endlich auch den Penis trug, der die Eintrittskarte für etwas derbere Themen zu sein schien. Ich war nun kein potenzieller Verräter mehr, der heimlich zu den Frauen gehen konnte und ihnen erzählte, was die Männer über sie denken.

Ich erzählte den jungen Athleten, dass ich als kleiner Junge irgendwo im Süden, wo ich mit meinen Eltern in Urlaub war, auf einem Platz einmal zwei Hunde beobachtete, die eine halbe Ewigkeit ineinandersteckten. Ich hatte damals nur eine vage Vermutung, was die beiden dort trieben, fand aber, dass vor allem die Hündin ziemlich unglücklich aussah. Mir schien, als wolle sie das Gewicht über ihr unbedingt loswerden, und ihre Augen sahen mich dabei verzweifelt hilfesuchend an. Ich lief zu einem Kellner, der die Szene von seinem Straßencafé aus verfolgt hatte, und fragte ihn, was ich tun könne, denn ich wolle nicht, dass irgendein Wesen unnötige Schmerzen erleiden müsse. Das sei ein Scheidenkrampf, sagte der Kellner, und gab mir einen Eimer, den sollte ich mit kaltem Wasser füllen und über die Hunde schütten. Dabei würden die beiden erschrecken, so dass sich ihre Körpermitte zusammenziehe und diese Kontraktion eine Entkrampfung auslöse. Was ein Scheidenkrampf war, wollte ich mir gar nicht erst vorstellen, aber das kalte Wasser und das Erschrecken erschienen mir irgendwie einleuchtend. Dass der Mann keine Ahnung von Hunden hatte, erfuhr ich erst viel später. So lief ich mit dem Eimer zu den Hunden und leerte das kalte Wasser über ihnen aus. Erfolglos. Sie sahen mich kurz irritiert an und drehten sich dann weiter ineinanderhängend im Kreis. Als typische Streuner waren sie Kälte und Nässe mehr als gewohnt, und die Sinnlosigkeit meiner Aktion wurde mir schlagartig bewusst. Ich musste sie irgendwie anders erschrecken und hatte auch schon einen Plan.

Gedanklich legte ich mir die Ausrüstung eines American-Football-Spielers an und versteckte mich hinter aufgereihten Stühlen eines Straßencafés. Nicht weit von mir entfernt, neben einem großen Blechschild, das ein Mittagsmenü anpries, befanden sich die Hunde. Ich nahm die Ausgangsstellung ein, sprintete mit aller Kraft los, sprang ab und warf mich mit voller Wucht gegen das Schild. Während des Fluges sah ich zu den Hunden und behielt sie fest im Auge. Ein lauter Donner erfüllte den Platz. Die Hündin erschrak so sehr, dass sie ihren Lover freigab. Der Restaurantbesitzer und die Cafébesucher kamen auf den Platz gerannt, denn der Schlag hatte sich nach einem Autounfall angehört. Als sie mich auf dem Boden liegen sahen, das Blechschild noch fest umarmt, konnten sie sich auf alles keinen Reim machen. Ich blieb zusammen mit dem Schild auf dem Boden liegen und lachte mich kaputt. Die Hunde waren schon weit entfernt und suchten ihr nächstes Abenteuer.

Viele Jahre später erfuhr ich von einer befreundeten Tierärztin, dass dieses »Ineinanderhängen« bei Hunden zum Geschlechtsakt dazugehört und dass eine gewaltsame Trennung sogar gefährlich für den Rüden sein kann.

Die Gespräche mit den Jungs im Bus ließen die Zeit schnell vergehen, und irgendwann, nach vielen Anekdoten und den vier CDs, die abwechselnd das Musikbett dazu bildeten, waren wir an unserem Ziel angekommen.

Am nächsten Tag war leider kein Trainingslager-Wetter, dementsprechend waren lange Gesichter zu sehen. Außerdem waren nicht alle über die spartanische Unterkunft erfreut. Ich war jedoch gewillt, meinen Schützlingen beizubringen, dass das WIR in diesem Trainingslager das Wichtigste war. Solange wir als Gruppe funktionierten und an unseren Zielen arbeiteten, war der Rest nicht mehr bedeutend. Ich passte meinen Trainingsplan dem Wetter an. Vormittags spielten wir im warmen Nieselregen zur Entspannung ein wenig Rugby und Fußball, nachmittags goss es noch mehr, und ich legte eine Ausdauereinheit ein. Ich gebe meinen Übungen gerne symbolhafte Namen, die die Vorstellungskraft der Athleten anregen. Diesmal standen Adlerläufe auf dem Programm. Bei diesen Läufen strecken die Sportler*innen die Arme waagerecht aus, halten sie starr ausgestreckt, um keine Unterstützung in Form des Armschwunges zuzulassen und laufen so bis zu einer markierten Stelle. Wenn sie diese erreicht haben, nehmen sie ihre Arme als Schwungunterstützung mit und rennen der Ziellinie entgegen. Ganz wie ein Raubvogel auf der Jagd. Mit weit ausgespannten Flügeln kreist er hoch oben über Wälder und Felder. Irgendwo in weiter Entfernung erspäht er seine Beute und verliert sein Ziel nicht mehr aus den Augen. Er setzt zum Sturzflug an. Je schneller er Richtung Erde rast, desto besser. Fast geräuschlos packt er in Windeseile mit seinen geschickten Greifarmen seine Beute und zieht sie in die Lüfte. Was dagegen sind Tempoläufe?

Meine Adler folgten an diesem Nachmittag durch den Regen, und binnen weniger Minuten waren wir komplett durchnässt. Der Wind drückte die Sporthosen gegen unsere Oberschenkel und ließ das Wasser in die Schuhe fließen. Ich hatte meine helle Freude daran und strahlte das auch aus. Ich riss meine Witze, lief den einen oder anderen Lauf mit, tänzelte in den Pausen am Strand auf und ab und fühlte mich frei von allen Sorgen. Nachdem ich meine Truppe genügend gejagt hatte, schickte ich sie duschen und absolvierte für mich alleine das gleiche Programm. Mir war weder kalt noch machte mir der Regen etwas aus.

Der nächste Tag brach herein. Ich wachte sehr früh auf, um nach der Laune des Wettergottes zu sehen. Lediglich mit Flipflops und Shorts bekleidet, watschelte ich mit verwirbelten Haaren auf die Terrasse. Die Sonne ging auf. Es sollte ein herrlicher Tag werden, und ich freute mich auf mein erstes Sonnenbad mit freiem Oberkörper.

Nach absolvierter Trainingseinheit hielt mich nichts mehr auf. Ich stand am Meer, zog mein T-Shirt über den Kopf, warf es wild auf meine Tasche und legte mich tief ausatmend nieder. Noch nicht einmal das Mittagessen konnte mich aus meiner Lage locken. Mein Oberkörper hatte viel Sonne nachzuholen und genoss jeden einzelnen wärmenden Strahl, ohne dass ein Fetzen Stoff störte.

Eines Abends fand ich mich im Zimmer meiner Nachwuchsmädels wieder und begann mit ihnen über ihre Probleme und Gedanken zu sprechen. Bevor ich aber irgendetwas Privates von ihnen erfuhr, machte ich es mir zur Aufgabe, sie aufgrund meiner Beobachtungen einzuschätzen. Offen und ohne falsche Scham erzählte ich jeder, was ich über sie, über ihre Herkunft, ihr Talent und ihren zukünftigen Werdegang dachte, und traf dabei sehr oft ins Schwarze. Sie fanden es etwas beängstigend, wie gut ich sie anscheinend kannte, und wollten wissen, wie ich das mache. Ich versuchte ihnen zu erklären, dass ich sehr feine Antennen besitze und mir auch Kleinigkeiten nicht verborgen bleiben. Ich bin mir sicher, dass ich Trauer, Liebe, Wut und Angst sehr früh wahrnehme, auch dann, wenn Menschen versuchen, diese Gefühle zu unterdrücken. Es liegt mit Sicherheit daran, dass ich meine emotionale Intelligenz und meine Beobachtungsgabe über Jahre geschult habe und dass ich all diese Emotionen in großer Menge auch in mir trage. Wir sind, was wir denken, und senden diese Gedanken auch aus, was reale Folgen haben kann, erklärte ich den jungen Frauen meine Lebensphilosophie. Wenn wir beispielsweise einen Teller, der bis zum Rand mit Suppe gefüllt ist, zum Tisch tragen möchten und dabei dauernd daran denken, bloß nichts zu verschütten, wird genau das passieren. Wenn wir dagegen positiven Gedanken mehr Raum geben, entwickeln wir die Kraft und Energie, die uns im Leben weiterführt. Ich wusste immer, dass ich meine Ziele zur rechten Zeit erreichen werde, weil ich meine Überzeugung in die Welt sendete und gewillt war, bis zur Erschöpfung für mein Vorhaben zu arbeiten. Vieles im Leben ist mentale Einstellung.

Genauso wie auf der Hinfahrt mit den Jungs im Bus verging auch die Zeit mit den mir anvertrauten Athletinnen wie im Fluge. Es waren drei Stunden Gesprächsstoff, in denen ich viel von meinen Erfahrungen berichtete und versuchte, ihre Fragen zu beantworten. Einige Gedanken behielt ich für mich, aus Angst, eine Grenze zu überschreiten und sie mit meinen Worten zu überfordern. Aber auch für mich war dieser Abend eine Bereicherung. Ich bin davon überzeugt, dass jeder Mensch Schönheit und Klugheit in sich trägt und wir von Klein und Groß, von Alt und Jung immer etwas voneinander lernen können. Zum Abschied gab ich den Mädchen mit auf den Weg, dass sie, wenn sie auf der Suche nach den Sternen sind, auch beherzt zugreifen müssen, wenn sie glauben, sie gefunden zu haben. Wer auf sein Glück wartet, bis es irgendwann vor der Tür steht, hat schon verloren.

Es war eine schöne Erfahrung, meinen Schützlingen etwas mitgeben zu können und sie auf ihrem Weg zu begleiten. Ich empfinde den Job eines Trainers als vielschichtig, denn auch das Zuhören, Mitfühlen und Beobachten gehört für mich genauso zu dieser Arbeit wie die Ausarbeitung und die Durchführung von Trainingsplänen. Am nächsten Morgen trafen wir uns zum gemeinsamen Frühstück. Ich sah in die Augen der Mädels und merkte augenblicklich, dass ich mehr aufgewühlt hatte, als ich eigentlich wollte. Die ganze Nacht seien sie schlaflos gewesen und hätten über meine Worte und ihr Leben intensiv nachgedacht, erzählten sie mir.

Zum Glück hatte ihre Müdigkeit keine Auswirkungen auf das Trainingsprogramm, denn für den Tag war zur Regeneration ein Ausflug nach Venedig geplant. Die Geschichte Venedigs faszinierte mich, aber in den wenigen Stunden, die wir dort verbrachten, bekam ich wegen der Masse an Besuchern und Tagestouristen wenig davon mit. Es gab mehr fliegende Händler*innen als Einwohner*innen und gelegentlich aufkreuzende High-Society-Motorboote, deren Fahrer*innen eine solch große Designer-Brille trugen, dass man sie als Motorradhelm ansehen konnte, passten überhaupt nicht zu dem romantisch-geheimnisvollen Bild, das ich mir von der Stadt und dem Canale Grande gemacht hatte. Als wir in einem Café eine Pause einlegten, fragte ich meine Gruppe nach ihren Urlaubszielen, und hoffte, einige Anregungen zu bekommen. Einige berichteten von Bali, andere von einer Rundreise durch Thailand, wieder andere vom Zelten in ungarischen Wäldern. In ihrem Alter, erinnerte ich mich, haute ich in meinem jugendlichen Leichtsinn mein hart verdientes Geld für luxuriöse All-Inclusive-Reisen auf den Kopf. Wenn ich in den Urlaub flog, sollte alles perfekt sein: ein schönes komfortables Hotel, die Farbe des Meeres und des Himmels prospektreif und gelegentlich ein Ausflug, um eine gut dosierte Ladung vermeintlicher Authentizität mitzunehmen. Nicht wenige meiner Urlaube gestalteten sich so. Was ich damals noch nicht selbst erfahren hatte, war, dass es an solchen Orten, wo alles so perfekt ist, oft nichts mehr zu entdecken gibt. Dort wurde die Erde bereits tausendfach berührt und umgegraben. Wenn ich mich zu ihr niederkniete, dann hörte ich nichts mehr außer der Pumpe des Swimmingpools. Je mehr Sterne ein Hotel hat, desto weniger Sterne sind im Himmel darüber zu entdecken.

An solchen Orten begegnet man auch immer den gleichen Menschen, die glauben, dass ihr vieles Geld sie glücklich macht. Sie scheinen ein ganzes Leben lang an ein Emotions-EKG angeschlossen zu sein, ohne jemals eine Ausschweifung zu erleben. Das Resultat ist eine monotone Linie im gleichförmigen Leben. So wollte ich nicht enden, auch nicht im Urlaub. Mir gefielen die steilen Kurven, die ich in Griechenland auf meiner wilden Hundesuche befahren hatte, besser, sie forderten mich heraus.

Hätte ich die Wahl, entweder auf einer einsamen Insel meine Tage zu verbringen, mich selbst versorgen zu müssen und der Einsamkeit und der Natur ausgesetzt zu sein, oder meine Zeit in einem Luxushotel zu verbringen, in dem mir alle Wünsche erfüllt werden, würde ich mich heute für Robinson Crusoe entscheiden, selbst auf die Gefahr hin, keinen Freitag zu finden.

Vielleicht konnte ich jetzt auch solche Freiheitsgedanken denken, weil der Ausbruch aus meinem Körper, dem größten Gefängnis, mir dazu die Kraft gab. An viele Dinge, an denen ich früher verzweifelt bin, dachte ich schon gar nicht mehr, bis ich in die jeweilige Situation geriet und mich an meine damalige begrenzte Körperlichkeit erinnerte.

Ein zweites wettkampfvorbereitendes Trainingslager stand bevor, und diesmal wählten wir alle das Flugzeug, um nach Italien zu gelangen. In meinem bisherigen Leben war ich schon oft geflogen, und die Situation im Sicherheitsbereich hat mir immer wieder Schweißperlen auf die Stirn getrieben.

Viele transidente Menschen verbergen ihr falsches Geschlecht. Sie binden sich die Brüste ab und stecken sich Socken in die Hose. Für mich wäre so etwas nie in Frage gekommen, weil ich es als erniedrigend und heuchlerisch empfand. Was noch nicht in meiner Hose war, musste ich mir nicht künstlich reinstopfen. Allerdings hatte ich, was meinen Körper betraf, auch Glück. Meine Oberweite war aufgrund meiner Gene und des jahrelangen harten Trainings nur minimal ausgeprägt. Mein Busen fiel selbst dann nicht auf, wenn ich ein T-Shirt trug. Natürlich kontrollierte ich mein Aussehen immer sehr streng. Klamotten, die eng anlagen und die Körperformen betonten, kamen für mich nicht in Frage. Aber ich trug auch keine XL-Säcke und legte immer Wert auf geschmackvolle Mode.

Mein äußerliches Erscheinungsbild war also eindeutig das eines Mannes, und so wurde ich wie selbstverständlich auch an einem Flughafen von einem Mann durchsucht, wenn es bei der Fluggastkontrolle piepste. Der Flughafenangestellte kam dann mit seinem Metalldetektor auf mich zu, ließ mich meine Arme ausbreiten und fühlte mit der freien Hand meinen Körper ab. Ich hielt den Atem an, spannte meine Brustmuskeln an und kam ohne Aufsehen durch, hatte dabei aber immer ein komisches Gefühl. Wie hätte ich mich erklären können, wenn sie meinem äußerlichen Geschlecht auf die Spur gekommen wären? An dem Tag, an dem wir nach Rom flogen, stand ich zum ersten Mal vor der Security am Flughafen und war vollkommen entspannt.

Im Trainingslager selbst erlebte ich eine weitere befreiende Situation, als ich das Hallenbad betrat, das uns zum Aqua-Jogging dienen sollte. Jahrelang habe ich auf den Besuch von Schwimmbädern und öffentlichen Plätzen, an denen sich Menschen freizügiger zeigten, verzichtet. Nun stand ich nur mit Badehose bekleidet am Beckenrand und atmete tief ein. Dann sprang ich, tauchte ein und fühlte, wie das Wasser meinen Oberkörper streichelte. Ich nutzte meinen Schwung, behielt die Körperspannung, nahm die Arme eng an meinen Rumpf und ließ mich lange gleiten. Nichts hielt mich auf. Ich tauchte auf und war aus meinem alten Leben erwacht.

Sechs Monate nach der großen Operation saß ich erneut im Sprechzimmer, und eine Penispumpe lag vor mir auf dem Tisch. »Knopf drücken, bis die gewünschte Steife erreicht ist, und die zwei Schwellkörper, die Dr. Daverio morgen früh seitlich der Harnröhre einbauen wird, stehen, bis du keine Lust mehr hast. Dann kannst du poppen, bis der Arzt kommt.« Der Traum aller Männer sollte mit Hilfe dieser Pumpe ermöglicht werden.

Ich schaute den Doktor an, zu dem ich inzwischen ein sehr lockeres und vertrauensvolles Verhältnis hatte, und dachte, welches Glück ich doch erfuhr, diese Behandlung in Anspruch nehmen zu können. Lange hatte ich recherchiert und mich schlau gemacht, welcher Chirurg der beste auf dem Gebiet der geschlechtsangleichenden Operationen ist, und immer wieder war ich auf ihn gestoßen – Dr. Daverio. Allen in ähnlicher Situation rate ich, sich auf keine Kompromisse einzulassen und sich auch immer eine zweite Meinung einzuholen. Ganz wichtig ist, sich von allen Komplexen und Heimlichtuereien zu verabschieden, denn sonst ist auf einem solch sensiblen Gebiet der Pfuscherei und dem Missbrauch Tür und Tor geöffnet. Der Arzt erzählte von einer wunderschönen Polin, die den Weg vom Mann zur Frau gehen wollte und jahrelang von ihrem Psychotherapeuten vergewaltigt worden war. Sie wollte nur ein Gutachten für die Operation, und er nutzte diese Situation schamlos aus. Dr. Daverio berichtete auch von verpfuschten Operationen, bei denen den Patienten weisgemacht wurde, es sei nicht besser zu machen gewesen. Sie seien so von den Ärzten eingeschüchtert worden, dass sie sich nicht trauten, die Fehler öffentlich zu machen. Diese Menschen würden dann irgendwann hier in der Klinik landen, und eine erlösende, alles verändernde Operation erwarten.

»Warum lassen sich die Menschen auf etwas ein, von dem sie nicht überzeugt sind?«, fragte ich.

»Ein Großteil der Transidenten kommt aus der Unterschicht, weil ihre falschen Geschlechtsmerkmale ihrer Zukunft in allem im Weg gestanden haben«, antwortete er. »Es sind Schulabbrecher, Ausbildungsabbrecher, Keinen-Sinn-Seher, in allem was sie tun.« Wer mit den falschen Geschlechtsmerkmalen geboren wird, werde schnell untergebuttert. »In meiner Krankenhauszeit habe ich mich mit einigen Betroffenen unterhalten und mir ihre Lebensgeschichten angehört. Viele von ihnen waren in ihrer Seele gebrochen. Ich sah es an ihren traurigen Augen, wenn sie erzählten, und an ihren gebrochenen Körpern, wenn sie sich bewegten.« Sie hätten in den meisten Fällen eine Odyssee hinter sich. Schwer beladen mit Schuldgefühlen und innerlich zerrissen, träfen sie auf Eltern, die sie nicht verstünden oder gar ablehnten, Lehrer und Mitschüler, die sie ausgrenzten und erniedrigten und unwissende Psychotherapeuten, die richten wollten, wo es nichts zu richten gebe. Transidentität sei eine geschlechtliche Identifikationsform, die schon von Geburt an bestehe und weder umerzogen noch mit Medikamenten geheilt werden könne, weil es keine Krankheit ist. Ich hörte aufmerksam zu und konnte mir vorstellen, wie diese Menschen, ausgestattet mit einem labilen Selbstbewusstsein, wahrscheinlich jedem Arzt vertrauen, der von sich behauptet, dass er solche Operationen beherrscht. Sie sind leichtgläubig, weil sie mit ihrer Kraft am Ende sind. Würde ein Metzger den Umgang mit dem Skalpell garantieren, würden sie sich auch unter sein Messer trauen. Hauptsache, der Körper würde befreit. Hier geht es aber nicht nur um Befreiung, sondern vor allem um ein Leben nach der Kettensprengung. Was nützt es, wenn die Brust entfernt worden ist, man sich aber aufgrund des schlechten Operationsergebnisses trotzdem nicht ins Schwimmbad traut. Was nützt ein Penis, der alles andere als nach einem Penis aussieht und dessen Anblick man nicht ertragen kann. Ich habe Operationsbilder gesehen, die einen das Fürchten lehren können und unendlich traurig machen, weil sich damit immer das Schicksal eines Menschen verbindet, der wahrscheinlich schon sein ganzes Leben gebeutelt wurde und dessen Hoffnung nun so enttäuscht worden ist.

Nach unserem Gespräch bekam ich mein Zimmer zugewiesen. Diesmal war es nicht das »Peniszimmer«, sondern die Nummer 20. Ich öffnete die Tür, und eine Frau saß mit einem Buch in der Hand am Tisch. Es war ihr anzusehen, dass sie etwas unruhig war und auf irgendetwas wartete. Ich stellte meine Tasche ab und ging nach draußen, um den Rest meiner Sachen aus dem Auto zu holen. Als ich ins Zimmer zurückkehrte, war sie verschwunden. Ich suchte den Flur und die Terrasse nach ihr ab und erblickte sie schließlich in einem kleinen Wartesaal. Sie saß in einem Sessel und blickte nachdenklich aus dem Fenster.

»Sie können ruhig im Zimmer warten. Mich stört es nicht«, sagte ich freundlich. Sie lächelte mir entgegen, griff nach ihrer Handtasche und kehrte ins Zimmer zurück. Wir saßen uns an dem runden kleinen Tisch gegenüber.

»Sie warten auf Ihren Sohn, nicht wahr?«, begann ich.

»Ja, er wurde heute Morgen in den OP geschoben und steckt nun mitten in der großen Operation.« Sie sah angespannt und besorgt aus. Ich erzählte ihr meine Geschichte und versicherte ihr, dass ihr Sohn hier in den besten Händen sei. Sie stellte mir daraufhin viele Fragen und war sehr interessiert, auch an meinem Werdegang. Sie machte sich Vorwürfe, ob sie etwas in der Erziehung falsch gemacht habe, denn schließlich sei bei ihren anderen Kindern »alles in Ordnung«. Ich sagte ihr, dass ich ihre Zweifel verstehen könne, sie seien aber vollkommen überflüssig. »Ich hatte eine schöne Kindheit, wurde geliebt und umsorgt. Aber nichts hätte mir dieses Gefühl nehmen können, mit den falschen Geschlechtsmerkmalen geboren worden zu sein. Von Anfang an.« Ich erzählte ihr von der inzwischen gängigsten wissenschaftlichen Erklärung, die davon ausgeht, dass ein Ungleichgewicht des Androgenspiegels im Mutterleib für die Transidentität verantwortlich sei. »Bewiesen ist das aber noch nicht«, fuhr ich fort, »und letztendlich sind die Gründe ja auch nebensächlich. Jeder Mensch sollte die Möglichkeit haben, der zu werden, der er ist«, und dass sie ihren Sohn darin unterstütze, sei die größte Liebe, die sie ihm geben könne.

Die Frau mir gegenüber lächelte erleichtert und erzählte. »Wenn ich irgendwo gesagt habe, ich habe drei Töchter, dann fiel er mir immer ins Wort und sagte: ›Es sind nur zwei, Mama!‹« Vor ein paar Jahren habe sie eine Reportage über Transidente gesehen und ihren Sohn darin wiedergefunden. Danach habe sie sich heimlich informiert. Sie hatte Angst, ihn damit zu konfrontieren, weil sie dachte, er sei noch nicht so weit, und wollte ihn auch nicht vor den Kopf stoßen, sollte dies nicht der Grund für seine Traurigkeit gewesen sein. Als er dreizehn war, habe er sich im Internet in ein Mädchen verliebt und vorgegeben, ein Junge zu sein. Es endete in einem Gefühlschaos, weil er sie nicht besuchen konnte, da dann alles aufgeflogen wäre. Das Gute an dieser Geschichte sei gewesen, dass er endlich mit seiner Mutter über seine falsche Identität und die damit verbundenen Gefühle gesprochen habe. Mit sechzehn seien sie zusammen zu einem Therapeuten gegangen, der ihnen aber sagte, dass eine Hormonbehandlung erst mit achtzehn möglich sei und alle weiteren Schritte dann erst folgen könnten. Es waren schwere Jahre mit unglaublich vielen Fehlinformationen.

Nachdem er die Brustoperation genehmigt bekommen habe, sei er erneut an die Falschen geraten. Die Ärzte hätten kein schönes Ergebnis präsentiert, und die schlechte Arbeit musste dreimal nachkorrigiert werden. »Und jetzt liegt er hier, und ich kann nur hoffen, dass wenigstens bei dieser Operation alles gut geht.« Sie litt mit ihrem Sohn wahrhaftig mit. »Aber ich bin froh, dass wir es hierher geschafft haben«, redete sie weiter, »denn erst wollte die Krankenkasse nicht bezahlen. Wir stellten uns persönlich bei ihnen vor, um zu zeigen, dass es keine spinnerte Idee eines Halbwüchsigen ist und dass es jede Familie auf der Welt treffen kann.« Einen Teil der Operationskosten bekam sie daraufhin bewilligt, den Rest musste sie aus eigener Tasche bezahlen. Mich regte das maßlos auf. Den Familien geht es schon schlecht, weil sie mit ansehen müssen, wie ihre Kinder leiden, und dann sollen sie auch noch ihr letztes Geld zusammenkratzen, um es für eine Operation auszugeben, die aus der Sicht der Betroffenen lebensnotwendig ist. Ich berichtete ihr, dass ich zum damaligen Zeitpunkt zum Glück bei der Bundeswehr versichert gewesen war, die mir zwar auch einige Hürden in den Weg gestellt hatte, sich letztendlich aber von meinen Argumenten überzeugen hatte lassen. Ich hatte den zuständigen Feldwebeln und Oberstabsärzten damals zwei Fotos geschickt. Auf dem einen war ein Operationsergebnis zu sehen gewesen, das alles andere als nach einem Penis aussah, das zweite Bild hatte ein gelungenes Exemplar aus dem erfahrene Können von Dr. Daverio gezeigt. »Für welchen Penis würden Sie sich entscheiden?«, hatte ich daruntergeschrieben.

Die Stunden vergingen, und ich wollte mir noch ein paar gesunde Lebensmittel besorgen, bevor ich mich schlafen legte. Ich hatte ein schlechtes Gewissen, weil ich die Tage vor der Operation etwas über die Stränge gelebt hatte. Bisher hatte ich für Partys und durchtanzte Nächte nicht viel Zeit gehabt, aber in der Nacht vor meiner Ankunft tanzte ich bis in die Morgenstunden in einem Club durch. Ich lebte und wollte noch einmal alles genießen, bevor ich vielleicht nicht mehr aus der Narkose aufwachte. Diese Angst begleitete mich vor jeder Operation. So hatte ich wenigstens ein bisschen Spaß vorher gehabt.

Mit einer Tüte voll Obst kam ich zurück in die Klinik und teilte Himbeeren, Ananas und Bananen in zwei Portionen auf und überreichte sie der wartenden Mutter. Wir genossen den restlichen Abend miteinander, sprachen, lasen in unseren Büchern und warteten auf eine gute Nachricht. Um halb neun ging die Tür auf, und eine Schwester kam herein: »Alles in Ordnung. Die Operation ist gut verlaufen.« Erleichtert machte sich die Mutter auf den Weg in ihre Pension, nicht ohne mir für meine Operation alles Gute zu wünschen.

Am nächsten Morgen duschte ich gründlich und rasierte meinen ganzen Körper blitzblank. Nachdem ich mich abgetrocknet hatte, verharrte mein Blick einen Moment auf meinem neuen Freund. »Gleich ist es soweit. Du bekommst Haltung.«

Als ich leicht benebelt wieder aufwachte, fand ich mich in meinem Zimmer wieder und schaute als Erstes hinunter zu meiner Körpermitte. Viel Mull und ein pralles Gefühl. Sehr gut, dachte ich. Mit Schmerzen hatte ich gerechnet, aber sie waren bei weitem nicht so schlimm wie bei der großen Operation. Ich hatte es geschafft, ab heute steht und fällt mein Freund mit meiner Leidenschaft und meinem Willen. Meinen Freunden schickte ich eine SMS: »Mit Stolz kann ich verkünden, dass ich nun vollständig ausgestattet bin. Ich erwachte mit zwei dicken Eiern und einer Morgenlatte. Was will Mann mehr zum Frühstück?«

Am nächsten Tag stand der erste Verbandswechsel an. Ich war ziemlich gespannt, wie sich mein Penis verändert hatte. Mein Lieblingsdoktor entfernte vorsichtig den Mullberg. Ich konnte es kaum erwarten und blickte von rechts nach links, um irgendein Schlupfloch zu finden und hinter dem Rücken des Arztes meinen Freund zu entdecken. Der Doktor nahm den letzten Fluffi, wie er die Kompressen nannte, ab. Ich war schwer beeindruckt. Was vorher ein etwas schmächtiger Zeitgenosse war, war über Nacht zum Helden gereift. Schön anzusehen und in Länge und Breite genau nach meinen Vorstellungen, kein Vergleich zu den Schreckensbildern, die ich auf meiner Recherchetour am Beginn meiner Reise gesehen hatte.

Während der nächsten Tage versuchte ich mich dem Krankenhausalltag anzupassen. Es gelang mir nur bedingt. Der

Tagesablauf richtete sich nach den Essenszeiten. Frühstück, Mittagessen, Abendessen und dazwischen gab es noch eine Kaffee-und-Kuchen-Pause. Ich gab mir Mühe, in der Nacht zu schlafen und tagsüber wach zu bleiben. Es gelang mir nicht. Nachts wachte ich auf, schrieb, hörte Musik oder Hörbücher und las. Tagsüber döste ich vor mich hin. Oft lag ich wie eine tote Fliege im Bett und begutachtete mein modisches Outfit. Ich trug nichts außer meinen sexy Netzshorts und einen Berg von Mullbinden, aus dem noch der Katheter herausragte. Betrat eine Krankenpflegerin den Raum, freute ich mich und verwickelte sie in ein Gespräch. Sabrina kannte ich noch von meinem letzten Aufenthalt. »Ich kann mich noch genau an deine erste OP und die sechs Tage danach erinnern«, erzählte sie, während sie das Bett machte. »Du warst ein aufregender Fall. Uns fiel es schwer, in deinem Zimmer Ruhe zu bewahren, weil du so schlecht aussahst. Selbst der Doc, der sonst die Ruhe in Person ist, sagte, dass du ihm nicht gefällst. Als die Bluttransfusion endlich den Weg in deine Blutbahn fand, bist du allmählich zu uns zurückgekehrt.« Ich konnte und wollte mich an diese Zeit nicht erinnern, weil ich negative Erfahrungen schnell aus meinem Gedächtnis streiche. Heute war ein anderer Tag, und ich erfreute mich an meinen Zukunftsplänen.

Mein Bettnachbar wurde von dem Überwachungsraum in unser Zimmer verlegt. Auch er war benommen, allerdings schien es ihm um Welten besser zu gehen als mir damals. Frau Mama wartete schon. Sie blieb die folgenden Stunden und Tage am Bett ihres Sohnes, sprach ihm Mut zu und las ihm manchmal aus einem Buch vor. Ich hatte mich an ihre Anwesenheit schnell gewöhnt, und wenn wir sprechen wollten, gingen wir nach draußen auf die Terrasse, weil ihr Sohn zum Reden noch nicht bereit war. Ich erzählte ihr, dass es mir damals auch so gegangen war. Ich hatte keinen Trans-Menschen treffen oder kennenlernen wollen, und schon gar nicht hatte ich jemanden sehen wollen, der körperlich weiter als ich war. Bei meinem ersten Besuch war ich auch jemandem begegnet, der bereits alle Operationen hinter sich gebracht hatte. Ich hatte ihn damals auf der Stelle gehasst und keines weiteren Blickes gewürdigt, weil er mir Welten voraus zu sein schien. Ihrem Sohn ging es wohl jetzt genauso mit mir, sagte ich der Mutter. Ich konnte die Spannung im Raum fast körperlich spüren, wenn ihm ein Arzt den Rat gab: »Das können Sie auch Ihren Nachbarn fragen, der hat alles schon hinter sich.« Dann schloss ich die Augen und dachte nur: »Falsche Ansage, bitte zurückspulen und mich aus dem Spiel lassen.«

Nachdem mein Katheter gezogen worden und ich befreit von allen bewegungshemmenden Schläuchen war, zog ich mich das erste Mal seit Tagen ordentlich an und streifte durch die Klinik und in den angrenzenden Garten. Die Sonne begrüßte mich dort. Ich blieb den Tag über draußen und versuchte mehr auf meinem Steiß als auf meinen Hoden zu sitzen, weil mir die Schwestern mal wieder eine Geschichte erzählt hatten, die mir unter die Haut ging. Einem Patienten sei einmal der Hoden »geplatzt« bzw. sei die Naht wieder aufgegangen, weil er sich direkt nach der Operation zu viel zugemutet hatte. Wenn mir auf einem Parkweg eine andere Patientin entgegenkam, war mir meine ausgebeulte Körpermitte etwas peinlich. Ich versuchte dann sofort Augenkontakt mit ihr aufzunehmen, um ihren Blick fern von meiner Hose zu halten. Es funktionierte – meistens.

Sechs Tage nach der Operation packte ich meine Sachen, reichte meinem Bettnachbarn die Hand und verabschiedete mich von ihm mit den Worten: »Auf ein schönes Leben.«

Da mit meiner Freundin Schluss war, und auch das möblierte Zimmer an der Universität, das ich zwischenzeitlich bezogen hatte, nicht mehr frei war, fuhr ich kurzerhand zu meiner Mutter. Dort verbrachte ich zwei Tage auf dem Sofa mit DVDs, meiner süßen Hundelady und leckerem Essen.

Es waren genau drei Tage nach meiner Rückkunft vergangen, und in mir erwachte neuer Tatendrang, der mich veranlasste, nun endlich eine eigene Wohnung zu suchen. Die letzten Monate war ich die meiste Zeit von einem Wettkampf zum nächsten gereist, hatte in Hotels oder bei Freunden auf Gästematratzen geschlafen. Nun wollte ich wieder in meine eigenen vier Wände zurückkehren können. Ich machte drei Wohnungsbesichtigungstermine aus und schlug beim letzten zu. Als mich meine Mutter fragte, was es denn für eine Wohnung sei, ob sie dies und jenes vorzuweisen habe, konnte ich ihre Frage nicht beantworten. »Es roch gut«, war meine einzige Erinnerung. Ich fühlte mich in der Wohnung sofort wohl, mehr war mir nicht wichtig.

Der Doc hatte mir die strikte Anweisung gegeben, sechs Wochen zu warten, bis ich mit einer Frau schlafe. Vier Wochen nach der Operation fand ich, dass es soweit war, meinen neuen Freund probehalber einmal über den Tellerrand schauen zu lassen, sozusagen als Test, ob auch alles ordnungsgemäß funktionierte. Meine neue Wohnung hatte ich inzwischen sehr schlicht, aber bedacht eingerichtet, die letzten Kartons ausgeräumt und Bilder von meinen Reisen an die Wand gehängt. Ich duschte, zündete mir ein paar Kerzen an und legte sanfte Musik auf. »Nun, du kleiner Halunke. Es wird Zeit, der Welt mit erhobenem Kopf entgegenzutreten«, machte ich mich lustig über meinen nächsten Schritt, der einer gewissen Komik nicht entbehrte. Dann griff ich zu meinem Hoden, ertastete den kleinen Aufblasballon und war wirklich gespannt, was gleich passieren würde.

Damit nichts schiefgehen konnte, wollte ich natürlich auch den Ablassknopf, der meinen Penis wieder erschlaffen lassen würde, ertasten, doch dieser Knopf blieb mir in diesem Augenblick verborgen. Ich dachte mir, dass dieser Mechanismus vielleicht erst dann zum Vorschein kommen werde, wenn mein Penis steif war. Also drückte ich dreimal auf die Pumpe und traute meinen eigenen Augen nicht. Mein neuer Freund erhob sich wie Phönix aus der Asche. Er ging in seinem Volumen noch etwas auseinander und stand in voller Größe und bereit für weitere Schandtaten. Ich ging zum Spiegel, warf die Halogenscheinwerfer auf meine Körpermitte und begutachtete mich von allen Seiten. Nach all den Jahren des Leids und der Verachtung meines Spiegelbildes war ich nun innerlich wie äußerlich in nahezu allen Funktionen ein Mann. Ich war glücklich.

Nach einer Weile setzte ich mich auf mein Bett und wollte ihm eine zweiwöchige Verschnaufpause gönnen, bis er auch den letzten Akt vollziehen durfte. Ich ertastete wieder die Pumpe, ging ein kleines Stück höher, um den Ablassknopf zu finden und suchte und suchte. Ich fand ihn nicht.

Nach endlosen dreißig Minuten kam mir die erleuchtende Idee. Ich hatte eine Gebrauchsanweisung bekommen, die ich natürlich nicht gelesen hatte, weil ich Gebrauchsanweisungen nie lese. Ich kramte sie aus den Tiefen meiner Papierwelt, begutachtete die Bildchen und las den Text unzählige Male hintereinander, während ich gleichzeitig an meinem Körper herumprobierte. Der Knopf war nicht zu finden. Bislang fand ich meine Lage amüsant und lachte über mich selbst. Was hatte das wohl zu bedeuten, dass ich jetzt diesen kleinen spannungsauflösenden Knopf nicht finde? Dauererektionen sind vielleicht eine schöne Sache, wenn man mitten im Vergnügen ist, aber die Zeit verging und allmählich wurde ich etwas unruhig. Nach drei Stunden der Knopfsuche nahm ich weniger belustigt den Telefonhörer in die Hand und wollte kurz vor Mitternacht den diensthabenden Arzt in der Klinik anrufen. Ich kam mir unglaublich dumm vor. Zu blöd, einen Knopf zu finden. Erneut begab ich mich auf die Suche, bevor ich letztendlich doch die Nummer wählte. Der Arzt ging mit mir am Telefon seine Tipps durch, doch nichts half, nach zwanzig Minuten gaben wir auf.

Da es mitten in der Nacht war, und mein Urologe vor Ort wahrscheinlich tief schlummerte, empfahl mir der Arzt, bis zum nächsten Morgen auszuharren und mich dann schleunigst auf den Weg in dessen Praxis zu machen. Eine Dauererektion sei schädlich für die Durchblutung und könne auf die umliegenden Gefäße drücken und Schmerzen verursachen, sprach er mir Mut zu. Bisher hatte ich noch keine Schmerzen und nahm meine missliche Lage immer noch mit etwas Humor.

Mit den Gedanken, dass ich am nächsten Tag bestimmt aufwachen und den rettenden Knopf finden würde, deckte ich mich zu und schlief. Die Bettdecke bildete eine Beule.

Am nächsten Morgen war die Beule noch da. Ich spürte einen unglaublichen Druck in der ganzen Leistengegend. Nie hätte ich mir vorstellen können, dass ich mir einmal keinen steifen Penis wünschen würde. Wer hätte gedacht, dass ich diesen Wunsch bereits nach meiner ersten Standprobe aussprach, allerdings nach mittlerweile vierzehn Stunden Dauererektion. Ich erinnerte mich an Worte vom Doc bei meinem Erstgespräch: »Nach sechs Stunden solltest du mal eine Pause einlegen.«

Da ich meinen Job als Trainer sehr ernst nehme und meine Schützlinge unmittelbar vor einem wichtigen Wettkampf standen, konnte und wollte ich die anstehende, morgendliche Trainingseinheit nicht ausfallen lassen und erst nach dem Training zu meinem Urologen fahren. Also zog ich mir meine Trainingssachen an. In meinen Boxer-Shorts und meiner kurzen grauen Lieblingssporthose darüber begutachtete ich mich im Spiegel. Ich sah furchteinflößend aus. Unrasiert und mit Dauerständer. Auch wenn in unserer Trainingsgruppe Offenheit herrscht, wäre es mir ziemlich peinlich gewesen, wenn mich in diesem Zustand jemand gesehen hätte. So versuchte ich alles, um meine abstehende Körpermitte zu kaschieren. Ich räumte meinen Kleiderschrank, den ich erst einige Tage zuvor eingeräumt hatte, bis auf das letzte Stück wieder aus. Aber die Suche nach einer passenden Hose blieb erfolglos, jedes Kleidungsstück sah nach unkontrolliertem Sexualtrieb aus und/oder drückte an meiner Penisspitze und bereitete mir Schmerzen.

Letztendlich entschied ich mich für eine kurze XL-Hose aus dicker Baumwolle. Zwei Schnüre, die eigentlich als Gürtel dienen sollten, ließ ich nach außen hängen, um vom Wesentlichen abzulenken. Bevor ich aus dem Haus ging, wollte ich mir noch ein stärkendes Frühstück machen, stieß dabei aber unachtsam beim Zubereiten der Brote gegen die Arbeitsplatte, um mir danach von der Stuhllehne die Luft zum Atmen nehmen zu lassen. Selbst James Bond könnte nicht mit erigiertem Penis den Alltag bestreiten, dachte ich zerknirscht. Mit Schmerzen und hungrig, setzte ich mich vorsichtig ins Auto, schloss in Windeseile die Tür, um unbeobachtet die Knöpfe meiner Hose zu öffnen. Augenblicklich wollte ich mich von diesem schweren Stoff befreien. Mein neuer Freund schaute erleichtert aus den Shorts heraus und genoss den Fahrtwind und die Gratiskühlung. Jetzt eine Polizeikontrolle, dachte ich und flehte um Erlösung. Am Sportplatz angekommen, waren meine Mädels müde und etwas unmotiviert. In solch einer Lage spielen wir normalerweise »Schlag den Trainer«, ich machte die Übungen vor und sie mussten versuchen, es besser zu machen. Daran war jetzt nicht zu denken, schon beim Gehen vom Auto zum Sportplatz hatte ich das Gefühl, dass meine Körpermitte bei einer falschen Bewegung platzen könnte. Ich versuchte nun, die Sportlerinnen verbal zu motivieren, und nach einer kurzen, aber knackigen Trainingseinheit fuhr ich mit quietschenden Reifen Richtung Urologe. Dieser sah mir das Problem bereits beim Reinkommen an und schleuste mich an den Menschen im Wartezimmer vorbei sofort in den Behandlungsraum. Heute trug er nicht sein Poloshirt mit dem aufgedruckten Männlichkeitssymbol, heute präsentierte ich ihm den aufgestellten Pfeil.

In rasender Geschwindigkeit zog ich die Hosen aus, berichtete währenddessen von meinen vielen Versuchen und dem Telefonat mit der Klinik und betete, dass er meine Männlichkeit zügeln könne.

Er tüftelte mit Blick nach oben, um sich besser konzentrieren zu können, an mir herum und bereitete mir schweißtreibende Schmerzen. Der Ablassknopf hatte sich anscheinend aufgrund der Wundheilung etwas verzogen und war erst tief am Ende des Hodens zu ertasten. Nach gefühlten Stunden fand mein Urologe endlich den Knopf und befreite mich aus meiner Qual. Nach genau einundzwanzig Stunden und siebenunddreißig Minuten war mein neuer Freund endlich wieder schlaff. Ich bildete mir ein, dass er müde aussah nach solch einer aufregenden Nacht. Mir war rasch wieder zum Scherzen zumute, und mein Arzt und ich lachten über meine Slapstick-Nummer. Er war schon viele Wochen neugierig auf mein neues Spielzeug und nahm die Penispumpe erneut in Betrieb. »Geiles Teil«, schoss es aus ihm heraus. »Du wirst noch viel Spaß haben, und falls es wieder Probleme gibt, ich habe den Dreh jetzt raus.«

DER KREIS SCHLIESST SICH

Wenn das Begehren endet, kehrt Friede ein.
BUDDHA

Ich stehe am Bett meiner Oma. Meine Koffer für das anstehende Trainingslager sind gepackt und im Auto verstaut. Ich hadere mit der Entscheidung zu fliegen. Soll ich nicht doch hierbleiben? Insgeheim weiß ich, dass sie keine Kraft mehr hat, weiterzuleben, und die wenigen Lebensgeister, die sie noch in sich trägt, bereiten alles für den endgültigen Schlaf vor. Doch ich versuche, diese Gedanken zu verdrängen. Sie wird es schon schaffen, wie sie es immer geschafft hat, rede ich mir zu.

Meine Oma sagte immer, dass jeder sein Leben leben muss und das Wichtigste dabei sei, Spaß zu haben. Während ich ihre Worte in Gedanken höre, halte ich ihre Hand, küsse sie sanft auf die Stirn und flüstere ihr ins Ohr, dass wir uns bald wiedersehen. Ich ziehe die Tür hinter mir zu und blicke ein letztes Mal auf ihre zusammengefalteten Hände.

Die ersten Tage im Trainingslager sind sportlich schweißtreibend und emotional anstrengend für mich. Ich will meinen Job gut machen, die Mädchen auf Vordermann bringen und mir nicht anmerken lassen, dass mich eigentlich etwas ganz anderes beschäftigt. Meine Gedanken fliegen jedoch immer wieder nach Deutschland ans Bett von Omili. Am vierten Trainingstag sitze ich nach der Vormittagseinheit beim Essen, während mein Handy ein Signal von sich gibt und eine SMS ankündigt. Ich reagiere nicht gleich, weil ich ein schlechtes Gefühl habe. Meine Atmung wird schneller, tausend Gedanken gehen mir durch den Kopf. Ich ziehe schließlich mein Handy aus meiner Tasche, weil ich diese Ungewissheit nicht mehr aushalte, und lese. Ich traue meinen Augen nicht, bin wie gelähmt, hilflos und schwach, stehe auf, versuche mich zu beruhigen, indem ich ein paar Schritte gehe. Mein Brustkorb ist schwer, meine Augen nehmen die Welt um mich herum kaum noch wahr. Alles schwimmt und ist voller Nebel. Ich ziehe mich ohne Worte in mein Zimmer zurück, setze mich zusammengekauert aufs Bett und lese erneut: »Mein lieber Balian, schlechte Nachrichten müssen dich erreichen. Unsere Oma ist heute gestorben. Ich kann es gar nicht glauben. Gestern hat sie noch meine Hand ganz fest gehalten. Heute ist sie in Frieden eingeschlafen. In Umarmung. Mama« Meine Mutter traute sich nicht, mich anzurufen, und schrieb mir, weil sie wusste, was meine Oma mir bedeutete. Ich schlug vor Wut gegen die Wand. Warum? Sie hatte so tapfer gekämpft und durchgehalten. Die letzten Nächte, als ich ihre innere Unruhe und die Schmerzen fühlte, hat sie trotzdem noch im Schlaf gelächelt. Sie war meine Welt. Ein Engel, der nun nach Hause zurückgekehrt ist.

Ich war ungefähr neun, als wir, meine Oma, meine Mutter, meine Schwester und ich, gemeinsam im Urlaub waren. Wir bewohnten im Hotel eines der oberen Zimmer und hatten einen freien Blick aufs Meer und nach unten auf einen schmalen Gehweg. Es war ein sehr heißer Tag, und die Menschen spazierten vom Pool zum Meer und wieder zurück. Meine

Mutter packte gerade die Koffer aus und mir war langweilig, bis mir plötzlich eine Idee durch den Kopf schoss. Von zu Hause hatte ich eine Packung Wasserbomben mitgebracht. Diese zog ich nun aus der Tasche und befüllte sie erwartungsfroh. Als meine Mutter meinem Vorhaben auf die Schliche kam, war sie nicht sehr begeistert. Meine Oma dagegen fand die Idee sofort klasse, was sollten Menschen bei diesen Temperaturen gegen eine kleine Erfrischung haben? Wir gingen auf unseren Balkon und passten gemeinsam die geeigneten Opfer ab. Dann duckte ich mich, und meine Oma sagte »Jetzt«, wenn sie sich genau unter unserem Balkon befanden. Als die von der nassen Fracht Getroffenen nach oben blickten, sahen sie nur eine ältere Dame, die gedankenverloren aufs Meer schaute.

Omili hatte die Angewohnheit, ihr Auto immer ohne eingelegten Gang und mit angezogener Handbremse zu parken. Anders mein Onkel, der das Auto immer im ersten Gang und ohne Handbremse abstellte. Eines Tages wollte meine Oma mit dem Auto, das zuvor mein Onkel gefahren hatte, starten, und vergaß, die Kupplung zu treten. In dem Moment, als das Auto einen Sprung nach vorne machte, ging gerade meine Schwester an der Motorhaube vorbei, um durch die Beifahrertür einzusteigen. Ihre Schmerzensschreie waren weit zu hören, sie hatte sich den Arm gebrochen. Meine Oma war schockiert, sie hatte ihre eigene Enkelin angefahren. Doch kurz darauf hat sie sie wieder zum Lachen gebracht. Im Krankenhaus überredete sie die Ärzte, meiner Schwester einen Gips in Pink zu verpassen. Er war sechs Wochen lang ihr ganzer Stolz.

Daraufhin wurde ein blauer Golf mit Automatikschaltung angeschafft. Es war das letzte Auto meiner Oma, bevor sie ihren Führerschein beiseitelegte. Sie fuhr damit nie sehr schnell, hielt konstant die Richtgeschwindigkeiten von dreißig bzw. fünfzig. Allerdings auch in Kurven und in Parkhäusern. Ich habe ihr nie gesagt, dass das eigentlich viel zu schnell war, weil ich es damals ziemlich cool fand: eine Oma in einem Golf mit quietschenden Reifen durchs Parkhaus sausend, als habe sie gerade eine Bank ausgeraubt.

Wenn uns langweilig war, hat sie immer folgenden Spruch gesagt: »Was sollen wir jetzt machen? In die Hand kacken und lachen.« Ich habe diesen Spruch tausendmal gehört, und sie hat es immer wieder geschafft, dass ich über ihn lachen konnte. Ich erinnere mich noch gut an die Zeit, als ich bei ihr wohnte. Sie arbeitete damals als Kinderkrankenschwester in einem Krankenhaus. Die Mütter liebten sie, die Säuglinge liebten sie noch mehr. Schrie eines von ihnen, nahm meine Oma es auf den Arm, sang ihm etwas vor und wiegte es wieder in den Schlaf. Wenn sie Nachtschicht hatte, rief sie mich jeden Abend um Punkt acht zu Hause an und kontrollierte, ob ich bereits Zähne geputzt hatte und auf dem Sprung ins Bett war. Manchmal handelte ich noch dreißig Minuten »H-Man« aus, meine damalige Lieblingsserie, ein starker Held im Kampf gegen das Böse. Ich hielt mich immer an unsere Vereinbarungen. Wenn sie morgens nach Hause kam, frühstückten wir zusammen, und ich bekam ein Brot mit in die Schule, und wenn ich ein paar Stunden später wieder die Tür aufschloss, duftete es nach leckerem Essen.

Sie hat mir viel vorgesungen und vorgelesen. Ein Kinderlied hat mich besonders fasziniert: »Maikäfer flieg. Dein Vater ist im Krieg. Die Mutter ist im Pommerland, Pommerland ist abgebrannt. Maikäfer flieg.« Erst später als Erwachsener ist mir der tragische Inhalt des Liedes bewusst geworden. Als meine Oma es sang, klang es wunderschön. Wenn ich es hörte, gab es mir immer das Gefühl, dass nichts schlimm ist, solange du fliegen kannst.

Ich vermisse meine Oma sehr.

Es ist der Tag der Beerdigung. Meine Schwester ist aus Amerika angereist, gemeinsam mit meiner Mutter und einer Bekannten fahren wir in meine Geburtsstadt, in der auch meine Oma die letzte Zeit gewohnt hatte. Mein Opa wurde dort beerdigt, und es war der Wunsch meiner Oma gewesen, neben ihm beigesetzt zu werden. Je näher wir dem Ziel kommen, umso emotionaler wird die Stimmung. Meine Oma wünschte sich immer scherzhaft, wenn sie sterbe, meine Sportler-Fanpost mit ins Grab zu nehmen, zusammen mit einer Taschenlampe, denn unten hätte sie endlich genügend Zeit zum Lesen. Ich habe mich entschlossen, ihr nicht meine Fanpost zu geben, sondern habe ihr selbst einen langen Brief geschrieben, denn ich war ihr größter Fan. Nach der Hälfte der Strecke und einer kurzen Pause, gebe ich ihn meiner Schwester. Vom Rücksitz höre ich ihr leises Weinen und kann selber kaum die Tränen unterdrücken. Als wir in die Stadt einfahren, muss ich mich davon abhalten, nicht einfach wie immer zu ihrer Wohnung zu fahren. Wird sie auf uns warten und uns vom Küchenfenster aus zuwinken? Wird sie uns an der Aufzugstür freudig begrüßen und bei der Abreise warten, bis sich die Tür schließt, und uns während dieser Wartezeit Luftküsse zuwerfen? Wird sie dann sofort wieder in ihre Wohnung hineineilen, sich ans Küchenfenster stellen und uns nachwinken, bis unser Auto nicht mehr zu sehen ist? Nein, heute werden wir winken und ihr Küsse zuwerfen und warten, bis sie nicht mehr zu sehen ist.

Die Pfarrerin weiht den Sarg, nimmt eine Schaufel und wirft Erde auf ihn. Sie lässt mir einen Augenblick Zeit, um durchzuatmen. Meinen Brief trage ich in der linken Brusttasche, nahe an meinem Herzen. Ich habe ihn mit Wachs und meinem Siegel verschlossen. Ich stehe am Grab und weine wie ein kleines Kind, nehme den Brief, greife mit der anderen Hand nach etwas Erde und lege beides vorsichtig auf den Deckel. Ein letztes Mal streiche ich ihr in Gedanken über ihre Wangen.

Bei der folgenden Trauerfeier lerne ich meine Verwandtschaft, die ich viele Jahre nicht mehr gesehen habe und die von überall her angereist ist, etwas näher kennen. Wir sehen uns Fotos an, und alle erzählen von ihren Erinnerungen an meine geliebte Oma. Weil wir nicht mehr weinen können, fangen wir an zu lachen. Es ist befreiendes und ehrliches Lachen, und wir fühlen uns verbunden, in der Erinnerung an einen einzigartigen Menschen. Meine Verwandten haben mich gelegentlich im Fernsehen bei irgendeinem Wettkampf gesehen und meinen körperlichen Ausbruch in der Zeitung verfolgt. Nun nehmen sie mich in ihre Arme und streichen mir über den Bart. Sie sind froh, mich endlich glücklich zu sehen, aber auch gleichzeitig bestürzt darüber, dass erst ein solch trauriger Anlass die Familie wieder zusammenbringt. Ich trinke einen Schluck Wasser und bemerke, dass ich noch etwas Erde unter den Fingernägeln habe. Mir läuft ein kalter Schauer über den Rücken.

Später berichtet meine Mutter von den kuriosen Zusammenhängen zwischen dem Tod meiner Oma und der

Schwester meiner Oma. Einen Tag bevor meine Oma starb, war meine Mutter bei ihr und berichtete ihr über das Dahinscheiden ihrer Schwester. Meine Mutter wollte sich auf zur Beerdigung machen, aber meine Oma hielt ihre Hand fest und wollte sie nicht gehen lassen. In der darauffolgenden Nacht, als meine Oma starb und ihre Schwester am nächsten Morgen beerdigt werden sollte, schlief meine Mutter sehr unruhig. Sie wachte einmal auf und sah ein Licht und vernahm den Geruch von Blumen.

Am nächsten Morgen wollte mein Onkel zu meiner Oma. Er hatte meinen Hund dabei. Meine Oma liebte Hunde und streichelte sie gerne. Als sie im Pflegeheim eintrafen, in das sie zwischenzeitlich verlegt worden war, haben sie meine Oma nicht mehr in ihrem Zimmer angetroffen. Eine Krankenschwester berichtete über ihr Dahinscheiden. Mein Onkel musste sich setzen. Philli blickte in den langen Korridor, der von der Sonne hell beschienen wurde, wedelte wild mit dem Schwanz, als sehe sie eine bekannte Person und freue sich. Mein Onkel stand auf und sah in ihre Blickrichtung. Es war niemand zu sehen.

Als meine Oma noch etwas jünger war, sprach sie etwas aus, das ich nie wieder vergessen werde. Mein Kopf lag damals auf ihrem Schoß, sie streichelte mir meine Wuschelhaare und sagte dabei leise. »Mein Engelchen, geh immer deinen Weg bedacht, hab keine Grenzen und vergiss nicht, dass deine blauen Augen immer blau bleiben.«

WARUM ICH MEINE GESCHICHTE NIEDERGESCHRIEBEN HABE

Der Kreis hat sich geschlossen, und ich bin bereit, neue offene Kreise aufzutun. Die Last, die ich lange Jahre trug, habe ich abgeworfen, um den sehnsüchtigen Weg des Glücks zu gehen. Ich lebe selbstbestimmt und innerlich frei.

Wenn ich den anderen, der Norm hinterhergelaufen wäre, würde mich heute immer noch niemand wirklich hören. Viele Seelen streben das Besondere an, nicht, um sich von der Masse abzuheben, sondern um so zu sein, wie sie sind – einzigartig.

Warum bringe ich meine Geschichte an die Öffentlichkeit? Diese Frage habe ich mir oft gestellt, anfangs, als ich mit dem Schreiben begann, war es eine Möglichkeit, meine Gedanken zu ordnen, meinen Makel zu verarbeiten und mich zu reinigen, aber je weiter ich mit meiner Geschichte kam, desto größer wurde der Wunsch in mir, mich auch anderen mitzuteilen.

Ich war siebenundzwanzig Jahre Sklave meines eigenen Körpers, musste jeden Tag um mein wahres Sein kämpfen. Das kostete viel Kraft, aber ich brauchte diese Zeit, um einen Weg zu finden, mich zu befreien.

Ich hatte meine Augen für Jahre geschlossen. Heute bin ich erwacht, ich durfte meine Auferstehung feiern – keine Auferstehung ohne Tod. Ich habe meine Vergangenheit hinter mir gelassen und meine sportliche Karriere aufgegeben, um neu anzufangen. Mit knapp dreißig beginne ich mein wahres Leben, im körperlichen und seelischen Einklang mit mir selbst. Jetzt kann ich auch, was ich jahrelang nicht gekonnt habe, darüber reden, über meine Einsamkeit, meine Verzweiflung und die unendliche Wut, die mich aber auch dazu brachte, einen Weg aus diesem Sklavendasein hinaus zu finden.

Ich gehe mit meiner Geschichte an die Öffentlichkeit, weil ich damit andere, die noch nicht so weit sind, sich aus ihren Fesseln befreien zu können, unterstützen möchte. Mein Körper war mein Gefängnis, aber es gibt noch so viele unsichtbare Kerker, in denen Menschen ihr Leben fristen. Manche sind Gefangene ihrer Arbeit, ihrer Familie, gesellschaftlicher Normen und Konventionen, andere grenzen sich selbst so ein, dass ihnen die Luft zum Atmen fehlt. Sie alle träumen von Befreiung, aber glauben oft, dass eine Erfüllung dieses Traums nicht möglich ist, weil sie die an sie gestellten Erwartungen nicht enttäuschen wollen, es sich selbst nicht zutrauen oder es sich in ihrem Unglück bequem gemacht haben.

All denen möchte ich sagen: Es gibt einen Weg zum vollkommenen Glück, man muss nur bereit sein, ihn gehen zu wollen. Nichts ist schlimmer, als einen faulen Kompromiss zu leben, für einen selbst, aber auch für die anderen.

Ich habe mich nie als Opfer gefühlt. Ich war und bin ein Glückspilz. Trotz meines Makels. Er war mein Schicksal und hat aus mir erst das gemacht, was ich heute bin. Ein Makel kann auch die Quelle unserer Inspiration sein, die uns dazu treibt, die Vielfältigkeit und die Einzigartigkeit unserer Persönlichkeit auszudrücken und zu leben.

Von Herzen danke ich allen Menschen, die mich auf meinem Weg begleitet und mich in meiner Entwicklung unterstützt haben. Es gab einen Grund, warum wir uns trafen.

Von jedem von euch trage ich etwas in mir und werde versuchen, es weiterzugeben.

Der Weg zur Freiheit ist der Mut.
Balian Buschbaum

März 2010

Mein Leben nach »Blaue Augen bleiben blau«

WATERMELON LOVE

Glück ist Liebe, nichts anderes.
Wer lieben kann, ist glücklich.
HERMANN HESSE

Ich sitze, wo ich immer sitze, wenn ich schreibe. In der Natur. Am liebsten am Meer. Es ist schon dunkel und ein milder Abend. Ich verweile draußen auf einem alten Rattanstuhl und tippe in meinen Laptop, was mir in den Sinn kommt. Die Wellen rauschen leise im Hintergrund, während mir ein leichter Rosmarinduft durch die Nase zieht. Meine Haut ist bedeckt von den Erlebnissen des Tages. Ein leichter Film aus Salz, Sand und Liebe. Eine große weiße Kerze flackert in einem dieser typischen Kerzenkäfige, die aus vier Scheiben, etwas Holz und einem überdimensionalen großen Henkel bestehen. Über zehn Jahre sind vergangen, seit ich mein Leben im körperlichen und seelischen Einklang lebe. Was ist in dieser Zeit geschehen, was hat sich an, in mir und um mich herum verändert? Bin ich meinen Träumen weiterhin gefolgt, konnte ich andere Menschen auf ihren Wegen unterstützen?

Eine Hand berührt mich am Rücken, streichelt flüchtig über meine rechte Schulter. Ihre Berührungen elektrisieren und ziehen mich ins Reich der Liebe, aus dem ich nie wieder entkommen möchte. Ihre Fingernägel durchdringen die Dunkelheit. Watermelon ist ihre Lieblingsfarbe. Wir blicken uns an und sehen uns wirklich. Ihre Augen tief braun, ihr Haar dunkel mit ein paar blonden Strähnen. Sie lacht mich an, und ich sehe ihre kleinen Lachfalten die durch die Sonnenbräune jetzt noch stärker zur Geltung kommen. Sie stellt ein Glas Wasser auf den Tisch, als wüsste sie genau, was ich gerade brauche. Sie schaut in den Himmel, der von Minute zu Minute einen weiteren Sternenbewohner das Licht seines Planeten anknipsen lässt. Dann macht sie kehrt, streichelt dieses Mal über meine linke Schulter und geht ins Haus zurück.

Ich denke über mein bisheriges Leben nach und blicke auf den Käfig und das flackernde Licht. Genauso fühlte ich mich so viele Jahre – gefangen. Ich war eins dieser kleinen Lichter, die immer wieder mal aufflackern, wenn ich in einem Wettkampf gute Leistungen zeigte oder mich frisch verliebte, bis mich nach dieser kurzen Ablenkung die Dunkelheit des Alltages wieder zu sich zog. Ich war immer und überall auf der Suche nach mir, nach dem Grund, warum mich nichts wirklich glücklich machte. Aus heutiger Sicht weiß ich: Ich konnte nicht finden, was ich suchte, denn ich war nie ganz in meiner Kraft. Mein Licht konnte nicht scheinen, und doch hatte ich immer dieses tiefe Leuchten in mir, das mich auf meinem Weg leitete und mir zur richtigen Zeit den Pfad aus meinem Labyrinth zeigte.

Der goldene Käfig, in dem von außen betrachtet ich nahezu alles hatte, nahm mir in meinen ersten siebenundzwanzig Lebensjahren vieles, was ich jetzt leben kann, aber das Entscheidendstes war: Er nahm mir meine Freiheit. Für diesen Lebensweg, wenngleich er schwer und zeitweise dramatisch war, bin ich aber dennoch dankbar, weil er mich zwang, mich schon früh mit mir selbst und der Welt auseinanderzusetzen, zu reflektieren, zu hinterfragen und für mich einzustehen.

Ich bin so dankbar, dass ich jetzt leben darf, wie ich bin, wer ich bin, denn ich war viel zu lange Zeit Gefangener in diesem Lichtfängerkäfig.

Aufgrund meiner Selbständigkeit als Speaker und Coach weiß ich heute, dass es noch so viele Käfige gibt, die die Strahlkraft von Menschen gefangen halten. Mein Käfig hielt mich klein, grenzte mich von der Welt ab und aus der Gesellschaft aus, und je mehr ich an mir arbeitete, desto klarer wurde: Ich selbst war mein Licht, aber auch mein Käfig.

Als ich begonnen hatte, aus diesem auszubrechen, sollte nichts mich stoppen. Keine sinnlosen Regeln, keine Gedanken oder ängstlichen Meinungen der anderen und auch meine eigenen limitierenden Glaubenssätze nicht. Ich wollte wahrhaftig leben, Freiheit genießen, Abenteuer erleben und meine Träume weiter verwirklichen.

LET'S DANCE – LET'S LIVE

Great dancers are not great because of their technique,
they are great because of their passion.
MARTHA GRAHAM

Es war schon immer ein Traum von mir, tanzen zu lernen. Früher, als meine Mitschüler*innen in die Tanzstunde gingen, fand man mich auf der Tartanbahn im harten Training für irgendeine anstehende Meisterschaft. Für mich war Verzicht nicht schwer, weil ich wusste, welches Ziel ich hatte. Mit der Teilnahme an den Olympischen Spielen in Sydney erfüllte sich nicht nur ein Traum, sondern diese Teilnahme und noch viele weitere sportliche Ereignisse, inklusive der Reisen zu Wettkämpfen rund um die Welt, gaben mir jede Entbehrung tausendfach zurück. Doch diese Sportwelt hatte ich inzwischen hinter mir gelassen. Stattdessen eröffnete sich eine ganz neue Welt als Autor und Speaker. Regelmäßig bekam ich auch Anfragen von Privatsendern, ob ich nicht an Promi-Kochen, Promi-Dschungel oder an Promi-Shoppingsendungen teilnehmen möchte. Ich wollte nicht. Ich hatte keinen Bezug zu diesen Formaten, sie stellten keine wirkliche Herausforderung für mich dar. Als aber die Anfrage zu Let's dance hereinflatterte, überlegte ich nicht lange. Endlich konnte ich Tanzen lernen, und die Möglichkeit, einen Blick hinter die Kulissen der Fernsehwelt werfen zu können, reizte mich natürlich auch. Beim Casting-Gespräch des Produktionsteams fragte man mich, ob ich Let's dance kenne und ob ich eine bestimmte Tänzerin bevorzuge. Ich war ehrlich und sagte, dass ich noch nie eine komplette Sendung gesehen hätte, da ich generell kein Fernsehen schaue. Weil ich mich nicht auskannte, bat ich einfach um jemanden, der nicht nur tanzen können, sondern auch intelligent und bitte nicht einen halben Meter größer als ich sein sollte. Schlimm wäre für mich gewesen, acht bis zehn Stunden am Tag zu trainieren und mich zwischendurch nicht über die Welt und das Universum unterhalten zu können.

Der Tag des Kennenlernens meiner Tanzpartnerin, die mich die nächsten Wochen, vielleicht Monate von morgens bis abends begleiten würde, rückte näher. Viele Zeitungen meldeten sich bei meiner Verlags-Pressfrau für Interviews an. Journalist*innen fragten mich, ob ich aufgeregt sei, ob ich Tanz-Vorerfahrung habe etc. Let's dance schlug mehr Wellen als manch sportliche Spitzenleistung, was irgendwie traurig ist, aber im Privatfernsehen dominiert die Unterhaltung. Das Kennenlernen fand in Leverkusen in einer Leichtathletikhalle statt. Mein Terrain – und als die Kameras auf mich gerichtet waren, um meine Reaktion einzufangen, wenn meine Tänzerin die heiligen Hallen betritt, war mein Gesicht in freudiger Erwartung, aber mein Inneres etwas enttäuscht. Es hüpfte eine leichtfüßige Blondine rein. Und obwohl ich natürlich weiß, dass Äußerlichkeiten nicht auf charakterliche Eigenschaften hinweisen und Schubladendenken nichts für intelligente Menschen ist, dachte ich ganz spontan und ungefiltert: »Oh, nein!« Mit blonden Frauen hatte ich bisher in meinem Leben einige schlechte Erfahrungen gemacht. Ich versuchte, meine Vorurteile beiseite zu schieben, und nachdem wir die ersten Tanzschritte auf der Tartanbahn absolviert hatten, stellte sich Sarah, die einen halben Kopf kleiner als ich war, als sehr nette und angenehme Gesprächspartnerin heraus. Was wollte ich mehr?

Die darauffolgenden vier Wochen waren hart. Wir hatten einen Monat zur Vorbereitung für den ersten Tanz und um die Basics für andere potenzielle Tänze einzustudieren. Ich hatte null Komma null Tanzerfahrung, aber laut meiner Tanzpartnerin wies ich Rhythmusgefühl auf, was sie als Potenzial wertete: »Mir dir kann ich arbeiten«, war ihr erster Eindruck.

Sarah war überaus professionell. So professionell, dass es mir schon fast Angst machte. Nach dem ersten Tag, an dem wir nahezu acht Stunden durchtanzten, war ich am Ende meiner Kräfte – körperlich, aber vor allem mental. Ich hatte mir das Tanztraining viel einfacher vorgestellt. Es war schweißtreibend und anstrengend, und nicht nur mein Körper wurde gefordert, sondern auch meine Koordination, meine Aufnahmefähigkeit und mein Erinnerungsvermögen. Bei Let's dance wird jeder Schritt genau einstudiert. Man lernt eine Choreographie, die sich die Tänzer*innen zuvor selber ausdenken, in- und auswendig und wiederholt diese im besten Fall hundertfach. Jeder Schritt muss sitzen, dazu kommen noch Ausdruck, Mimik, Gestik und Freude am Tanzen, die für mich zwar in der falschen Reihenfolge angesetzt waren, aber ich versuchte mein Bestes zu geben. Sarah war motiviert, denn sie wollte schon immer mal mit einem Sportler tanzen, und baute gleich in unseren ersten Tanz, einen langsamen Walzer, eine Hebefigur ein. Nach der ersten Woche – wir hatten gerade mal das erste Drittel des Tanzes verinnerlicht – hatte Sarah plötzlich höllische Schmerzen in der Rippengegend. Sie kamen eindeutig von der Hebefigur, die wir wieder und wieder übten und wofür sie tapfer und mutig und voller Vertrauen immer wieder in meine Arme springen, ich sie im Anflug fangen und sie in einer Drehung weiter herumwirbeln sollte.

Wir mussten das Training unterbrechen und die Horrornachricht ließ nicht lange auf sich warten. Eine Rippe war angebrochen. Als die Ärztin uns das mitteilte, schaute ich etwas blöd aus der Wäsche und stellte mir die Frage, wie Sarah das solange durchziehen konnte und ob das schon das Ende war, bevor wir überhaupt starten durften. Dem Kamerateam, das uns auf Schritt und Tritt begleitete, um alle Emotionen und die Up's and Downs einzufangen, erteilten wir Drehverbot. Wir wollten kein Mitleid und schon gar nicht in der ersten Sendung mit schockierenden News aufwarten. Sarah war bisher so tapfer gewesen und zog Sportlerinnen-like das Training weiter durch, allerdings bekamen wir Hebefigurenverbot.

»Ich schlage vor, dass ihr die Choreografie ändert!«, sagte die Ärztin. Sarah und ich sahen uns an, und ohne dass wir uns weiter absprachen, war für uns klar, dass wir das nicht tun werden. Ganz auf die Hebefigur zu verzichten, kam auch für Sarah, die letztendlich die Leidtragende war, nicht in Frage, da die Figur das Highlight des Tanzes darstellte und perfekt auf den Takt einstudiert war. Aber wir ließen die Figur erst einmal im Training aus und tanzten so gut es ging den Tanz wieder und wieder durch.

Ich schwitzte mehr als in zehn Leichtathletiktrainings zusammen. Mit Essen und Trinken kam ich kaum hinterher, doch es machte auch ungeheuren Spaß, etwas Neues zu lernen und zu sehen, wie sich der Tanz in seiner eigenen Perfektion zusammensetzte. Nach fast einem Monat und gefühlten hundert Stunden langsamen Walzers ging es raus aus unserer tänzerischen Zweisamkeit und hinein ins Studio nach Köln und in die Live-Fernsehwelt.

Als sehr irritierend empfand ich bei der Ankunft, dass die Promis in einem anderen Hotel untergebracht waren als ihre Tanzpartner*innen. Ich verstand diese Logik einfach nicht. Als Tanzpaar ist man ein Team, da spielt viel mehr als eine Choreographie eine Rolle. Es geht um Symbiose, Energie, Teamgeist, und dieser kann doch nicht gelebt werden, wenn man sich kurz vor der Show sieht und dann einen Traumtanz mit Emotionen aufs Parkett zaubern soll. Zumindest funktionierte das nicht in meiner Welt, und so ließ ich mich in das Hotel bei den Tänzer* innen einquartieren.

Der Ablauf einer Tanzwoche ist immer gleich. Mittwochabend Anreise nach Köln ins Studio, Donnerstag eine komplette Durchlaufprobe und Freitag dann die Generalprobe mit Aufzeichnung sowie die Live-Show vor einem Millionenpublikum. In der Durchlaufprobe, die nahezu einen ganzen Tag dauert, wird man so hergerichtet, wie man am nächsten Tag auch tanzen wird. Bedeutet, alle bekommen ihre Bärte, Haare, Schminke gemacht, die Tanzkleidung wird angezogen und getestet, ob sie auch den Stunts und Sprüngen standhält und man nicht durch eine waghalsige Pose plötzlich mit nacktem Hintern dasteht.

Wenn man weiterkommt, fährt man am Samstag zurück in die Heimattanzschule, hat genau vier Tage für den neuen Tanz Zeit, wobei nahezu ein Tag für das Erstellen der neuen Choreographie draufgeht. Während der drei Trainingstage begleitet einen ein Kamerateam, um die sogenannte Mats zu drehen, Kurzfilme, die die Trainings, inklusive aller Emotionen und O-Töne, einfangen sollen.

Zurück zu unserem ersten Tanz. Bis auf die Hebefigur waren wir auf den ersten Tanz perfekt vorbereitet, und alle warteten gespannt auf die ersten Choreographien der Paare, um zu sehen, was sie draufhatten und wer das Zeug zum Favoriten hatte. Zu »If you don't know me by now« als langsamen Walzer überzeugten wir auf der Tanzfläche, sogar die Hebefigur glückte einwandfrei, und wir freuten uns sehr über Lob, sogar von Bad-Guy-Juror Joachim Lambi, der im richtigen Leben ein feiner Kerl ist. Jorge González und Motsi Mabuse hatten natürlich auch ihren Part und waren nach ihrem positiven Urteil über uns gespannt, ob wir nach so viel Lob im nächsten Tanz auch wieder überzeugen konnten.

Auf der Rückfahrt dachte ich über unseren Auftritt nach, den Song, das Gefühl, als wir nur im Tanz als Mann und Frau in unserem Element der Bewegung waren. »Wenn du mich jetzt nicht kennst, wirst du mich nie richtig kennen!«, ist die grobe Übersetzung unseres ersten Songs, und es steckte so viel Wahrheit darin. Sarah erzählte mir, dass sie vor einigen Jahren mein Buch gelesen und damals schon gedacht hatte, mit ihm würde ich gerne einmal bei Let's dance tanzen. Entsprechend der Bedeutung des Songs, zogen wir Parallelen, denn sie kannte mich wirklich.

Als nächsten Song bekamen wir den gefühlten Jackpot: »Try« von Pink und unsere Aufgabe bestand darin, eine gefühlvolle Rumba, den Tanz der Liebenden, zu performen. Die Songauswahl kann darüber entscheiden, wer weiterkommt und wer nicht. Mir war das alles egal. Ich wollte trainieren, immer wieder aufs Neue einen guten Tanz abliefern und weiterkommen. Mein sportlicher Ehrgeiz war entfacht.

Die Rumba stand also auf unserem Plan, und Sarah zapfte ihr ganzes Repertoire an. Sie dachte sich eine tolle, aber anspruchsvolle Choreographie aus, die wir barfuß tanzen sollten und in die auch sportliche Elemente, eine Radwende mit Übergang zu einem Flick-Flack, miteinfließen sollten. Die Tänzer* innen bekamen immer die Aufgabe, den Tanz auf den jeweiligen Promi anzupassen, was Sarah leidenschaftlich gerne und ausgesprochen gut und erfolgreich tat. Im Training übten wir stets mit einer Weichbodenmatte, weil die Sporteinlagen fast schon zu gefährlich waren, um sie auf einem Tanzparkett auszuführen.

In einer Liveshow mussten wir natürlich auf die Matten verzichten, auch bei unserer Abschlusshebefigur, bei der ich Sarah über meinen Kopf heben sollte, die zwar waghalsig aber passend zum Song und schön für die Kameras war. Begeistert von der Choreographie, lief das Training optimal, und wir reisten gut gerüstet und siegessicher nach Köln.

Was wirklich toll war, war die Atmosphäre unter den Tänzer* innen, aber auch unter den Promis. Alle fieberten mit, freuten sich über den Erfolg der anderen Paare und hatten eine richtig gute Zeit.

Die Nacht vor der Live-Show war ich aufgeregt, weil es ein wirklich schöner Tanz war, indem viel Training, Schweiß, Freude, Zusammenhalt und Emotionen steckten. Ich konnte zwar nach dem hundertsten Mal »Try« nicht mehr hören, aber ich freute mich über die sportliche Herausforderung. Vor dem Live-Publikum im Saal und Millionen Zuschauern vor dem Fernseher tanzten wir unsere etwas andere Rumba mit viel Gefühl und konzentriert darauf bedacht, keinen Patzer bei der krassen Kombination aus Tanz und Akrobatik zu machen. Alles glückte, und die anderen Tänzer* innen und die Zuschauer gaben uns Standing Ovations als Respekt vor unserer Leistung. Sarah sprang mir zudem vor Glück in die Arme, und ich war unendlich erleichtert, dass alles so gut geklappt hatte.

Das Urteil der Jury war leider ernüchternd. Lambi gefiel unsere Rumba gar nicht. »Mir war da zu viel Geturne, und das Ganze ohne Schuhe …«, sagte er mit einem Gesichtsausdruck ins Mikrophon, als hätte er gerade in eine Zitrone gebissen. Wir bekamen eine wesentlich schlechtere Gesamtpunktzahl als erwartet, obwohl wir uns so sicher waren, genau das erfüllt zu haben, was uns vorgegeben wurde. Aber: Wir kamen weiter, und das war das Wichtigste! Als Nächstes stand der Jive an, und Bruno Mars sollte zusammen mit uns gute Stimmung verbreiten.

Jive bedeutet Leichtfüßigkeit und schnelle Kicks. Ich war überzeugt, das zu können. Weit gefehlt! Wir hatten bisher nur langsame Tänze bekommen, und nun wurde ich überflutet mit Geschwindigkeit und Tanzschritten, die mir um die Ohren flogen.

Sarah war eine strenge Lehrerin und forderte mich bis aufs Blut, was beim Jive allerdings nichts brachte. Ich war mehr *steif*, als *jive.* Wir baten schließlich die Produktion, die Geschwindigkeit des Songs etwas reduzieren zu dürfen und bekamen, zum Glück, grünes Licht.

Die Trainingswoche war dennoch viel härter, als die Wochen davor, weil ich beim Einstudieren von einer Ecke in die andere geschickt wurde, zwischendurch Sarah in die Luft heben sollte, um mit einem Jive-Kick nach dem anderen übers Parkett zu tanzen. Während all der Rhythmustanzposen musste ich immer wieder meine Hosen hochziehen, denn sie passten mir nicht mehr. Ich hatte zu viel abgenommen, zu viel Training, zu viel Reiserei und zu wenig Essen und Regeneration.

In der Durchlaufprobe klappte unsere Choreographie ganz gut, und Daniel Hartman kündigte uns am nächsten Abend mit all seinem Charme in der Live-Show an: »Balian Buschbaum und Sarah Latton zu Bruno Mars mit ihrem Jive.« Die Musik begann zu spielen, ich fühlte den Takt und mir war sofort klar: »Scheiße, zu schnell, das ist die alte Version …«

Natürlich war es zu spät, denn live ist live und Jive ist Jive. Ich hatte das Gefühl, dass ich links war und eigentlich schon rechts sein sollte, dass ich die Kicks gekickt habe und eigentlich schon die Hebefigur vorbereiten musste. Entsprechend urteilte die Jury. »Wie ein Storch im Salat null Jive-Feeling«, sagte Motsi. Zitternd bei der Verkündung, wer weiterkommt und wer nicht, standen wir neben den anderen Paaren. »Und weiter sind: Balian und Sarah«. Wir fielen uns in die Arme und waren in der nächsten Runde.

Eine weitere Woche Training und Show, allerdings stand Sarah bei der Songauswahl, die uns am nächsten Morgen ins Hotel gebracht wurde, der Schrecken ins Gesicht geschrieben. Ich hörte nur: »Das war's!« Ein Paso Doble auf die Musik zu Linkin Park. Wir versuchten vergeblich einen Songtausch, denn ein Paso Doble soll auf tänzerische Art den spanischen Stierkampf interpretieren, was mir als tierliebender Mensch und Fast-Veganer sowieso schon gegen den Strich ging. Durch die Metalband Linkin Park, so empfanden wir es, hätten wir die Interpretation gleich ins Schlachthaus verlegen und uns dazulegen können.

Was mich aber neben der Songauswahl sehr irritierte war, dass ich auch vor laufender Kamera auf meinen Penis angesprochen wurde. Ich hatte und habe nie ein Problem damit, offen über meine Transition und alles, was damit zusammenhängt, zu sprechen. Im Gegenteil, ich tue das manchmal ganz explizit (wie auch in diesem Buch), weil ich das Thema aus der Schmuddelecke herausholen möchte. Es ist für mich das Normalste der Welt, und ich möchte anderen Menschen helfen, ihre Vorurteile und Ängste zu überwinden. Vor allem jenen, die vielleicht selbst noch in einem körperlichen Gefängnis eingesperrt sind.

Doch manchmal wird meine Offenheit missbraucht, um ein voyeuristisches Interesse zu befriedigen, und darauf reagiere ich inzwischen höchst sensibel. Ich fühlte mich damals, als hätte ich einen zweiten Vornamen bekommen: Balian *Penis* Buschbaum, und das verletzte mich.

In meinen Coachings erlebe ich immer wieder Menschen, die verzweifelt sind, weil sie nicht so angenommen und respektiert werden, wie sie sind. Ein Mann erzählte, dass er auf offener Straße als »schwule Sau« beschimpft wurde und so perplex war, dass er gar nicht reagieren konnte. Eine Frau berichtete, dass sie wegen ihrer Figur im Restaurant oder beim Einkauf schräg angeschaut wird, nach dem Motto: »Was braucht die noch zu essen, die ist doch dick genug!« Da solche Diskriminierungen leider alltäglich und tief verletzend sind, versuche ich meine Teilnehmer*innen zu stärken, indem ich sie widerstandsfähiger gegenüber solchen Übergriffen mache. Manchmal sind es auch unbewusste Muster, die bei den Betroffenen solche Aussagen triggern. Vielleicht hat die Frau schon als Kind vom Vater ständig abwertende Worte über ihren Körper gehört und fühlt sich jetzt schuldig, wenn sie die Blicke der anderen beim Einkaufen oder beim Essen treffen. Wenn ich dagegen denke: »So bin ich, und wie ich bin, ist es richtig«, tauge ich nicht länger als gute Zielscheibe für solche diskriminierenden Äußerungen.

Doch zurück zum Tanzen: Was auch immer wir als Highlights in die Choreographie einbauten, es war ein vergeblicher Versuch, aus einem Song, der nicht für das Paso-Doble-Tanzen konzipiert war, etwas Tanzbares herauszuquetschen, das uns in die nächste Runde bringen würde. Beim Auftritt in der Live-Show kam ich mir mit den feuersprühenden Fackeln in der Hand vor wie ein Fluglotse, der die schwere Boeing nach einem langen und turbulenten Flug in die Schrottpresse bugsierte.

Wir bekamen allerdings für unsere Performance viel Beifall im Studio, und als wir wieder neben den noch im Rennen gebliebenen Paaren standen und das Urteil verkündet wurde, hatte ich bis zur letzten Sekunde noch die Hoffnung, dass wir vielleicht doch noch weiter tanzen, weiter träumen durften, aber dieser Traum zerschlug wie eine Seifenblase, als das Scheinwerferlicht über uns ausging und damit unser Aus verkündet wurde.

AB IN DIE WÜSTE

Humor und Geduld sind zwei Kamele, mit denen du durch jede Wüste kommst.
ARABISCHES SPRICHWORT

Nach Let's dance hatte es sich erst einmal ausgetanzt. Ich war sauer. Sauer auf den Ablauf, sauer auf das zu schnelle Ende, weil das Training, das Feilen an einem Tanz mich tatsächlich erfüllte. Und weil ich es gewohnt war, bis zum erfolgreichen Ende durchzuhalten, was mir auch meistens gelang. Obwohl ich in der Show vieles nicht beeinflussen konnte, fühlte ich mich als Versager. Ich musste also loslassen und nach all dem Rummel abtauchen, und wo ginge das nicht besser als in der Wüste.

Ich hatte schon einige Wüstenreisen in den letzten Jahren absolviert, war mit Gruppen, einer Karawane, einem Guide, fünf Dromedarführern für eine Woche Saharasand aufgebrochen, um Menschen auf einer Persönlichkeitsentwicklungsreise die Abgeschiedenheit, Unerreichbarkeit und das einfache Glück näherzubringen. Die Jahre davor fanden viele gute Gespräche am Lagerfeuer statt. Gute-Nacht-Geschichten brachten manche Seelen friedlich zum Einschlafen und andere zum innerlichen Aufwachen. Wer einmal in der Wüste war und diese Abermillionen von Sternen in sich aufgesogen hatte, der kommt als anderer Mensch zurück. So kannte ich es. Diese Reise sollte anders werden.

Es lag nicht an der Wüste. Es lag an den Mitreisenden. Es hatten sich fast nur Frauen angemeldet, und nach Tag drei hatte ich das Gefühl, dass einige von ihnen nur mitgekommen waren, um mich kennenzulernen, weil sie mich im Fernsehen gesehen hatten, und nicht der Wüste oder sich selbst wegen. Es hatte etwas von »Der Bachelor«, doch ich verteilte keine Rosen, sondern musste die Erwartungen einiger Teilnehmenden, nämlich uneingeschränkte Aufmerksamkeit von mir zu erhalten, enttäuschen. Trotzdem war die Wüste heilsam, denn sie brachte mich auch dieses Mal dazu, loszulassen, was ich nicht mehr brauchte. Emotionalen Ballast und Materialismus. Das mit dem Materialismus war und ist leicht.

Ich hatte alles zu Hause und hinter mir gelassen, was zwar in unsere moderne Zeit passt, aber oftmals auch der Grund dafür ist, dass wir so gestresst und nicht im Augenblick sind. Sonnenauf- und Sonnenuntergänge ersetzten meine Armbanduhr, WLAN gab es in der Wüste sowieso nicht, Campingstühle und -tische waren auch überflüssig, denn allein der Sand unter den nackten Füßen erdet und bringt jede Seele sofort ins Hier und Jetzt.

Der emotionale Ballast war allerdings schwerer loszulassen, denn ich hatte nicht nur mit den Erwartungen der Mitreisenden zu kämpfen, sondern auch mit meinen Emotionen. Ich war frisch verliebt, und meine neue Freundin lag zu Hause im kuschelweichen Bett, während ich das Sternenzelt alleine betrachten musste. Sie war quirlig, sportlich und alles andere, als auf den Mund gefallen. Das gefiel mir, allerdings gefiel mir bei unseren ersten Begegnungen nicht, dass sie zunächst einmal nichts von mir wissen wollte. Zu frisch waren die Verletzungen aus einer vorhergegangenen Beziehung.

Natürlich wollte ich beweisen, dass es noch andere Männer gibt. Irgendwie entfachte sie Feuer in mir, und ich ließ nicht locker, bis ich eines Nachts, nach vielen tollen Gesprächen neben ihr lag und wir uns endlos küssten. Nun lag ich gedanklich auch neben ihr, allerdings fast 4000 Kilometer weit entfernt, sehnsüchtig darauf wartend, sie endlich wieder in meinen Armen halten zu können. Eine simple Schaumstoffmatte trennte mich von dem weichen Saharasand. Ich lag auf dem Rücken mit Blick zum Nachthimmel. Sternschnuppen flogen in regelmäßigen Abständen über mich, so viele, dass ich sie nicht mehr zählen konnte. Ich war bereit, ihnen meine Träume und Wünsche zu erzählen. Aber was wünschte ich mir noch in meinem Leben? Was hatte ich bisher für eine Lebensreise hinter mich gebracht und war ehrfürchtig dankbar dafür. Dankbar für meine Energie, dankbar für meinen starken Körper und Geist. Dankbar für die Lektionen, die mir das Leben bisher schenkte. Dankbar für die Hochs und Tiefs. Also, was bleibt noch übrig, was ist noch offen?

Ich wünsche mir das, was wohl jeder Mensch sich wünscht: Liebe, Beständigkeit, ein Zuhause, aber auch Abenteuer und Reisen, natürlich Erfolg bei meiner Arbeit, denn ich bin nicht nur auf der Welt, um meine Zeit zu fristen, sondern den Menschen etwas zu geben – meine Gedanken und Energie, damit sie sich erinnern, an ihren Auftrag, an ihre Berufung. Damals im Wüstensand setzte ich mich gedanklich auf eine der Sternschnuppen und flog mit ihr. Wie der kleine Prinz. Ich wollte auch Fragen stellen. So lange Fragen stellen, bis ich Antworten bekomme. Kreuz und quer schossen die Gedanken durch meinen Kopf: Woraus besteht unser Universum? Gibt es Paralleluniversen und mich vielleicht noch mal in einer anderen Version? Hat jeder Mensch hier unten eine oder mehrere Aufgaben? Haben wir kosmische und irdische Eltern? Woher kommen wir wirklich? Warum und wofür sind wir hier? Wie finden wir es raus? Steht unser Leben schon irgendwo in den Sternen geschrieben? Ist veganes Essen tatsächlich die Zukunft? Und werden wir unsere Erde noch retten können, oder wird sie uns »zerstören«, bevor wir es tun, weil im Universum alles nach Ausgleich strebt?

Schwer und doch erleichtert schlief ich ein und wurde von »Yalla, Yalla«-Rufen geweckt. Omar, unser liebevoller Guide, hatte frischen Kaffee, Berbertee und Pfannkuchen zubereitet. Wir saßen gemeinsam in unserm Essenszelt. Manchen sah ich die Nacht noch an, wie sie mit ihren Dämonen gekämpft hatten und manche waren voller Energie vom Loslassen ihres Ballastes. Ich nahm den letzten Schluck meines Tees: »Wie heißt es so schön? Die Karawane zieht weiter, und genau das ist es, was wir jetzt auch tun werden.« Es war der vierte Tag, und meine Lieblingsetappe mit nur wenigen Kilometern Fußmarsch stand an. Wobei wir in der Wüste, speziell im Sand, nicht von Kilometern, sondern von Dünenhügeln sprechen, und es lagen einige vor uns. Ich freute mich aber auf die größte Sanddüne in der gesamten Saharawüste, die wir erklimmen und den freien Blick genießen sollten. Wir alle waren bepackt mit einem Tagesrucksack, der mit dem Nötigsten ausgestattet war: Wasser, Sonnencreme, Taschentücher, ein Feuerzeug und Papier und Stift, immer griffbereit, um die Gedanken festzuhalten und sie zum richtigen Zeitpunkt am richtigen Ort anzuzünden und für immer loszulassen. Nach den ersten zwei Stunden mit Gesprächen – ich wandere innerhalb der Gruppe anfangs vorne, um mich dann »durchreichen« zu lassen – waren wir endlich da. Am

Fuße der Düne aller Dünen. Die Düne »Erg Zeher« ist eine körperliche und mentale Herausforderung. Knapp hundert Meter ragt sie in die Höhe. Wer sie erklimmt, wird belohnt. Die beste Methode, um aufzusteigen, ist einen Schritt nach dem anderen zu machen, wenngleich man einsinkt, kaum vorankommt, die Oberschenkel und Waden schmerzen und man das Gefühl hat, nie oben anzukommen. Aufgrund des Aufstiegswinkels schaut man die meiste Zeit nach unten auf den Boden, dadurch schmerzt der Nacken und gelegentlich bleibt einem einfach die Luft weg, wenn man hochblickt und sieht, wie weit es noch ist.

Irgendeiner muss vorausgehen, dieser gibt die Schritte vor und alle anderen stapfen wie im Gänsemarsch hinterher. Beim Aufstieg gilt: In dieselben Fußstapfen treten, was so gar nicht meiner üblichen Philosophie entspricht, aber wer hier aus der Reihe tanzt, hat es wesentlich schwerer. So zeigt uns die Wüste ihre ganz eigenen Regeln auf.

Der Aufstieg dauert knapp fünfundvierzig Minuten und ist jeden einzelnen Schritt und Schweißtropfen wert. Oben angekommen, flossen die ersten Tränen. Tränen voller Stolz, weil es eine Teilnehmerin nicht für möglich gehalten hat, mit ihrem Gewicht diese Etappe zu bewältigen. Tränen der Erleichterung, weil man den Ehering und die schmerzhaften Erinnerungen an die Scheidung im Wüstensand begraben konnte. Und Tränen für die Schönheit dieser Erde und das Naturspektakel Wüste. Von hier oben sah alles so winzig aus. Jede einzelne Düne, wie eine aufbauschende Welle, eingefroren und festgehalten im Bild von einem unendlichen Meer. Wir wünschten uns alle, in dieses Meer einzutauchen, das kalte Nass zu spüren, sich zu erfrischen nach dem kräftezehrenden Aufstieg, und doch saßen wir der Reihe nach nebeneinander oben am Kamm der Düne, bepackt mit vielen Eindrücken und dem eigenen Leben. Einzelne Sandkörner wurden vom leichten Wind weggetragen, und es herrschte eine seelentiefe Stille, bis uns der Horizont einen der atemberaubendsten Sonnenuntergänge präsentierte.

Es vergingen auf dieser Reise noch einige Sonnenauf- und Sonnenuntergänge, und bald gehörten sie zum täglichen Ritual. Wir saßen mal auf kleineren, mal auf größeren Dünen im jeweiligen Morgen- oder Tagescamp und sahen zu, wie die Natur die authentische Realität widerspiegelt. Die Sonne geht auf. Die Sonne geht unter. Die Zeit nimmt sich ihre Zeit. Alles läuft von alleine, nichts müssen wir tun, niemand müssen wir sein.

Der letzte Abend einer Reise, deren Ende ich mir normalerweise niemals herbeiwünschte, stand an. Wir feierten zusammen mit unserer Berbertruppe, trommelten, tanzten, sangen und freuten uns auf die Jeeps, die uns am nächsten Morgen vom Rand der Saharawüste zurück nach Zagora bringen würden. Alle waren wie erfüllt, erfüllt von Erlebnissen, die nicht alltäglich waren, voller Sehnsucht nach gelebter Veränderung und Vorfreude auf zu Hause, auf eine frische Dusche inklusive weichem Bett. Verzicht kann manchmal so heilsam sein.

ALS ICH SIE DAS ERSTE MAL TRAF

Besondere Menschen erkennt man nicht,
man fühlt sie.
BUDDHA

Es war ein heißer Sommertag, der immer wieder leichte Windböen dazu brachte, sich einen Spaß mit den Kleidern der Menschen zu machen. Frauen trugen luftige Hosen, Röcke, Sommerkleider und bunte Hüte, die immer wieder hoch- und davonflogen. Männer hielten ihre Base Caps und Anglerhüte fest, um sich nicht die Kopfhaut zu verbrennen. Ich parkte mein Auto in der Nähe des Rheins, lief durch die Altstadt von Koblenz zum Deutschen Kaiser und betrat das historische Gebäude. Vor mir eine Frau. Ich betrachtete sie in einem bewussten Moment, der mich alles um mich herum vergessen ließ. Alles an ihr war so schön, selbst der mit Blättern und Staub bedeckte Teppich im Eingangsbereich, schien unter ihren Schritten zu leuchten. Dabei bin ich kein sonderlicher Teppichfan, aber ihre Anwesenheit machte Staub zu Gold. Es waren ihre Augen, ihr Lachen, ihre unbefangene Fröhlichkeit, die sie gepaart mit Leichtigkeit so selbstverständlich spazieren trug. Ich wollte augenblicklich ihre Hand nehmen, dabei kannte ich sie gar nicht, spürte aber, dass es ihr ähnlich erging. Wie Magnete wurden wir gegenseitig angezogen. Unsere Hände und Herzen, sie gehörten zusammen und keine Kraft im Universum würde sie trennen können. Genau das fühlte ich, und dann landete ich schlagartig wieder in der Realität.

»Setzt euch bitte und lasst uns über gemeinsame Projekte reden!« Die Frau vom Eingang gehörte tatsächlich zu mir – beziehungsweise zu dem Meeting, zu dem ich eingeladen war. Während der ganzen Sitzung konnte ich meine Augen nicht von ihr lassen und versuchte meine Faszination etwas zu kaschieren, indem ich meinen Blick immer wieder an ihr vorbei zum Fenster schweifen ließ, das mir eine freie Sicht auf den Rhein und das Windspektakel draußen gab. Das Beste war, dass das, was sie sagte, auch noch sehr klug und erkenntnisreich war, nicht angelesen oder auswendig gelernt, sondern aus einer Quelle stammend, die mir nicht von dieser Welt schien.

»Balian, bist du bei der Planung für unser nächstes Projekt dabei? ... Balian?« Wie aus einem Traum aus einer vergangenen Zeit wachte ich auf. War es ein Déjà-vu? Ich kannte diese Frau schon sehr lange, ihre tiefe, liebevolle Seele streichelte schon einmal mein Inneres. Waren wir vielleicht in einem anderen Leben zusammen gewesen? Was hat uns getrennt? Warum treffe ich sie heute wieder? Meine Emotionen überschlugen sich, und ich konnte nicht mehr unterscheiden, was die eine Welt und was die andere Welt war. Und was davon wahr war. In Wirklichkeit saß ich immer noch im Meeting und spürte, wie mich Augen ansahen und auf eine Antwort warteten. Nach einem »Ja«, das sich nach meiner Stimme anhörte, riss es mich fort, weit fort.

Ich erinnerte mich an den Film »Königreich der Himmel«, in dem Balian von Ibelin sie traf, Sibylla, Königin von Jerusalem, und es hätte in diesem Film alles so schön ineinanderfließen können, wäre sie nicht verheiratet gewesen. Ihr

Gemahl, Guy de Lusignan, frauen- und menschenverachtend lief er blind und aggressiv durch die Welt, nichtahnend, was das Schicksal für ihn bereithielt. Manchmal ist es erschreckend, welche Zeichen ich durch die geistige oder welche Welt auch immer bekomme und wie sehr sie sich mit der Realität decken. Ich hatte diese Frau gerade mal vor wenigen Stunden kennengelernt, aber meine Seele erinnerte sich an ihre Berührungen, ihren Duft, und meine Gedanken sprangen von einem Universum ins nächste.

Als Spätpubertierender hatte ich mir früher einen Spaß daraus gemacht, Männern ihre Freundinnen auszuspannen, doch inzwischen war ich gereift, und eines stand für mich fest: Ich darf nicht der Grund dafür sein, dass Ehen scheitern und Familien zerbrechen. Ab diesem Zeitpunkt regierte und steuerte mein Verstand und arbeitete gegen mein Herz. Eine schlechte Kombination, die ich keinem Menschen jemals raten würde, aber es ging nicht anders.

Ich war in Beziehung, die durch den letzten langen Urlaub stark bröckelte, und sie war mit Ring am Finger in Ehe mit Haus, Firma und sozialem Umfeld. Bei dem Gedanken aber, sie nicht mehr wiederzusehen, spürte ich einen stechenden Schmerz in meinem Herzen, so als würde es von einer unsichtbaren Hand zusammengedrückt und herausgerissen werden.

Es verging nahezu ein ganzes Jahr, in dem wir uns ab und an schrieben und als Highlight durch mein »Ja« im Meeting sogar eine Gruppenreise ins Ausland zusammen durchführten, aber irdisch zusammengebracht hat uns das Leben erst sehr viel später, als jeder seinen Beziehungsstatus auf Single umgestellt hatte und unsere Seelen wieder zueinander fanden. In der Zwischenzeit stellte ich mir viele Fragen. Wann weiß man, dass man die Frau fürs Leben gefunden hat? Denken alle Paare, die glücklich zusammen sind, dass sie sich aus einem anderen Leben kennen? Ist das gerade schick oder modern? Ich kann es nicht sagen. Es ist auch egal, denn wissen kann und tue ich nichts, ich habe nur meine Emotionen, mein Gefühl, mein »In-mir-wissen«, das stärker ist, als alles, was man mir in den Kopf pflanzen, mir raten oder mir verbieten kann.

KOMM, LASS UNS AUF WELTREISE GEHEN!

Nicht am Ziel wird der Mensch groß,
sondern auf dem Weg dorthin.
RALPH WALDO EMERSON

Meine Erzählungen von den Wüstenreisen machten meine damalige Freundin neugierig, und ich spann einen verrückten Plan. »Wir machen eine Weltreise. Komm lass es uns einfach tun!«, schoss es aus mir heraus. Zwei große Augen blickten mich an. Ich versuchte, die Reaktion meiner Freundin zu interpretieren, suchte nach jedem kleinen Indiz, ob ein Grübchen zu sehen war, das »ja« bedeutet hätte, oder eine verschränkende Körpergeste, die ich nicht sehen wollte. Doch sie war wie versteinert. Sie erlöste mich mit: »Was ist mit meinem Job?« Und in mir überschlugen sich alle kleinen, abenteuerlustigen Balians, denn sie sagte nicht sofort nein!

»Bis du glücklich damit?«, fragte ich sie.

»Jein …!«, kam prompt als Antwort.

»Also ein Jein ist kein Ja zum Leben!«

»Wie finanzieren wir eine Weltreise?«, war ihre zweite Frage.

»Du hast was gespart! Ich habe was gespart. Wir legen zusammen und schauen, wie weit wir kommen! Ich möchte einen Monat nach Mauritius, das Meer anschauen, Kiten lernen und schreiben. Du kannst dich von deiner jahrelangen Doppelbelastung und deinen emotionalen Strapazen erholen. Das

Meer wird alles reinigen und heilen.« Ein Augenblick Stille zwischen uns. Ich blickte aus dem Fenster, als meine Freundin sagte: »Ich war noch nie länger als zwei Wochen im Urlaub!«

Wir hatten knapp sechs Monate Zeit, um alles vorzubereiten: eine grobe Reisestrecke auszuarbeiten, Visa zu beantragen, das Finanzielle zu koordinieren, ein Reisekonto zu eröffnen und ihren Chef davon zu überzeugen, ein Sabbatical-Jahr zu genehmigen. Sie arbeitete in einer kleinen Agentur und hatte einen wirklich coolen Chef, der ihr versprach, sie nach einem Jahr wieder einzustellen, wenn sie denn möchte. Das gab ihr die Sicherheit, die sie benötigte, um sich auf das verrückte Abenteuer einzulassen. Ein Jahr raus, tun, was man möchte, die Welt entdecken, neue Menschen kennenlernen, andere Luft und Informationen einzuatmen und einfach nur SEIN.

Die nächste größere Aufgabe, die Wohnung, in der wir gemeinsam seit fast einem Jahr lebten, unterzuvermieten, löste sich wie von selbst. Einmal bei der Friseurin den abenteuerlichen Plan erzählt, schon war die Untermieterin gefunden. Frisch getrennt von ihrem Mann auf der Suche nach einem Reich für sich. Perfekt. Allerdings wollte unsere neue Untermieterin die Wohnung sofort beziehen. Und so fanden wir uns knapp eine Woche später auf dem Ausziehsofa der Eltern meiner Freundin wieder. Nachdem wir unser Hab und Gut in einer Garage untergestellt hatten, flüsterte sie mir eines Abends ins Ohr: »Das läuft doch wie am Schnürchen, und die Zeichen stehen gut«, und ich spürte, wie sehr sie sich freute, einfach aus- und aufzubrechen.

Die meisten unserer Freunde wünschten uns viel Glück, der ein oder andere äußerte aber auch Bedenken: »Paare, die so etwas wagen, steigen entweder verheiratet oder getrennt aus dem Flieger!« Wir wollten es trotzdem wagen, was auch immer die Zukunft bringen sollte. Nach und nach besorgten wir uns die wichtigsten Reise-Utensilien. Für mich an erster Stelle Noice-cancelling-Kopfhörer, gefolgt von meinem geliebten Karottenschäler, Blasenpflaster, leichte Kleider, Globulis für die gängigsten Beschwerden, zwei sündhaft teure Koffer mit Vierfachrollen und Wanderrucksäcke. Wenn du ein Jahr nicht nach Hause kannst, was nimmst du mit? Was ist dir wichtig?

Unsere Reiseroute stand im Groben fest, und wir waren uns einig, dass wir bis auf Neuseeland und den Fox Gletscher auf der Südinsel nur dorthin reisen wollten, wo wir in Flip-Flops über die Strände und Straßen schlendern konnten. Ein Jahr – ein Koffer. Eine wirklich coole Herausforderung.

Pünktlich zum Jahresbeginn ging es los. Der Flug nach Mauritius war eine Katastrophe. Ich bin in meinem Leben wegen meiner Wettkämpfe viel geflogen, aber so etwas hatte ich noch nie erlebt. Es rüttelte, ruckelte, Luftlöcher schossen uns von oben nach unten. Ich klammerte mich an meinen Sitz, hielt fest die Hand meiner Freundin, die wenige Sekunden später schweißnass war. Ich versuchte, mich auf meine Atmung zu konzentrieren, stellte mir vor, dass wir durch unsere positive Energie die Gewitterwolken einfach beiseiteschieben könnten, dass der Pilot gleich höher oder tiefer fliegen würde, um die Turbulenzen zu umfliegen. Ich atmete und atmete und versuchte alles, was mir in den Sinn kam.

Wie von Geisterhand war es plötzlich ruhig. Waren wir jetzt im Auge des Orkans und gleich geht es wieder los oder war es das gewesen? Ich fasste so langsam wieder normale Gedanken und was kam, waren Fragen, die mich irritierten.

War das Unwetter ein Zeichen für die nächsten zwölf Monate? Warteten extreme Turbulenzen und Unsicherheiten auf mich? Muss ich um mein Leben bangen? Angekommen auf Mauritius ging es meiner Freundin zuerst sehr schlecht. Sie fühlte sich leer, unendlich müde, hatte häufig Kopfschmerzen. All die Spuren der Belastung und der Überforderung der letzten Jahre brachen jetzt heraus, was gut, aber auch anstrengend war. Wir spielten viel Backgammon und Karten, waren am Strand, genossen die Sonne und das Meer, es war Balsam für die wunde Seele. Ich schrieb viel, und wir lernten etwas Neues – Kitesurfen.

Es war ein stürmischer Tag, viel Wind, daher bekamen wir kleine Kites. Es war in einer der ersten Trainingsstunden, in denen man erst einmal den Umgang mit dem Kite erlernt, bevor man sich noch ein Wakeboard unter die Füße schnallt und mit der Power des Windes aufs Meer davonschießt. Wir standen auf den Kites, bereit für die ersten Anweisungen unseres Trainers, als plötzlich ein Windstoß meine Freundin zirka drei Meter vom Boden hochhob, ein Stück aufs Meer hinaustrug, um sie kurz darauf wieder ungebremst aufs Wasser fallen zu lassen. Der Trainer machte große Augen, und wir liefen durchs flache Wasser sofort zu ihr. Zum Glück hatte sie sich nicht verletzt, aber insgeheim dachten wir beide das Gleiche: Das war's mit dem Kiten. Sie schmeißt das Handtuch. Doch in meiner Freundin war der Ehrgeiz erweckt. Sie vereinbarte gleich die nächste Trainingsstunde.

Nach einem Monat Mauritius ging es weiter nach Kuala Lumpur, Singapur, Australien mit einer Woche Sydney, dann weiter nach Brisbane. Von dort aus starteten wir einen langen Road Trip ganz hoch zur Ostküste nach Cairns, um möglichst viel vom Land zu sehen. Wir buchten einen Tauchkurs, den wir leider aufgrund einer Tornadowarnung nicht vollenden konnten, schnorchelten stattdessen mit Haien am Great Barrier Reef, buchten einen Privatflug zu den Whitsunday Islands und erlebten eine unvergessliche Jeeptour über Fraiser Island. Danach ging es weiter nach Neuseeland. Wir wollten innerhalb eines Monats beide Inseln komplett abfahren.

Mitte des Jahres musste ich für einen Monat nach Deutschland, um zu arbeiten. Da der Flug von Neuseeland nach Hause sehr lange gewesen wäre, machten wir in Bali einen zweiwöchigen Zwischenstopp. Bali war ein Segen für meine Seele. Wir trafen unglaubliche Menschen auf dieser atemberaubend schönen Insel, Meister, Heiler, und erholt und inspiriert kamen wir in Deutschland an. Der Arbeitsplan mit Vorträgen, Workshops und Lesungen zu Hause war eng getaktet, wir wollten ja nach einem Monat wieder unsere Reise um die Welt fortsetzen.

Meine Freundin begleitete mich zeitweise auf meiner Arbeits-Tour von Stadt zu Stadt. Nach einem Monat Arbeit lagen wir in einem der Hotelzimmer, von denen wir in den letzten Monaten viele gesehen hatten. Von Luxus bis spartanisch, war alles dabei. Wir starrten zur Decke. »Wie geht es jetzt weiter?«, fragte sie, als erahnte sie schon die Antwort.

Ich kannte meine Anwort schon, aber wollte nicht gegenüber mir selbst zugeben, dass ich eigentlich gar nicht mehr weiter um die Welt reisen wollte.

»Ich möchte nicht noch mal Monate um die Welt fliegen. Ich bin voll von Eindrücken.« Ich machte eine kurze Pause. Endlich hatte ich es ausgesprochen. Ich wollte nicht mehr weiterreisen, und eigentlich auch nicht mehr mit ihr.

»Ich habe das Gefühl, dass ich das, was wir alles erlebt haben, Menschen, die wir getroffen haben, und ihre Geschichten und Lebensumstände bisher gar nicht verarbeiten konnte.« Sie lag auf meiner Brust, streichelte mich, und wir liebten uns. Wir liebten uns so, wie wir es oft in den letzten anderthalb Jahren taten, aber mein Inneres wusste, dass die nächste emotionale Katastrophe schon in den Startlöchern stand.

Wir entschieden, nach Spanien zu fliegen, um erstmal etwas auszuruhen, und buchten eine einfache Finca. Ich fühlte mich ausgelaugt und fertig von der Arbeit, denn einen Monat am Stück zu arbeiten, war ich nach all den Reisen nicht mehr gewohnt. Zwischenzeitlich wusste ich nicht mehr, in welcher Stadt, in welchem Hotel, in welchem Land ich eigentlich aufwachte.

Ich versuchte, die letzten Monate zu reflektieren, Erfahrenes und Erlebtes aufzuschreiben, meine Erinnerungen könnten Bände füllen. Wir trafen beispielsweise einen Architekten, der eines Morgens aufstand und seinen Büroschlüssel wegwarf, um einfach loszuziehen. Er war mitten in einem schweren Burnout und wusste, wenn er den Schlüssel ins Schloss steckte, dass er dann den Schlüssel zu sich selbst und einem glücklichen Leben nie mehr finden würde. Er war seit über einem Jahr nun unterwegs. Das erzählte er uns auf einer gemeinsamen Jeep Tour und fügte hinzu: »Ich pflücke, um mir etwas Geld fürs Weiterreisen zu verdienen, jetzt Bananen, manchmal auch Kiwis und bin glücklicher als je zuvor. Kein Stress, kein Termindruck, einfach Natur, gute Gespräche und Ruhe, wenn ich sie brauche.«

In Neuseeland kamen wir mit einer Familie ins Gespräch, die mit drei kleinen Kindern seit über zweieinhalb Jahren unterwegs war und die Motivation hatte, ihren Kindern erst die Welt zu zeigen, bevor sie in das Schulsystem integriert werden müssen.

Diese Reise hat mir in Bezug auf Diversity so viel gebracht. Menschen und ihre unterschiedlichen Gedanken, Lebensweisen, Ziele, Fähigkeiten zu erleben, eröffnete mir Horizonte. Reisen bildet nicht nur, es macht den Blick weit und die Gedanken frei.

Meine damalige Freundin und ich hatten sehr viel Schönes gemeinsam erlebt, aber auch oft gestritten, wegen Kleinigkeiten. Zumindest empfand ich das so. Sie lief zum Beispiel unglaublich schnell und oft auch Meter vor mir her. Ich aber wollte betrachten, staunen, alles wirklich sehen, und sie wollte einfach nur vorankommen und regte sich über mein Schneckentempo auf. In Singapur war ich kurz davor gewesen umzukehren, alles abzubrechen und meinen inneren Frieden wiederzufinden. Wir stritten und dann liebten wir uns wieder, aber jeder Streit ließ uns auch ein bisschen Zweifel zurück. Bevor wir in die Welt zogen, hatten uns Freunde gesagt: »Ihr seid zwei eigenwillige Charaktere. Macht das Beste aus eurer Zeit!« Aber irgendwann konnten wir das einfach nicht mehr. Nachdem wir aus Spanien zurückkamen, passierte etwas in uns, das wir nicht wieder einfangen konnten. Das Leben bringt Menschen zusammen und trennt sie auch wieder, sofern die Aufgaben aneinander erledigt oder nicht realisierbar sind. Wir hatten verrückt schöne Momente und haben viel gesehen und erlebt. Dafür bin ich dankbar. Es war aber an der Zeit eigene Wege zu gehen und weitere Abenteuer zu erleben.

NICHT ALLEIN

Das Leben beginnt dort, wo die Furcht endet.
OSHO

Das Wasser erfrischt mich und schmeckt leicht nach Zitrone und Minze. Ich klappe den Laptop zu und setze mich um. Mein Blick geht jetzt nicht mehr in die dunkle Ferne Richtung Meeresrauschen, sondern ich schaue direkt auf das beleuchtete Häuschen. Sie steht in der Küche und hantiert etwas herum. Im Hintergrund läuft »Country Roads«, und durch die Glasscheibe kann ich ihre Lippenbewegungen sehen, die den Text wiedergeben, als wäre sie live auf der Bühne. »Country Roads take me home, to the place I belong …«

»Was für ein Mann ist ein Mann, der nicht die Welt verbessert?«, fragte sich Balian von Ibelin, und diese Sinnfrage stelle ich mir auch oft. Was für ein Mensch wäre ich, wenn ich nicht die Welt verbessern würde? Auch wenn es nur ein kleines bisschen wäre. Im Moment dreht sich meine Welt allerdings um die Frau, die dort in der Küche steht und singt.

Aber meine Welt besteht auch aus all den Menschen, die Hilfe auf ihren Wegen benötigen. Um all ihre Fragen zu beantworten, bräuchte ich immer wieder auch Zeit, um all meine Fragen zu klären. In meinem bisherigen Leben zog ich mich immer wieder Wochen, Monate zurück und schrieb, reflektierte über die Welt, mein Leben, den Sinn, meinen Lebensauftrag, und je stiller es um mich herum wurde, desto klarer kamen die Antworten.

Der einzige Störenfried, der in Wahrheit meine Muse ist, ist und bleibt der endlose Ozean. Die Wellen in den Wellen, der weite Horizont, die klare Luft, die meinen Geist und Körper leiten und führen. Ich komme hier am Meer immer wieder aufs Neue in mir an und bin so unendlich dankbar dafür.

Wenn ich mit Sibylle zusammen bin, fliegen auch immer wieder Bruchstücke unseres jetzigen, aber auch Erinnerungen unserer vergangenen Leben an mir vorbei. Es kann einfach nicht anders sein, als dass wir uns aus einem anderen Leben kennen. Ich hatte noch nie in meinem ganzen Leben solch ein intensives Gefühl in meinem Herzen, meiner Brust in jeder noch so kleinen Zelle meines Inneren wahrnehmen können. Sie öffnet eine Dimension, die für Jahre, Jahrzehnte, vielleicht sogar Leben geschlossen schien und das nur mit ihrer puren Anwesenheit. Diese Erinnerungsfetzen kommen sporadisch, aber nicht in Slow Motion, sondern erwecken eher die vage Vorstellung von Lichtgeschwindigkeit. Mal sehe ich uns auf einem Thron sitzend, unser Volk mit Liebe regierend. Mal als Einsiedler das weite Land überblickend und mit der Aufzucht der Kinder gesegnet. In diesem Leben haben wir die Aufgabe, mit Menschen zu arbeiten, sie in ihrer Weiterentwicklung zu unterstützen und mit Empathie zu führen.

PENG!

Nichts ist entspannter, als das anzunehmen, was kommt.

DALAI LAMA

»Was geht steif rein und schlaff wieder raus?« Der Nachbarsprössling war jetzt in einem Alter, indem er sich für Mädchen interessierte. Er hat auch schon eine Freundin gehabt und haut unverhofft Witze oder Fangfragen wie diese raus. »Kaugummi natürlich! Was dachtet ihr denn?«, lachte er sich selbst schlapp, als er in unsere verdutzten Gesichter blickt. Ich kam gerade mit meiner Freundin von einer Geschäftsreise zurück, und irgendwie passte der Kalauer unseres Nachbarjungen sehr gut zu dem, was wir erlebt hatten.

Nach drei Tagen harter Arbeit hatten wir uns einen Tag Auszeit genommen, um am Abend beim abschließenden Geschäftsessen wieder präsent zu sein. Wir gingen in die hoteleigene Therme, buchten eine Massage und fanden uns früh nachmittags im Bett wieder. Wir plauderten ein wenig, alberten rum und kamen uns schließlich näher. Küsse so weich, wie ich sie nie erlebt habe, Berührungen angenehm elektrisierend. Ich verführte sie, sie verführte mich. Als wir nach dem Liebesspiel die zweite Runde einläuteten, saß sie auf mir in rhythmischen Bewegungen, die mich nach und nach zum Höhepunkt schaukelten. Ihre Hüften bewegten sich nicht nur auf und ab, sondern auch vor und zurück, und ich griff nach ihren schönen Brüsten, den einladenden Hüften, wir wurden schneller, intensiver, ich richtete meinen Oberkörper auf, legte meinen Kopf zwischen ihre Brüste, umarmte sie, verharrte, legte mich wieder zurück auf den Rücken. Sie steuerte, wie es ihr gefiel und plötzlich machte es »Peng!«.

Peng? Wir beide schauten uns an. Die Situation und Position gab ein Finale ja gerade wirklich gut her, aber ich spürte, dass da was ganz und gar nicht orgasmisch war, eher »flautisch«. Sie spürte es auch! Ich hatte augenblicklich Schmerzen in den Hoden und war definitiv nicht mehr in ihr.

»Shit!«, rief ich.

»Was war das?«, fragte sie.

»Ich glaube, mein Schwellkörper ist geplatzt.«

Meine Erektionsprothese mitsamt dem Schwellkörper war schon fast zehn Jahre alt und hatte so einiges in den letzten Jahren mitgemacht. Es war eine Frage der Zeit, bis das Material aufgefrischt und die Version 2.0 ran durfte. Nun war es wohl soweit.

Sprachlos und schockiert stand ich da. Binnen weniger Augenblicke hatte ich Hoden, die mir bis zur Oberschenkelmitte hingen. All die Flüssigkeit, die in den beiden Schwellkörpern vorhanden war, war in meine Hoden gelaufen. Ich rief sofort den erstbesten Arzt, den ich erreichen, und von dem ich dachte, dass er mir helfen konnte, an.

»Du musst punktieren. Besorge dir Desinfektionsmittel, eine dünne Nadel und eine Spritze und versuche die Flüssigkeit rauszuziehen«, sagte er.

Ich traute meinen Ohren nicht. Was soll ich tun? Meine eigenen Hoden punktieren? Nach all dem, was ich bisher in meinem Leben erlebt hatte, war ich ziemlich schmerzfrei und würde auch behaupten, dass ich ein gewisses chirurgisches Geschick aufweise. Ich entferne beispielsweise die Fäden meiner Operationsnarben meist selbst. Aber das, was der Arzt am Telefon geraten hatte, verlangte schon einige Überwindung.

Mir selbst immer wieder Mut zusprechend, zog ich schnell eine weite, leichte Hose über, fuhr in eine Apotheke und besorgte, was mir aufgetragen worden war. Beim Gehen scheuerten meine Hoden bei jedem Schritt. Wieder im Bad versuchte ich mit einem kleinen Handspiegel, den meine Freundin zum Glück dabeihatte, so zu positionieren, dass ich einen guten Blick auf meine Hoden hatte. Sie waren größer als der Spiegel, und ich sah entweder nur den linken oder den rechten. Ich steckte die Nadel auf die Spritze, desinfizierte meine Hoden und war kurz davor zuzustechen …

»Ich kann das nicht Schatz. Kannst du bitte …?«, sagte ich zu meiner Freundin wenig hoffnungsvoll. Ich wusste, dass sie mich über alles liebt, aber ich wusste auch, dass ihr beim Anblick von Blut übel wird und sie keinem anderen Menschen auch nur die leichtesten Schmerzen zufügen kann.

»Ich? Ich kann das auch nicht!«, sagte sie entsetzt.

Ich war verzweifelt!

»Soll ich jetzt einfach die Nadel in meinen Hoden stechen, und wohin genau?«, fragte ich mehr mich als sie. Mit einem Ich-mache-es-jetzt-einfach! nahm ich all meinen Mut zusammen und stach zu. Es tat so weh! Der erste Versuch war noch sehr zurückhaltend, weil ich mich nicht richtig traute. Ich pikste oberflächlich und nichts passierte. Um richtig zu punktieren, muss man in die Tiefe gehen, das war mir jetzt klar geworden. Zu allem bereit, setzte ich wieder an. Es tat entsetzlich weh, aber es floss nur etwas wässriges Blut heraus. Wahrscheinlich falsche Stelle. Also zog ich die Nadel nochmals raus, setzte wieder an und hörte vom Bett aus: »Schatz, klappt es? Ist alles klar?«

Nichts klappte. Nichts war klar. Ich konnte es einfach nicht! Nach dem vierten oder fünften Versuch lief mir Schweiß die Stirn herunter, und mir war schlecht und doch war alles egal. Ich war im Punktierrausch. Doch je mehr ich mich abquälte, desto geringer war der Erfolg, denn die Hoden schwollen von Minute zu Minute mehr und mehr an.

»Ich rufe jetzt meinen Operateur in der Klinik an!«, entschloss ich, der Verzweiflung und den Tränen nahe. Wenig später hatte ich die Rezeption der großen Klinik an der Strippe: »Wie kann ich Ihnen helfen?« Die Dame hatte keine Ahnung, wer ich war, und ich wollte ihr auch jetzt nicht unbedingt meine augenblickliche Lage näher erklären.

»Ich möchte bitte Dr. Daverio sprechen!«, flehte ich ins Telefon. »Dringend!«

»Warum denn, wenn ich fragen darf?«, hörte ich freundlich hartnäckig durchs Telefon.

Es tat sich augenblicklich ein Zwiespalt in mir auf. Hätte ich jetzt gesagt »Nein, Sie dürfen nicht fragen!«, hätte sie vielleicht auf stur geschaltet und mich nicht weitergeleitet.

»Ich glaube, mein Schwellkörper ist geplatzt. Meine Hoden sind geschwollen, ich wollte punktieren, habe es aber nicht geschafft, jetzt blutet alles.«

Sie wollte es so, und mir war inzwischen nichts mehr peinlich, denn ich hatte Schmerzen, galaktisch große Hoden und brauchte eine schnelle Lösung!

Die Dame am anderen Ende stellte keine weiteren Fragen.

»Dr. Daverio ist im OP. Ich gebe den Notfall aber sofort weiter. Bitte nichts weiter unternehmen. Wenn sich ihre gesundheitliche Situation verschlechtert, gehen Sie sofort in die Notaufnahme des nächstgelegenen Krankenhauses!« Das half mir nicht. Ganz und gar nicht. Ich wollte aber in kein »nächstgelegenes Krankenhaus« fahren, weil ich dann noch mehr in Erklärungsnot gekommen wäre und die Erfahrung gemacht habe, dass »normale« Krankenhäuser keine Ahnung von der Materie haben.

Ich legte auf und wollte es weiter mit dem Punktieren probieren. Als ich in dem Handspiegel sah, wie sehr ich meine Hoden malträtiert hatte, gab ich auf. Dreißig Minuten später klingelte das Telefon. Ich hechtete zum Handy.

»Ich glaube, mir ist der Zylinder des Schwellkörpers geplatzt. Meine Hoden sind mega dick, und das Punktieren klappt nicht!«, platzte es hektisch aus mir raus. Bevor eine Antwort kam, ging mir kurz im Kopf herum: Wer ist eigentlich am anderen Ende? Es hatte sich gar niemand gemeldet. Was ist, wenn meine Mama dran ist, oder schlimmer noch, einer unserer Geschäftspartner?

»Wie genau ist denn was passiert, Balian?«, hörte ich Dr. Daverios erlösende Stimme.

Ich machte es kurz. »Beim Sex. Sie oben. Ich unten und Peng!«

»Aha, zum Glück ist nicht das Kondom geplatzt!«, hörte ich ihn witzeln.

»Meine Hoden sehen aus wie zwei pralle Wasserbomben-Säcke.«

»Ist nicht schlimm, etwas kühlen, viel trinken. Es ist nur Kochsalzlösung. Das baut der Körper selbständig ab! In zwei Tagen sollte die Schwellung wieder weg sein, und dann werden sie nur noch farbig sein.«

»Dann muss ich gar nicht punktieren?«, fragte ich empört,

mit all den Schmerzen, meiner Verzweiflung, den blutig punktierten Hoden in Erinnerung.

»Nein. Brauchst du nicht. Gute Besserung, und wir sehen uns dann zur nächsten OP!« Es tutete im Telefon.

Ich war so erleichtert, hatte aber noch ein anderes Problem, denn das Geschäftsessen war in genau einer Stunde, und es war wichtig!

»Schatz, kannst du alleine gehen. Ich kann kaum laufen, geschweige denn sitzen!«

»Wir kaufen dir so einen Hämorrhoiden-Ring oder noch besser einen Schwimmring für Kinder. Da kannst du dich im Restaurant dann draufsetzen.« Wir waren nach diesem Horrortrip schon wieder zum Herumalbern aufgelegt und stellten uns vor, wie alle schauen würden, wenn ich ganz selbstbewusst mit einem Kinderschwimmring ankäme. Was soll man sonst in solch einer Situation machen, wenn nicht das Ganze mit Humor sehen?

Ich stopfte mir also eine halbe Rolle Toilettenpapier in die Boxer Shorts, um es mir weich und gemütlich zu machen und ging breitbeinig wie John Wayne zu einem Duell zum Dinner. Dort angekommen, fragte man mich sofort, was denn passiert sei, weil ich meinen Zustand scheinbar nicht gut genug kaschieren konnte.

»Ich glaube, ich habe mir im Wellnessbereich den großen Zeh gebrochen!«, setzte ich mich nur mit dem Steiß auf die Stuhlkante und ließ die Glöckchen hängen. Normalerweise bin ich ja immer dafür, die Wahrheit zu sagen, denn alles ist menschlich. Aber das schien mir in diesem Ambiente nun nicht förderlich. Was an dem Abend ebenfalls nicht förderlich war, war die Tatsache, dass ich alle zehn Minuten auf die

Toilette musste. Mein Körper hatte nämlich schon begonnen, die Flüssigkeit abzubauen. Ein intensiveres Gespräch konnte man mit mir bei diesem Essen nicht führen.

Nach fast einer Woche war nahezu alles wieder normal, außer der Tatsache, dass ich von nun an impotent war. Doch der OP-Termin war schon gemacht. »In vier Monaten werde ich neu ausgestattet«, witzelte ich mit meiner Freundin darüber, aber es war dennoch keine leichte Zeit. Denn, auch wenn wir als Paar vieles mit Humor tragen, stellte ich mir die Frage, ob bei der nächsten Operation wieder alles gut gehen würde.

Warum ich solche Geschichten erzähle? Zum einen ist es aus meiner Sicht ehrlich, zu berichten, dass auch wenn meine Erzählungen häufig mit einem Happy End enden, sie ihre Höhen und Tiefen haben. Angst ist zum Beispiel mein ständiger Begleiter, wenn ich operiert werde, und obwohl ich ein positiver Mensch bin und in jeder Herausforderung auch eine Chance sehe, fühle auch ich mich in manchen Situationen unsicher und ziemlich überfordert, auch wenn sie sich vielleicht im Nachhinein ganz lustig erzählen lassen.

Zum andern möchte ich, dass diese kleinen Anekdoten aus meinem Leben dazu führen, solche Thematiken mehr an die Öffentlichkeit, in den Alltag zu holen, damit es einfacher und selbstverständlicher wird, darüber zu reden.

Unter den vielen E-Mails, die ich seit dem Bekanntwerden meines Lebensweges immer wieder bekomme, sind zum Beispiel auch viele Absender von Cis-Männern, die Potenzschwierigkeiten haben und sich nach verschiedenen Alternativen für eine Erektionshilfe erkundigen. Da sie in mir einen Fachmann sehen, mit dem man auf Augenhöhe reden kann, fällt es einigen Männern so leichter, Kontakt aufzunehmen und über ihre Probleme zu schreiben bzw. zu sprechen. Sie trauen sich häufig nicht, sich gegenüber ihren Partner*innen zu offenbaren und machen alles mit sich selbst aus. Dabei schämen sie sich und leiden darunter, so stark, dass sie teilweise in schwere Depressionen getrieben werden. Es sind nicht nur ältere Männer, die mit Potenzschwierigkeiten kämpfen, sondern teilweise auch junge zwischen dreißig und fünfundvierzig, deren Beziehungen zu scheitern drohen, weil ihr »Geheimnis« das gegenseitige Vertrauen zerstört oder offenbart, dass es in der Beziehung keinen Raum dafür gibt, es auszusprechen.

Wenn der Penis, das Männlichkeitssymbol schlechthin, nicht mehr so funktioniert, wie Mann möchte, ist das der Supergau nicht nur fürs Bett, sondern vor allem fürs Selbstbewusstsein. Manche Männer trauen sich nicht mehr zu daten, gehen keine Beziehungen mehr ein, bleiben lieber allein, trotz der Sehnsucht nach Berührung, nach Liebe. Impotenz und der Umgang damit ist nicht nur in Deutschland ein Tabuthema, das unbedingt aus der Schamecke herausgeholt werden sollte, denn Millionen von Männern sind betroffen und leiden unnötig. Es gibt viele Wege, wie man dem Problem begegnen kann. Doch dazu muss eine Atmosphäre geschaffen werden, die es den Betroffenen erleichtert, darüber zu reden und aus dem Käfig von Scham und Selbstzweifeln auszubrechen.

Auf die Mails, die ich bekomme, gibt es keine Pauschalantworten, denn hinter jeder steckt ein Einzelschicksal und eine individuelle Problemsituation. Ich versuche dann, auf alle Ebenen einzugehen und gegebenenfalls auf Fachkliniken zu verweisen. Mein Leitsatz »Es gibt für jedes Problem eine

Lösung« hilft in den meisten Fällen, zusammen mit der Aussicht, dass diese Menschen ab jetzt nicht mehr alleine mit ihren Problemen sind.

BALI AUF BALI

Sobald du deine eigene Stille ertragen kannst,
bist du frei

MOOJI

Als ich zum ersten Mal auf Bali war, traf ich Ketut, der vielen aus dem Film »Eat Pray Love« mit Julia Roberts als Hauptdarstellerin bekannt ist. Wie im Film ist er auch im wahren Leben ein Meister der gelebten Spiritualität. Er las mir aus Gesicht und Hand und führte eine besondere Zeremonie mit mir durch.

Bekleidet mit einem Sarong, dem für Südostasien traditionellen Wickelrock, betrat ich seinen Tempel. Ketut bat mich, mich niederzusetzen, die Hände vor die Brust zu nehmen und begann eine Art Mantra zu singen. Nach seinem »Gebet« beträufelte er mich mit heiligem Wasser und klebte mir Reiskörner auf mein drittes Auge. Die Zeremonie war heilsam, lösend, erleichternd, obwohl Ketut »nichts« tat, außer zu der geistigen Welt zu sprechen.

Ein paar Tage später begegnete ich einem anderen Balinesen, der mir von den Einheimischen als »Geheimtipp« genannt wurde und mit mir Dinge anstellte und spezielle »Punkte« an meinem Körper drückte, wie zwischen den Zehen und in den Ohren, deren Wirkung ich nicht mit Worten beschreiben kann. Wie mir als Westeuropäer auch vieles, was ich in diesem Zusammenhang auf Bali erlebte, verschlossen bleibt, traf es aber meinen Kern und gab mir Mut, noch mehr meiner wahren Bestimmung zu folgen.

Die Balinesen sind besondere Menschen mit einer wahnsinnigen Menschenkenntnis. Sie schauen dir in die Augen, und du hast das Gefühl, sie schauen direkt in deine Seele. Liebevoll zeigen sie dir auf, was dir vielleicht noch als kleine oder große Ergänzung für ein erfülltes Leben fehlt.

Was ich am eigenen Leib erfahren hatte, wollte ich nun auch anderen Menschen eröffnen. Neben den Wüstenreisen, entwickelte ich nun gemeinsam mit meiner Freundin ein Konzept für eine Gruppenreise nach Bali: Ubut als Start und erster Sightseeing Spot mit Shopping, Kultur, dem legendären Monkey Forrest und Weiterreise tief in den Norden Balis, wo das Land und die Leute fernab vom Tourismus sind. Vorbei an Tempeln, dem Vulkan Batur, den berühmten Reisfeldern, Kaffeeplantagen und dem blühenden Palmendschungel. Jeder Augenblick ein Innehalten wert. Im Norden buchten wir eine wundervolle kleine Hotelanlage, in der wir mit unserer Gruppe ganz für uns waren. Vormittags sollte innerhalb unseres Gruppencoaching und mit Hilfe von Aufstellungen gearbeitet werden.

Wer Aufstellungsarbeit nicht kennt, der muss es erleben. Unter den vielen Ausbildungen und Qualifikationen, die ich absolviert habe, gibt es kaum eine Methode, die so intensiv und schnell ein Problem aufzeigen und in unmittelbare Lösung bringen kann, wie diese.

Die Menschen kommen meist mit den unterschiedlichsten kleinen oder größeren Problemen, wie Krankheiten, Thematiken innerhalb der Familie oder im Beruf. Während einer Sitzung, die einzeln oder in der Gruppe stattfinden kann, wird das Problem bzw. die Lösung, wie es ist und sein soll »aufgestellt«. Das heißt, die oder der Betroffene selbst schaut von außen nur zu, wie Stellvertreter*innen, die für sie/ihn und »das Problem« stehen, agieren. Dabei kommen häufig Blockaden, (Familie-)Geheimnisse und Wahrheiten ans Licht, die vielleicht jahrelang der Grund waren, das eigene Leben und Verhaltensweisen zu unserem Umfeld negativ zu bestimmen. So können diese mit Hilfe von unterschiedlichen Lösungsansätzen nun nachhaltig verändert werden.

Die Nachmittage auf unsere Balireise waren frei für Ausflüge, zum Beispiel zu einem Wasserfall, von dem die Balinesen behaupten, dass es ein heiliger Ort sei. Wer sich darunter stelle, könne alles loslassen, wofür er bereit ist und was ihn belastet. Es war auch genügend Zeit zum Plantschen und für Gespräche am Pool und zum Schnorcheln im Meer, das direkt vor unserer Tür lag. Wer Glück hatte, sah auch eine der vielen Schildkröten, die frei im Meer schwammen.

Eine solche Begegnung hatte ich bei meinem Besuch von einer der Gili Islands. Direkt vor der Tür lag ein Korallenriff, und ich tauchte und tauchte und konnte von den Farben, den Fischen nicht genug bekommen. Und dann sah ich sie. Eine Schildkröte, und ich wusste, dass auch sie mich sah. Sie nahm mich mit auf ihre Reise, schwamm im Kreis, wurde langsamer, ließ mich aufschließen und zog dann zwei, drei Züge kraftvoller mit ihren Paddelärmchen durch und war wieder Meter vor mir. Ihr Köpfchen tauchte immer wieder mal auf und dann wieder ab. Am Grund suchte sie nach Essbaren, glubschte umher, und ich tat es ihr gleich. Die Zeit unter Wasser schien still zu stehen. Nach vielen Momenten von rechts und links Turns, Auf- und Abtauchen und zusammen dahingleiten, drehte sie sich, so plötzlich wie Schildkröten es können, um und schwamm auf mich zu und starrte mich beim Vorbeipaddeln einfach nur an. Sie war zum Greifen nah. Ich wusste nicht ganz, was ich tun sollte, und folgte ihr einfach wieder. Das seichte Korallenriff entfaltete sich unter mir, doch plötzlich blickte ich mehrere hunderte Meter steil bergab. Der weite, tiefe Ozean in seinem Azurblau tat sich auf. Ich war fasziniert von dieser unendlichen Tiefe, den Facetten der verschiedenen Blautöne, aber auch etwas ängstlich, weil mich gelegentlich kältere Strömungen streichelten, um mich daran zu erinnern, dass ich irgendwo alleine im Meer umherschnorchelte. Ich tauchte auf und sah, dass ich ziemlich weit weg vom Ufer war und umkehren musste. Ein letztes Mal blickte ich unter Wasser der Schildkröte nach, wie sie in die Tiefe glitt und mich zurückließ mit einer Erinnerung, die ich nie wieder vergessen werde.

Ein ganz bezauberndes Highlight bescherte uns bei unserer zweiten Gruppenreise auf Bali ein Paar, das vor Ort seine zweite Hochzeit feiern wollte. Ich hatte die Ehre, die beiden zu trauen und eine kleine Hochzeitsrede vorzubereiten. So stand ich vor einer türkis farbigen Tür, das Brautpaar – sie in einem wundervollen weißen Kleid, er in schickem weißem Hemd, kurzer Hose und Flip-Flop. Sie waren bereit, sich das Jawort zu geben. Ich trug meine Lieblingsbadeshorts, natürlich türkis mit Palmen drauf und, weil es ja ein festlicher Anlass war, ein weißes Hemd. Die Trauzeuginnen standen in langen luftigen Sommerkleidern seitlich zur Tür, jede von ihnen hatte eine Blume im Haar. Die Hochzeitsmelodie erklang, und das Paar lief über den Traumstrand durch die Tür. Während ich mich selbst über Verrücktheit und Abenteuer, Liebe und Vertrauen reden hörte, sah ich

Liebe in den Augen des Hochzeitspaares, und selbst ganz voller Liebe und Freude endete ich mit: »Frank, du darfst die Braut jetzt küssen!«

FAMILY LIFE

Wir sind alle miteinander verbunden.
Wir sind eine Menschheitsfamilie. Das ist wichtiger
als die Kleinigkeiten, die uns trennen.
CHLOÉ ZHAO

Nichts hatte sich meine Mama mehr gewünscht, als uns Kinder glücklich unter der Haube zu sehen. Der Hochzeitstermin meiner Schwester war für Ende des Jahres geplant, und ich sollte die Trauung halten. Niemand anderen konnte sich meine Schwester dafür vorstellen. Die Hochzeit würde in ihrer Wahlheimat Amerika, in Florida, stattfinden. Die Familie ihres Mannes stammt aus England, was für mich bedeutete, die Zeremonie auf Englisch zu halten, wofür ich etwas Zeit und Ruhe brauchte. Ich war gerade auf Mallorca und saß an der Rede, als meine Mutter anrief.

»Mir geht es nicht gut!« Meine Mutter ist eine Kämpferin, das liegt in der Familie, und auch wenn wir uns nicht viel sehen, weil ich viel arbeite und viel unterwegs bin, sind wir als Familie dennoch alle miteinander verbunden. An der Stimme meiner Mutter merkte ich sofort, dass sie etwas wirklich beunruhigte. Allein die Tatsache, dass sie zugab, dass es ihr nicht gut ging, war eine Hürde, die sie nicht oft in ihrem Leben nahm.

Meine Mama meistert ihr Leben sehr selbständig, arbeitet als Führungskraft in einem Krankenhaus und lebt alleine in Deutschland. Außer mir wohnt der Rest unserer Familie, meine Schwester und mein Stiefpapa, von dem sie sich vor ein paar Jahren getrennt hatte, in den USA.

Seit einigen Wochen schon fühlte sie sich schlapp, ausgelaugt und hatte für nichts mehr Energie. Im Krankenhaus hatte man sie schon untersucht. Mit »Sie haben wahrscheinlich eine Erkältung verschleppt« wurde sie wieder nach Hause geschickt. Aber es wurde einfach nicht besser.

Ich schlug vor, vorzeitig meinen Aufenthalt auf der Insel abzubrechen, um zu ihr nach Deutschland zu kommen. Doch sie wehrte ab: »Alles gut, du bleibst da, wo du bist, und machst deine Arbeit fertig. Es wird schon wieder!«

Zwei Tage später kam der nächste Anruf: »Ich bin wieder im Krankenhaus. Ich bekam plötzlich keine Luft mehr, und dachte, ich müsste sterben.« Es wurde still am Telefon. Ich wusste nicht, was ich sagen sollte, denn so kannte ich meine Mutter nicht. Diesmal lautete die Diagnose: Lungenentzündung. »Es gleicht einem Tod durch Ersticken, wenn die Lungenentzündung so weit vorangeschritten ist«, hatte ihr der Arzt gesagt.

Es war der Beginn einer Zeit, die sehr schwer für uns als Familie war.

Durch Schicksalsschläge wird einem häufig erst dann klar, wie wichtig Familie ist. Meine Familie sind für mich die Menschen, die ich liebe. Allen voran meine Freundin, Frau, Wegbegleiterin, samt meiner und ihrer Familie. Wir leben in einer Art Patchwork: über die Welt verteilt, doch gleichzeitig ganz eng miteinander verbunden. Ich würde für meine Familie alles tun, so wie sie auch alles für mich geben würden, da bin ich mir sicher.

Je älter ich werde, desto dankbarer bin ich, dass alle so

sind, wie sie sind. Unsere Familie ist definitiv nicht normal, aber wer würde das schon von seiner Familie behaupten? Neben den vielen Macken, Ticks und Sonderlichkeiten, die jeder von uns so an den Tag legt, ist es das Beste, dass ich mich vor allem mit meiner Schwester darüber herzlich amüsieren kann. Unsere Devise: Kein Drama ist zu schlimm für einen Witz.

Meine Schwester beispielsweise hat zwei Italian Greyhounds, die sie im Moment noch wie ihre Kinder behandelt, bevor sie vielleicht tatsächlich irgendwann eigene bekommen wird. Sie selbst weiß, dass das ein bisschen »Ballaballa« ist, aber sie kann nicht anders, weil sie ihre Vierbeiner so sehr liebt. Turbo läuft dann schon mal mit Jäckchen rum, auf dessen Rücken ein grüner Stoffdinosaurier sitzt, und zu Piccolo herüberblickt, die selbst in einem Einhorn-Kostüm steckt.

Die Umzüge im Leben meiner Mutter bewegen sich im zweistelligen Bereich, und gefühlt quartalsweise wechselt sie die Anordnung der Möbel in ihrer Wohnung. Mein Stiefvater hat uns Kindern sein Workaholic-Gen weitergegeben, denn er »liebt« es, zu arbeiten. Und von meinem leiblichen Vater habe ich auch so einiges mitbekommen, das über die Gesichts- und Körperbehaarung weit hinausgeht.

Nur auf Omili, auf die lass ich nichts kommen, denn sie war mit großem Weltmeisterinnenabstand die Allercoolste. Trotz ihrer schlimmen Erfahrungen aus Krieg, Vertreibung und Flucht war sie ein von Grund auf optimistischer Mensch, liebte das Leben und machte immer das Beste aus jeder Situation. Und sie hat immer gelacht – aus vollem Herzen, einfach gelacht. Sie legte auch insgeheim den Grundstein meiner Diversity-Karriere und zog uns sehr tolerant gegenüber allen auf. Einmal saßen wir gemeinsam vorm Fernseher und sahen einen Bericht über homosexuell, bisexuelll, eben anders lebende Menschen wie Elton John, Hape Kerkeling, Freddy Mercury, Hella von Sinnen, Angelina Jolie und noch viele andere. Ich habe heute noch die Worte meiner Oma in den Ohren: »Ach, was machen die für einen Wirbel. Sollen doch alle so leben, wie sie wollen. Ich glaube, es gibt noch viel mehr, die homosexuell sind, und wenn Patrick Lindner singt, schunkeln doch auch alle mit.«

DAS JAHR, DAS UNS ALLE TRAF

Da es für die Gesundheit sehr förderlich ist,
habe ich beschlossen, glücklich zu sein.
VOLTAIRE

2020 war ein krasses Jahr, in jeder Hinsicht. Für mich persönlich bedeutete es: keine Seminare, keine Workshops, keine Reisen, keine Einnahmen – nichts. Ich lebte mit meiner Freundin seit Monaten aus dem Sparstrumpf, und keiner wusste, wie es weitergeht.

Seit dem ersten Lockdown im März lag ich meist im Garten (zum Glück hatten wir einen!) und streichelte den Kater der Nachbarin. Alonso hatte sich klammheimlich in mein Herz geschlichen. Er ist ein Rex-Devon-Kater mit kaputtem rechten Auge und kaum Haaren, die ihm durch einen Gendefekt an verschiedenen Stellen einfach ausgeblieben sind.

Alonso kam immer zur richtigen Zeit und schien instinktiv zu spüren, wenn es mir nicht gut ging und ich mir zu viel Gedanken über die Zukunft machte. Einmal stand er spät abends vor unserer Balkontür, und ich saß am Computer. Sein Miauen riss mich aus der Arbeit, und ich spürte plötzlich, wie mein ganzer Körper schmerzte. Nachdem ich ihn reingelassen hatte, lief er schnurrend, meine Beine umstreifend an mir vorbei zum Waschbecken und trank etwas Wasser aus der Spüle. Ich selbst war auch völlig dehydriert, weil ich schon Stunden ohne Bewegung und ohne etwas zu trinken am Bildschirm verbracht hatte. Nachdem Alonso seinen Durst gestillt hatte, streckte er sich ausgiebig, hüpfte dann auf meinen Schoß und hinderte mich am Weiterarbeiten. Er verordnete mir so eine Pause, ich stand mit ihm auf und trank etwas. Danach ging es mir besser. Und das wurde zu unserem Ritual: Alonso kommt, und dann sind Streicheln, Trinken, Dehnen und etwas Durchatmen angesagt. Unser ganz persönliches Mensch-Katze-Wellnessprogramm.

Eigentlich bin ich ja Team Hund. Ich weiß wirklich nicht, was dieser Kater mit mir angestellt hat, aber ich bin verliebt, sorge mich um ihn, wenn er mal einen Tag nicht vorbeischaut, entferne ihm liebevoll jede Zecke, die sich an seiner nackten Haut festgesaugt hat, und denke sogar an ihn, wenn ich unterwegs bin.

Nachdem wir Lockdown eins überstanden hatten und die Regierung die Aussage traf, dass es keinen zweiten Lockdown geben wird, machte ich spontan Nägel mit Köpfen! Ich war hungrig nach Sport, da ich den Sommer über nur im Garten herumgehüpft war, was nicht meinem üblichen Training entsprach. Ich wollte mir meine Workouts innerhalb einer motivierenden Community nicht mehr nehmen lassen. Vor ein paar Jahren war ich kurz davor, im Ausland eine Crossfitbox zu eröffnen, und da uns das Fliegen und Reisen nun verboten war, änderte ich kurzerhand meine Pläne. Ich schaute mich in meiner Heimatstadt Aschaffenburg um und fand eine passende Halle in Großostheim. Einem alten Crossfit-Kollegen, von dem ich wusste, dass er ähnliche Pläne hatte, schrieb ich eine Nachricht: »Ich schaue mir am Dienstag eine Halle an. Kommst du mit?«

Zwei Tage später standen wir an dem großem Rolltor der Lagerhalle, die zwar innen etwas lieblos ausgestattet war, aber alles besaß, was wir uns vorstellten: sanitäre Anlagen, Duschen, eine Theke, viel Platz und viel Potenzial. Wir mieteten die Halle zum 1. November 2020. Völlig verrückt, denn immerhin standen wir mitten in einer Pandemie. Alles in uns schrie aber nach Verwirklichung. Wir hatten einen Traum, eine Fitness-Box zu eröffnen, die Menschen die Liebe zum Sport näherbringt, und zwar jedem Menschen. Wir nannten sie »Fit in the box63«. 63, weil das unser Einzugsgebiet ist.

Unser Studio sollte kein 08/15-Fitnessstudio werden, in dem man alleine trainiert und seine Trainingspläne von Maschine zu Maschine abarbeitet.

Unser Konzept sieht Kleingruppenkurse vor, die unterschiedliche Menschen mit unterschiedlichem sportlichen Können und Talenten zusammenführt. Da trainiert die ambitionierte Sportlerin mit dem Freizeitspaziergänger, der junge ehrgeizige Muskelfreak mit der fitten Rentnerin, Beginner mit Profis. Das funktioniert, weil das zu absolvierende Workout of the day individuell an das Können jedes Einzelnen angepasst wird. Wir beginnen jede Stunde zusammen mit einem ausgeklügelten Warm up, absolvieren gemeinsam das Workout und beenden jede Stunde mit Stolz darüber, was jede* r Einzelne* r geleistet hat.

Dann der Schock: Pünktlich zur eigentlichen Eröffnung kam die Nachricht, dass wir nicht eröffnen dürfen, sondern der zweite Lockdown eingeläutet wird. Es verging Monat um Monat, und unsere Sparreserven neigten sich langsam dem Ende zu. Die Halle fraß auch meine Altersvorsorge auf, und wir fragten uns: Wie lange können wir noch durchhalten? Leider gab es für Neugründungen keine staatliche Soforthilfe. Wir bekamen keine Unterstützung, weil wir im Jahr 2020 gründeten und keine Vorabeinnahmen und entsprechende Verluste aufweisen konnten. Eine zusätzliche Hiobsbotschaft, weil wir natürlich erhebliche Ausgaben und keine Chancen auf Einnahmen hatten.

Im Sport ist es aber wie im Leben: »Was dich nicht umbringt, macht dich stärker.« So hatten wir unendlich viel Zeit für den Umbau, noch feinere Details auszuarbeiten, die Entwicklung eines Sportequipment Webshops und uns auf alles vorzubereiten, wenn wir dann endlich starten durften. Der Startschuss fiel nach achtmonatiger Schließung.

Wenn ich heute die Halle betrete und die unterschiedlichen Menschen sehe, wie sie ihr Workout motiviert und mit guter Laune absolvieren, dann erfreue ich mich, etwas erschaffen zu haben, was Menschen in ihrer Entwicklung hilft.

Das ist nicht nur ein umgesetztes Diversity-Konzept, sondern gelebte Inklusion, und was im Kleinen funktioniert, das lässt sich auch in unserer Gesellschaft umsetzen.

Wenn ich beispielsweise mit Azubis in Unternehmen arbeite, gehen wir auch die sogenannten *unconscious bias* (unbewusste Voreingenommenheit) durch und auch die Möglichkeiten, unser Schubladendenken aufzulösen. Ich zeige den jungen Leuten unter anderem Fotos mit Menschen, die bestimmte Diversity Backgrounds haben und gebe ihnen als Aufgabe, nicht nur die Vorurteile aufzuschreiben, sondern auch dahinter zu blicken und das Potenzial zu erkennen.

Wenn sie beispielsweise eine Muslimin mit Kopftuch wahrnehmen, dann wünsche ich mir, dass sie nicht an Unterdrückung der Frau, Terror, und Sprachbarrieren denken, sondern erkennen, dass die Frau vielleicht sehr emotional sein kann, dass sie neben ihrer Muttersprache eventuell besseres Deutsch spricht als wir, dass sie gebildet, selbstbewusst ist und freiwillig das Kopftuch trägt, weil ihre Religion ihr sehr wichtig ist. Vielleicht könnte sie aufgrund ihrer »Andersartigkeit« die perfekte Diversity-Managerin oder Vertrauensperson innerhalb des Unternehmens werden, die mit Empathie hilft.

Oder: Wenn sie einen blinden rollstuhlfahrenden Menschen auf einem der Bildern sehen, dann sollten sie ihn nicht mit Not, Einschränkungen und fehlenden Möglichkeiten in Zusammenhang bringen, sondern mit Barrierefreiheit, Inklusion im Berufs- und Privatleben. Und sie sollten erkennen, dass der »Blinde« nicht auf seinen angeblichen Makel reduziert werden sollte, sondern, dass er ein enormes Potenzial in sich trägt, weil er zum Beispiel Geräusche viel feiner wahrnehmen kann als Sehende. Und vielleicht hat dieser Mensch trotz seiner »Blindheit« die Dissertation über die Konzeptphasen in der Autotürentwicklung gelesen und verinnerlicht, und ist Meister*in in Berechnung, Auswählen der nötigen Materialien und Anordnung.

Somit wäre er vielleicht der/die ideale Sound-Akustiker*in, der/die potenziellen Kunden*innen Wertigkeit und Sicherheit suggeriert und ebenso am Verkaufserfolg beteiligt ist.

Im Leben und beim Thema Diversity geht darum, alte verkrustete Konstrukte und limitierende Glaubenssätze aufzubrechen und ein neues Bewusstsein zu vermitteln. Ich kann mich daher nur wiederholen: Diversity ist kein Weichspüler, sondern der notwendige Kalkentferner. Packen wir das Erneuerungs-Programm also gemeinsam an und verändern unser Bewusstsein! Tief in meinem Herzen weiß ich, dass diese Welt und diese Werte bereits existieren, denn nicht umsonst gibt es so viel Vielfalt auf der Erde. Lassen Sie uns gemeinsam unsere Vorurteile und Ängste beiseitelegen, in uns gehen und eine Welt erschaffen, in der unsere Kinder friedlich miteinander leben können. Ich bin bereit! Und Sie?

ALLES IST GUT

Jenseits von richtig und falsch liegt ein Ort.
Dort treffen wir uns.
RUMI

Ich sehe sie immer noch in der Küche stehen, ihre Tanzbewegungen werden langsamer, die Musik wird leiser. Ich höre das textliche Finale zu Country Roads: »Take me home. to the place I belong …«. Sie, die Frau meiner Träume, dreht den dimmbaren Lichtschalter etwas runter, damit die Moskitos uns später nicht den Schlaf rauben, und kommt raus. In ihrer Hand sehe ich etwas leuchten. Es ist eine brennende Kerze. Sie kommt den Weg vom Haus hinunter, läuft direkt auf mich zu. Der Kerzenschein flackert in ihrer Hand und reflektiert sich in ihren Augen. Sie stellt die Kerze direkt neben mein Glas Wasser auf den Tisch. Einfach so. Ohne Untertasse, ohne Behältnis und ohne Kerzenkäfig. Sie setzt sich auf meinen Schoß. Singt mir leise ins Ohr: »… to the place I belong …« und küsst mich.

Wenn ich mir einen Augenblick aussuchen dürfte, um zu sterben, dann in ihren Armen, mit ihrem Lachen, versunken in ihrer Tiefe, wissend, spürend, dass alles gut und LIEBE in uns allen ist.

DANKE

Ich glaube nicht an Zufälle, das habe ich noch nie getan. Es gibt einen Grund, warum Sie dieses Buch in Ihren Händen halten. So, wie mich früher viele Bücher in meinem Leben berührt und weitergebracht haben, so wünsche ich mir, dass Ihnen beim Lesen dieses Buches auch das ein oder andere in Erinnerung bleibt, das Sie mitnehmen können in Ihr Leben.

Ein DANKE geht an meine Geliebte, Freundin, Frau, Königin, Sibylle, ohne die ich nicht der Mensch wäre, der ich heute bin. Für all ihre Liebe, ihr Lachen und die Erfüllung unserer Träume. Unsere Seelen gehen Hand in Hand.

Danke an meine crazy Family, die mit drei Dingen nicht geizt: Diversität, Humor und Liebe. Meinen größten Dank geht an Omili, auch wenn Du mich irdisch nicht mehr in den Arm nehmen kannst. Die Liebe ist da.

Danke an Martina, meine Lektorin, die mittlerweile mein drittes Buch lektorierte, meine Gedanken ordnete, kürzte, wenn ich den Bogen wörtlich überspanne und mich zurückholte, wenn ich zu direkt war.

Ich danke allen Menschen, die mich auf meinen Wegen beg-LEITEN, mich unterstützen und lieben. Ich werde versuchen, mein Bestes zurückzugeben.

Ich freue mich auf weitere Begegnungen, auf unsere inneren und äußeren Reisen, um weiter zu lernen, zu staunen, zu lieben und um zu SEIN.

In Verbundenheit,
Balian

DER LEITFADEN ZUM DOWNLOAD

TRANS* normal – Der Weg zum wahren Geschlecht

Viele Trans*menschen wissen häufig nicht, wie und wo sie auf ihrem Weg zu ihrer wahren Identität beginnen sollen. Sie verirren sich in Anträgen, Amtsgängen, Formularen und wünschen sich Hilfestellungen und professionelle Tipps für ihre einzelnen Schritte. Auch Familienmitglieder, Freunde, Partner*innen sind häufig hilflos und wünschen sich Aufklärung.

Ich habe daher einen ausführlichen Leitfaden geschrieben, der Trans*menschen, Eltern, Partner*innen, Freunden, Familienmitgliedern sowie Therapeuten und Unterstützenden, die sich mit dem Thema befassen, aufzeigt, welche Schritte wann und wie zu tätigen sind, und wie wir optimal unterstützen können.

Im zweiten Teil des Leitfadens finden Lesende einfühlsame Berichte und Interviews von Betroffenen selbst und deren Angehörigen, Freunden und Partner*innen. Es werden Fotos von Ergebnissen von Geschlechtsangleichenden Operationen zur Verfügung gestellt und alles Wissenswerte über Psychologische Therapien, Gutachten sowie der essenziellen und verschiedenen Möglichkeiten der Hormontherapie vermittelt. Ein Leitfaden, wie er ausführlicher nicht sein könnte.

Abgestimmt auf Trans* menschen, deren Familie, Freunde, Psychologen und Ärzte.

Inhalte

1. Vorgehensweise A–Z
2. Hilfreiche Tipps zum Outing
3. Psychologische Gespräche
4. Anträge und Formulare
5. Hormontherapie
6. Kostenübernahmen
7. Geschlechtsangleichende Operationen & Ergebnisse / FzM & MzF
8. Ratschläge und persönliche Erfahrungen aus über 10 Jahren
9. Spannende Interviews von Trans* normalen, deren Partnerinnen und Familien

Den Leitfaden gibt es unter www.Balian-Buschbaum.de als Download.

VERWENDETE QUELLEN UND WEITERFÜHRENDE LINKS

https://www.academia.edu/37972724/Organizational_crisis_the_logic_of_failure

https://www.youtube.com/watch?v=_1EdJ_XndU8

www.theguardian.com/science/2019/feb/24/meet-the-neuroscientist-shattering-the-myth-of-the-gendered-brain-gina-rippon

www.youtube.com/watch?v=AAakgccDEZ8&t=24s

https://media-publications.bcg.com/pdf/BCG-Out-Work-Barometer-Germany.pdf

https://www.academia.edu/37972724/Organizational_crisis_the_logic_of_failure

www.cornelia-mertens.de

https://www.dgti.org